LECTURES CHOISIES

ACCOMPAGNÉES D'EXERCICES

SUR L'ÉTUDE DE LA LANGUE FRANÇAISE

ET

SUR LES AUTRES PARTIES DE L'ENSEIGNEMENT

A L'USAGE DES JEUNES FILLES

PAR

J. B. HEINRICH

Inspecteur de l'Instruction primaire, Officier d'Académie

PARIS

LIBRAIRIE CLASSIQUE DE CH. FOURAUT ET FILS

RUE SAINT-ANDRÉ-DES-ARTS, 47

LECTURES CHOISIES

A L'USAGE DES JEUNES FILLES

ON TROUVE A LA MÊME LIBRAIRIE :

OUVRAGES DE M. J. B. HEINRICH

Cours complet et gradué de dictées françaises

Renfermant, outre un grand nombre d'exercices élémentaires, un choix varié de dictées libres tirées des meilleurs auteurs, et, de plus, des exercices sur les homonymes, à l'usage de toutes les Maisons d'éducation ; 3e édition, corrigée et augmentée.

1 vol. in-12, cartonné. 2 25

Nouvelle méthode rationnelle de calcul oral,

Sur un plan entièrement neuf. Ouvrage renfermant 2600 exercices simples, faciles et variés destinés à conduire les élèves aux questions les plus compliquées de l'arithmétique et du système métrique, à l'usage de toutes les classes.

Un volume grand in-18, cartonné. » 80

Partie du maitre précédée d'une nouvelle méthode pour l'enseignement de la numération, et suivie de 700 problèmes variés et résolus sur toutes les parties de l'arithmétique. 1 vol. gr. in-18, cartonné. 1 25

Petit Cours d'histoire

A l'usage des Pensions et de toutes les Maisons d'éducation, avec Questionnaires et Cartes Géographiques.

Par M. Ambroise Rendu fils. Approuvé par Monseigneur l'évêque de Versailles.

Ce cours est divisé en 6 parties comme suit :

— Histoire Ancienne. 1 vol. in-18, 10e édition.
— Histoire Romaine. 1 vol. in-18, 9e édition.
— Histoire du Moyen Age. 1 vol. in-18, 5e édition.
— Histoire des Temps Modernes, 1 vol. in-18, 4e édition.
— Histoire de l'Église, revue, pour la doctrine, par M. l'abbé Blanc. 1 vol. in-18, 5e édition.
— Mythologie. 1 vol. in-18, 3e édition.

Prix de chaque volume, cartonné. » 90

1198 Paris. Typ. Morris père et fils rue Amelot, 64.

LECTURES CHOISIES

ACCOMPAGNÉES D'EXERCICES

SUR

L'ÉTUDE DE LA LANGUE FRANÇAISE

ET SUR LES AUTRES PARTIES DE L'ENSEIGNEMENT

A L'USAGE DES JEUNES FILLES

PAR

J.-B. HEINRICH

Inspecteur de l'Instruction primaire, Officier d'Académie

> Un exercice habituel rend aux
> jeunes filles l'art de bien lire
> agréable et facile.
> (Madame CAMPAN.)

PARIS

LIBRAIRIE CLASSIQUE DE CH. FOURAUT ET FILS

RUE SAINT-ANDRÉ-DES-ARTS, 47

1870

Tous les exemplaires qui ne seront pas revêtus de la griffe de l'Éditeur seront réputés contrefaits.

PRÉFACE

On a beaucoup écrit sur l'éducation des filles, et aujourd'hui plus que jamais on s'occupe de leur instruction.

Mais ces beaux traités, ces leçons faites dans un grand nombre de villes, ne profitent en général qu'aux jeunes personnes de la haute société ou à celles qui se trouvent près d'un foyer de lumières; quant aux jeunes filles moins favorisées, tous ces ouvrages, toutes ces conférences leur sont inconnus.

C'est pour venir en aide aux mères de famille et aux institutrices, qui rivalisent avec tant de zèle, que je me suis décidé à publier cet ouvrage. Des femmes, prises dans toutes les conditions, en ont fourni les modèles; sous l'heureuse influence de ces modèles, l'accomplissement des devoirs, pour les jeunes filles, deviendra plus facile, la pratique des vertus plus aimable, plus attrayante, et le vice plus laid et plus repoussant. J'ai cru qu'il y avait place pour des préceptes qui peuvent diriger l'esprit et le cœur des jeunes filles; pour des notions d'hygiène, qui leur feront connaître les moyens de maintenir la santé, en réglant l'emploi des choses au milieu desquelles elles vivent, et enfin pour des conseils sur les accidents, sur toutes les maladies qui compromettent l'existence dès leur apparition, et qui réclament les secours les plus prompts. Les jeunes filles trouveront toujours, une fois qu'elles auront quitté l'école, un livre intéressant qu'elles étudieront avec plaisir, parce qu'elles le comprendront mieux qu'à dix et douze ans.

Après chaque morceau, j'indique la marche à suivre pour l'étude de la langue française. Je montre ainsi que la connaissance du français tient beaucoup moins aux règles abstraites de la grammaire, à ces longues et monotones analyses, qu'à une bonne lecture journalière, raisonnée, des écrivains dont les ouvrages sont à la portée de la jeunesse, et que c'est plutôt par les exemples que par les règles, qu'on peut acquérir l'intelligence de la langue et apprendre en même temps à la parler et à l'écrire. L'idée morale du morceau ou les conseils qu'il renferme seront toujours développés après chaque leçon.

C'est donc pour vous, jeunes filles, que j'ai fait ce livre ; pour vous sur qui reposent tant d'espérance ; pour vous qui répandez au foyer domestique une si douce joie, et qui semblent y attirer, par votre pureté, les bénédictions du ciel, et, par votre charme, les hommages du monde ; pour vous, aimées à la fois et dirigées, respectées et averties, et à qui la tradition du foyer domestique enseigne, par la bouche d'une mère, les vertus qui vous embellissent. Accueillez ce nouveau volume comme vous avez déjà accueilli les autres, et si un jour vous sentez que vous lui devez une sage inspiration ou un instant de bonheur, accordez-moi un petit souvenir de reconnaissance : ce sera ma récompense la plus douce et la plus chère.

J. B. HEINRICH.

LECTURES CHOISIES

EN PROSE ET EN VERS

1. — Petite Prière.

Une dame célèbre, qui avait autant d'esprit que de cœur, avait coutume, en s'éveillant, de faire à Dieu cette belle prière : « Seigneur, faites-moi faire aujourd'hui quelque chose que vous puissiez récompenser. »

R. P. V. Marchal.

Exercices

Rendez compte de ce que vous avez lu.

Expliquez le sens des mots : célèbre — avoir de l'esprit — avoir du cœur — prière.

Nommez les substantifs qui se trouvent dans le morceau.

Donnez la règle sur l'adjectif belle — beau; — sur le substantif Dieu. — Donnez les dérivés de faire.

Indiquez le sens du morceau et la morale qu'il renferme.

---

2. — Le respect pour les Parents.

Pour vivre longtemps sur la terre,
Honore ton père et ta mère;
C'est-ce que votre loi, Seigneur, commande à tous.
Pour respecter son père à l'égal de vous-même,
Pour aimer tendrement la mère qui nous aime,
Faut-il donc un ordre de vous,
Quand pour l'enfant pieux votre bonté suprême
Rend déjà le devoir si doux?

Mme Tastu.

Exercices

Rendez compte de ce que vous avez lu.

Expliquez le sens des mots : terre — loi — commande — égal — ordre — enfant pieux — devoir.

Nommez les adjectifs renfermés dans le morceau en indiquant

pour chacun la règle de la formation du féminin et du pluriel. — Conjuguez le verbe vivre.

Nommez les dérivés de terre — les homonymes de mère.

Indiquez le sens du morceau et la morale qu'il renferme.

---

3. — La Mère de l'Empereur.

Lætitia Ramolini, mère de Napoléon, morte à Rome, dans la quatre-vingt-huitième année de son âge, était extrêmement économe par esprit de prévoyance. Elle disait souvent, au temps de la plus grande prospérité de sa famille : « Tout ceci peut finir, et alors que deviendront mes enfants, dont la générosité imprudente ne regarde, quand elle donne à pleines mains, ni en avant ni en arrière? Alors ils me trouveront ; il vaut mieux qu'ils aient recours à leur mère qu'à des étrangers. »

****

Exercices

Rendez compte de ce que vous avez lu.

Expliquez le sens des mots : empereur — Rome — économe — prospérité — famille — générosité — imprudente — avoir recours — étrangers.

Indiquez les noms propres — les noms communs — les pronoms et nommez les différentes espèces. — Conjuguez le verbe pouvoir.

Indiquez le sens du morceau et la morale qu'il renferme.

---

4. — L'Aïeule et la Jeune Fille.

Durant le triste hiver, au souffle de la bise,
Quand gèlent les ruisseaux et meurt l'herbe des prés,
Quel plaisir avez-vous, près du foyer assise,
A l'heure où nous dansons dans les salons dorés ?
— J'en ai plusieurs : d'abord, je tisonne ; à mon âge,
Nourrir le feu de l'âtre est un soin assez doux ;
Je caresse un moment en songe votre image,
Puis je dis mon rosaire, et je le dis pour vous.

L. D'AUDIFFRET.

Exercices

Rendez compte de ce que vous avez lu.

Expliquez le sens des mots : hiver — bise — ruisseau — foyer — tisonner — âtre — rosaire. — Que signifie image?

Donnez les règles sur ruisseau — feu — geler.

Quelle différence entre durant et pendant — entre près et auprès.

Nommez les composés de dire.

Indiquez le sens du morceau et la morale qu'il renferme.

---

5. — Madame Howard.

Howard, célèbre philanthrope anglais, avait épousé une femme dont l'âme ressemblait à la sienne. Un jour qu'il s'occupait à régler le compte d'un de ses correspondants, il trouva, contre son attente, que la balance était en sa faveur. Aussitôt il proposa à sa femme d'employer cette somme à faire à Londres un voyage d'agrément : « Quelle jolie cabane on pourrait bâtir pour une pauvre famille avec l'argent que nous allons dépenser! » Telle fut la réponse de madame Howard. Cet excellent conseil fut suivi. Une bonne action vaut mieux que le plaisir d'un voyage.

*****

Exercices

Rendez compte de ce que vous avez lu.

Expliquez le sens des mots : philanthrope — anglais — compte — correspondants — attente — balance — voyage d'agrément — cabane — argent — conseil.

Donnez les homonymes de compte — de somme.

Nommez les adjectifs possessifs qui se trouvent dans le morceau. — Conjuguez le verbe pouvoir — le verbe aller.

Indiquez le sens du morceau et la morale qu'il renferme.

---

6. — Madame Dacier.

Madame Dacier était une femme très-instruite et célèbre par ses ouvrages; un savant allemand, qui les avait lus et qui en faisait grand cas, vint lui rendre visite à Paris et lui présenta son album pour qu'elle voulût bien y écrire quelque chose. Ayant vu dans cet album les signatures des plus célèbres littérateurs de l'Europe, elle dit qu'elle n'oserait jamais mettre son nom parmi tant de noms illustres.

L'Allemand ne se rebuta pas : plus elle se défendait, plus il la pressait; enfin, vaincue par ses instances, elle prit la plume et inscrivit son nom avec cette sentence d'un auteur grec :

« Le silence est l'ornement des femmes. »

Exercices

Rendez compte de ce que vous avez lu.

Expliquez le sens des mots : ouvrage — célèbre — savant — album — signature — littérateur — Europe — instances — plume — sentence — auteur — ornement.

Que signifie faire grand cas?— se rebuter? — il la pressait?

Nommez les cinq parties du monde — les contrées de l'Europe avec leurs capitales.

Dites tous les adjectifs avec leur genre et leur nombre que vous trouvez dans le morceau.

Indiquez le sens du morceau et la morale qu'il renferme.

---

7. — La Rose et le Soleil.

Rose, douce fille du printemps, sous les fraîches ombres de la forêt, hâte-toi de te cacher, pour te mettre à l'abri des rayons enflammés du soleil. Frêle et tendre fleur, redoute l'éclat dévorant du roi du jour, disait à la rose le papillon aux ailes d'or.

Mais la rose dédaigna les conseils du papillon; s'enivrant des splendeurs de la lumière, la fleur orgueilleuse se disait :

— Il m'aime, le roi éclatant du ciel; je le sens aux douces flammes dont il m'inonde; pourquoi cacher ma beauté dans les noires ombres des bois?

Paroles présomptueuses qui furent cruellement punies.

Le soleil darde sans mesure ses rayons dévorants; la
rose languit et pâlit, et sa tête se pencha mourante : ses
feuilles se fanèrent sous les traits brûlants, et la source
de ses parfums tarit.   Un poète moskovite.

Exercices

Rendez compte de ce que vous avez lu.

Expliquez le sens des mots : rose —printemps — forêt — à l'a-
bri — rayons— frêle — papillon — ailes — s'enivrer— dédaigner—
bois — parfums — source.

Nommez les adjectifs contenus dans le morceau, et indiquez les
règles de la formation du pluriel et du féminin. — Citez de même
tous les pronoms. — Nommez les adjectifs verbaux avec la règle.

Indiquez le sens du morceau et la morale qu'il renferme.

---

8. — La Nourrice.

Une pauvre nourrice a donné un exemple touchant ;
c'était une laitière qui demeurait dans un village aux
environs de Besançon. Elle avait été chargée de nourrir
l'enfant d'une famille de la ville ; quand il fallut le rendre
à ses parents, elle versa bien des larmes, car elle s'était
attachée à cet enfant et le regardait comme le sien
propre.

Bientôt elle apprit que le père, qui était commerçant,
avait fait de mauvaises affaires, qu'il était ruiné, que ses
créanciers le poursuivaient et qu'il avait disparu, abandonnant sa famille. Aussitôt elle accourt, elle cherche
son nourrisson, et, le trouvant dans un état déplorable,
elle le prend, le serre dans ses bras, le couvre de baisers
et l'emporte à sa chaumière. Depuis ce temps, elle et son
mari partagèrent avec cet enfant le pain qu'ils gagnaient
à la sueur de leur front.

****

Exercices

Rendez compte de ce que vous avez lu.

Expliquez le sens des mots : nourrice — laitière — village —
Besançon — ville — commerçant — mauvaises affaires — créanciers — nourrisson — chaumière — pain.

Que signifie verser des larmes? — être attaché? — couvrir de baisers? — partager le pain? — à la sueur de leur front?

Nommer tous les verbes transitifs, intransitifs du morceau.

Indiquez le sens du morceau et la morale qu'il renferme.

---

9. — La petite Marie.

Une jeune fille de quinze ans parcourait d'un pas leste et rapide le chemin qui mène à la ville de Vesoul. Elle allait gaiement acheter, du fruit de ses économies, l'habit qu'elle espérait porter dans quelques jours à la fête de son village. La joie est dans son cœur; sa parure éclipsera celle de ses compagnes. Cette petite fille est Marie, fille d'un pauvre vigneron.

Au milieu de ses rêves charmants, elle rencontre un vieillard réduit à la misère et qui fondait en larmes. Marie s'arrête; elle écoute en pleurant aussi le récit de ses malheurs : son âme s'ouvre à la pitié; elle n'a plus besoin d'habits neufs; la charité naît dans son cœur et triomphe de l'amour de la parure. Elle donne au vieillard sa petite bourse, et commence à sentir qu'une bonne action rend plus heureux que de beaux habits.

****

Exercices

Rendez compte de ce que vous avez lu.

Expliquez le sens des mots : pas — chemin — Vesoul — fruit — économies — habit — village — parure — compagnes — vigneron — rêves — vieillard — récit — charité — bourse.

Indiquez la règle de la formation du féminin des adjectifs contenus dans le morceau. — Nommez les temps dérivés des verbes qui se trouvent dans le même morceau. — Donnez la règle du verbe mener — espérer — s'ouvrir.

Indiquez le sens du morceau et la morale qu'il renferme.

---

10. — Adieu d'une petite fille à l'école.

Mon cœur battait à peine, et vous l'avez formé;
Vos mains ont dénoué le fil de ma pensée,
Madame! et votre image est à jamais tracée
Sur les joues de l'enfant que vous avez aimé!

Si le bonheur m'attend, ce sera votre ouvrage ;
Vos soins l'auront semé sur mon doux avenir ;
Et si pour m'éprouver mon sort couve un orage,
Votre jeune roseau cherchera du courage,
Madame ! en s'appuyant sur votre souvenir !

Mme DESBORDES VALMORE.

Exercices

Rendez compte de ce que vous avez lu.

Expliquez le sens des mots : dénouer — fil — image — cœur — avenir — sort — orage — roseau — souvenir.

Nommez les adjectifs possessifs renfermés dans le morceau. Citez les verbes avec indication des temps qui se trouvent dans le morceau.

Indiquez le sens du morceau et la morale qu'il renferme.

------

11. — La comtesse de Wurtemberg.

Conrad III, empereur d'Allemagne, irrité de ce que le comte de Wurtemberg s'était opposé à son élection, l'assiégeait dans une petite ville où il s'était réfugié. La ville, complétement investie, fut obligée de se rendre à discrétion. L'empereur refusa de rien stipuler en faveur du comte et des défenseurs de la ville.

« Je ne fais grâce qu'aux femmes, dit-il ; elles pourront sortir et emporter ce qu'elles voudront. »

Alors l'épouse du comte prit son mari sur ses épaules et sortit chargée de ce précieux fardeau. Les femmes de la ville imitèrent son exemple ; chacune se chargea de son mari ou de son fils. A cette vue, l'empereur fut attendri et désarmé ; cédant à l'admiration que cette conduite lui inspirait, il dit qu'il faisait grâce aux hommes en faveur des femmes. Il pardonna au comte de Wurtemberg et le remit en possession de sa ville.

X.

Exercices

Rendez compte de ce que vous avez lu.

Expliquez le sens des mots : comtesse — empereur — assiéger — investie — se rendre à discrétion — stipuler — défenseur — far-

deau. Indiquez les différents titres de noblesse. — Donnez la règle
sur le substantif, exemple — Qu'est-ce que le Wurtemberg?— l'Allemagne?

Nommez les autres contrées de l'Europe — celles qui touchent à
la France.

Conjuguez le verbe céder. — Nommez les dérivés de dire — faire
— prendre.

Indiquez le sens du morceau et la morale qu'il renferme.

------

12. — Les Amis et les Parapluies.

Qui de nous, mesdemoiselles, pense à son parapluie,

Lorsque le soleil le plus pur

Éclate sous un ciel d'azur?

Mais vienne, hélas! un jour de pluie,

Qu'avec bonheur on retrouve en son coin

Ce gênant compagnon dont on a tant besoin!

Parfois aussi quand la fortune

Nous a comblés de ses faveurs,

D'un inutile ami la présence importune;

Mais adviennent quelques malheurs,

Cet ami, l'on se le rappelle,

On le retrouve, il est fidèle,

On s'abrite sous ses conseils!

Véritable amitié! propice parapluie!

Vous avez des destins pareils

En cas de malheur ou de pluie.

VICTOR DELERUE.

Exercices

Rendez compte de ce que vous avez lu.

Expliquez le sens des mots : parapluie — soleil — ciel — coin
— compagnon — fortune — faveur — destins — malheurs.

Indiquez les verbes renfermés dans le morceau. — Donnez la
règle sur le verbe rappeler. — Donnez les dérivés de venir.

Indiquez le sens du morceau et la morale qu'il renferme.

------

13. — Dévouement d'une femme.

Le chevalier de Hagenbach gouvernait pour Charles
et Téméraire la petite ville de Ferrette, en Alsace. Ses

exactions avaient irrité le peuple, qui se révolta; mais Hagenbach triompha de cette rébellion, et vingt-cinq bourgeois furent condamnés à perdre la tête.

Quatre d'entre eux avaient subi leur sentence; le cinquième avait la tête posée sur le billot, quand tout à coup sa femme s'élança sur l'échafaud, repoussa le bourreau, coupa les liens de son mari, l'enlaça de ses bras, le couvrit de son corps, et imposa tellement au chevalier par son désespoir et son courage, qu'il fit grâce au condamné. Les spectateurs, entraînés par l'exemple, délièrent les vingt et une autres victimes et les emmenèrent loin du lieu du supplice.

Hagenbach ne s'y opposa point, et sa clémence aurait mérité un meilleur sort; peu de temps après, il abusa à un tel point du pouvoir, et rendit le nom de son maître si odieux, qu'il excita une émeute dans laquelle il fut pris et décapité par les habitants de Brisach. La tête est encore aujourd'hui conservée dans le musée de Colmar.

****

Exercices

Rendez compte de ce que vous avez lu.

Donnez l'explication des mots: chevalier — exactions — se révolter — rébellion — bourgeois — billot — bourreau — imposer — spectateurs — victimes — émeute — musée.

Nommez les noms propres — sous quel roi de France ce fait se passa-t-il?— Que savez-vous sur ce roi et sur le duc de Bourgogne dont il est question ici.

Nommez les différentes espèces de verbes du morceau.

Indiquez le sens du morceau et la morale qu'il renferme.

---

14. — Les Menteurs.

Un homme qui passait pour un insigne menteur entra un jour dans une grande compagnie; quelqu'un qui le connaissait lui cria, avant de lui avoir donné le temps d'ouvrir la bouche:

« Cela n'est pas vrai.

— Mais, monsieur, je n'ai encore rien dit.

— C'est égal, vous allez parler, et ce que vous direz ne sera pas vrai. »

Voilà comme on traite les menteurs. Un homme connu pour tel racontait un jour une anecdote chez Mme Geoffrin, femme célèbre du dix-huitième siècle.

« Je ne crois pas à cette histoire-là, dit Mme Geoffrin.

—Je vous en certifie l'exactitude, dit un des assistants; j'en ai été témoin.

— Eh bien! repartit Mme Geoffrin en désignant du regard le menteur, si la chose est vraie, pourquoi monsieur la dit-il. »

La leçon fut bonne; il se corrigea de son vilain défaut.

H.

Exercices

Rendez compte de ce que vous avez lu.

Expliquez le sens des mots : menteur — compagnie — raconter — anecdote — siècle — assistants — témoin — désigner — défaut.

Que signifie insigne menteur? — ouvrir la bouche? — connu pour tel?

Conjuguez les verbes ouvrir — dire — croire. — Donnez la règle sur le verbe corriger.

Indiquez le sens du morceau et la morale qu'il renferme.

---

15. — Une sœur à son frère.

Qui délia ma langue aux sons de la prière?
Qui battait la mesure à mes douces chansons?
Sur mon livre muet qui versa la lumière?
C'est ma mère! Une mère ouvre notre paupière;
Au fond de ses baisers, moi, j'appris mes leçons.

Qui soutenait ma tête et retenait ma vie,
Quand mon berceau brûlait de mes fièvres d'enfant?
Qui promettait le monde à ma rêveuse envie?
C'est ma mère! Ma mère était toujours suivie
D'un ange à la main pleine, au long vol triomphant!

Si tu veux, nous irons où l'on trouve des roses,
Pour jeter un bonheur à chacun de ses jours.
Nous irons dans un bois plein de fleurs, si tu l'oses,
Et nous lui chercherons tant, tant de belles choses,
Qu'à force d'être heureuse, elle vivra toujours.

Mme DESBORDES VALMORE.

Exercices

Rendez compte de ce que vous avez lu.

Expliquez le sens des mots : délier — sons — mesure — chansons — paupière — fièvre — rose — bois — berceau.

Que signifie délier la langue ? — un livre muet ? — le berceau — des fièvres ? — jeter un bonheur — à force d'être ?

Conjuguez le verbe délier — soutenir — vouloir — jeter — aller — vivre.

Indiquez le sens du morceau et la morale qu'il renferme.

---

16. — Fable.

Un ours, le gagne-pain d'un Piémontais, répétait un our, debout sur ses deux pieds de derrière, une danse qu'il ne savait pas bien encore.

Se croyant déjà un grand personnage, il dit à une Guenon : « Que t'en semble? » La Guenon était experte, elle lui répondit : « Cela me semble très-mal ! »

« Je crois, répondit l'Ours, que tu me regardes d'un œil prévenu. — Comment donc? — Mon air n'est-il pas avenant? mes pas ne sont-ils point formés avec élégance? »

Le Porc assistait à cette conversation. Il s'écria : « Bravo ! c'est très-bien ! On n'a jamais vu, on ne verra amais un danseur plus parfait ! »

Mais voilà l'Ours qui à cet éloge réfléchit; il prend un air modeste et dit : « Quand la Guenon m'a censuré, j'ai douté; mais le Porc me loue, il faut bien que je danse très-mal. »

Qu'un auteur retienne cette maxime : « Que le savant te refuse son approbation, c'est mal ; mais que le sot te loue... tout est dit. »   IRIARTE.

---

17. — La Vieille Indigente.

Les commissaires d'un bureau de bienfaisance, chargés de faire une collecte pour le soulagement des pauvres et d'en opérer la distribution, entrèrent chez une
vieille femme pour l'inscrire au nombre des infortunés
qui avaient droit à la charité publique. Ils la trouvèrent
dans une misérable petite chambre ; elle était occupée à
tourner son rouet : quelques chaises, une table à demi
brisée formaient tout l'ameublement de ce pauvre réduit.

Lorsque cette bonne femme fut instruite du dessein
des commissaires, elle se leva, et, prenant une petite
pièce de monnaie soigneusement enveloppée : « Voici,
dit-elle, ce qui me reste de la vente de mon fil ; c'est
bien peu ; mais je ne puis faire davantage. Il y en a de
plus pauvres que moi ; recevez ce faible secours. Je ne
veux pas que mon nom soit sur votre liste. Tant que
j'aurai un morceau de pain et assez de force pour tirer
de l'eau au puits voisin, je ne veux pas qu'il soit dit que
j'ai dérobé la substance du malheureux qui manque de
tout. »

ceau de pain? — Quelle différence y a-t-il entre fontaine, puits, pompe, citerne?

Nommez les pièces de monnaie de votre pays.

Nommez les participes passés que vous trouvez dans le morceau. Conjuguez le verbe faire et donnez ses composés.

Indiquez le sens du morceau et la morale qu'il renferme.

----

18. — L'Innocence et le Repentir.

On dit que la Vertu dans son palais, un jour,
   Voulut réunir sa famille.
Dès le matin paraît l'Innocence, sa fille,
Qu'accompagnent de loin le Respect et l'Amour.
   De ses simples grâces ornée,
   De roses blanches couronnée,
   Et tenant un lis à la main,
Elle entre... Quel œil pur! quel front calme et serein!
   En la voyant aussi parfaite,
   La Vertu tendrement sourit,
   Et tout le palais retentit
   De chants de triomphe et de fête.
   Le soir, arrive un inconnu,
Pâle, qui lève au ciel une paupière humide,
Et s'avance d'un pas incertain et timide,
Comme s'il redoutait de n'être pas reçu.
Sur ses traits est empreinte une douleur amère.
« Ah! c'est le Repentir si longtemps attendu, »
   Dit avec douceur la Vertu ;
« Ne le rebutez pas : je suis aussi sa mère. »

        ANONYME.

Exercices

Rendez compte de ce que vous avez lu.

Expliquez le sens des mots : palais — matin — grâces — rose — œil — chant — paupière — pas — traits — rebuter.

Donnez les différentes acceptions de palais — grâce — front — sourit. — Quelle différence entre peine, chagrin, douleur?

Indiquer tous les mots qui sont des substantifs. — Pourquoi les mots exprimant des vertus ont-ils des lettres majuscules?

Donnez les homonymes de lis. — Donnez d'autres mots que vous ferez précéder de la particule in, et dites ce qu'elle signifie.

Indiquez le sens du morceau et la morale qu'il renferme.

---

19. — Remède contre les brûlures.

Un garçon pâtissier s'étant brûlé le bras en mettant des pâtés au four, et n'ayant point le temps d'avoir recours à la pomme de terre râpée et aux autres remèdes qu'on emploie ordinairement, imagina d'apaiser sa souffrance en mettant sur la plaie un pot de gelée de groseilles qui venait de lui servir à parer ses gâteaux.

A peine eut-il étendu la confiture sur la plaie que la douleur s'amortit complétement, et deux jours après il y avait à peine trace de brûlure. Cette guérison miraculeuse fut bientôt connue de tout le quartier. Une femme des bains de la rue de Grammont eut malheureusement l'occasion de faire l'épreuve de ce remède après une brûlure d'eau bouillante qui lui avait dépouillé tout le bras. Elle a été guérie avec un pot de gelée de groseilles de la même manière et aussi promptement.

Une jeune personne fut brûlée par une bougie qui tomba sur ses épaules au bal; on employa le même remède, qui réussit parfaitement. Toutes ces cures prouvent que tous les genres de brûlures se guérissent sans douleur par le moyen de ce procédé facile, qui ne laisse aucune cicatrice. Il consiste simplement à couvrir la plaie de gelée de groseilles, à l'entourer d'un linge et à ne lever l'appareil qu'après que la peau s'est refermée.

***

Exercices

Rendez compte de ce que vous avez lu.

Expliquez le sens des mots : pâtissier — pâtés — four — remède — plaie — gâteau — confiture — miraculeuse — quartier — bougie — épaule — bal — cure — peau — gelée de groseilles.

Que signifie dépouillé le bras? — Qu'entend-on par parer un gâteau?

Indiquez la règle des noms précédés d'une préposition.

Indiquez les prépositions qui se trouvent dans le morceau.

Reproduisez le sens du morceau, en indiquant les conseils qu'il renferme.

---

20. — Le Rosier de ma fête.

Gentil petit rosier, qui célèbres ma fête,
Cher cadeau maternel, sais-tu, lorsque je vois
Les boutons si nombreux qui couronnent ta tête,
Où mon rêve s'en va s'égarer quelquefois ?

Je me dis : les boutons nous promettent des roses ;
Derrière le présent se dresse l'avenir,
Dont l'esprit veut toujours franchir les portes closes :
Être, ici-bas, n'est rien qu'un pas vers *devenir*.

Un jour donc, colorés de nuances nouvelles,
Ouverts, épanouis, ces boutons seront fleuris :
Quand ces fleurs s'ouvriront, sur quoi s'ouvriront-elles ?
Sera-ce sur la joie ou bien sur les douleurs?...

Qu'en pouvons-nous savoir, nous tous tant que nous som-
O mon Dieu ! toi qui seul connais le lendemain,   [mes?
Les boutons des rosiers et les enfants des hommes
T'implorent ; car tu tiens leur espoir dans ta main !

PAUL COLLIN.

Exercices

Rendez compte de ce que vous avez lu.

Expliquez le sens des mots : rosier — cadeau — bouton — rêve — s'égarer — franchir — colorés — nuances — épanouis — implorer — espoir.

Analysez les adjectifs qui se trouvent dans le morceau. — Indiquez les sujets des verbes du morceau. Nommez les signes de ponctuation.

Indiquez le sens du morceau et la morale qu'il renferme.

---

21. — Jeanne Hachette.

Le duc de Bourgogne, Charles le Téméraire, faisant la guerre à Louis XI, roi de France, vint attaquer Beauvais. Il croyait emporter facilement cette ville et marcher ensuite sur Paris. Les habitants se défendirent avec courage ; mais ils étaient trop peu nombreux pour pouvoir résister longtemps. Les femmes, transportées d'une émulation magnanime, voulurent partager avec leurs pères et leurs époux les fatigues de la lutte et la gloire de sauver la ville. Sous la conduite d'une héroïne, appelée Jeanne Hachette, elles volent sur les remparts, à un endroit dépourvu de défenseurs ; elles renversent les échelles, et précipitent les assaillants dans les fossés. Jeanne Hachette, à leur tête, arrache un étendard des mains de l'ennemi.

L'exemple des femmes double le courage des hommes : en vain Charles le Téméraire multiplie les assauts ; en vain son artillerie foudroie jour et nuit la place ; il est obligé de lever le siége après avoir perdu une grande partie de son armée. La résistance des citoyens et des dames de Beauvais sauva Paris.

Depuis ce temps, à Beauvais, en mémoire de la conduite héroïque de Jeanne Hachette et de ses compagnes, les femmes, dans une fête annuelle, commémorative de cet événement, avaient à la procession le pas sur les hommes.

Exercices

Rendez compte de ce que vous avez lu.

Expliquez le sens des mots : émulation — magnanime — héroïne — remparts — défenseurs — échelles — assaillants — fossés — étendard — artillerie — commémorative — procession. — Que signifie emporter la ville ? — marcher sur Paris ? — partager les fatigues ? — elles volent sur les remparts ? — avoir le pas sur quelqu'un ?

Dites ce que c'était que Charles le Téméraire et tout ce que vous savez sur lui.

Indiquez des phrases où la répétition de l'adjectif est nécessaire et donnez la règle. — Donnez la règle de l'adjectif possessif son, en indiquant les phrases qui le renferment.

Indiquez le sens du morceau et la morale qu'il renferme.

22. — Le Coq et le Renard.

On raconte qu'un coq était à s'ébattre sur un fumier.
Près de lui vint un renard qui l'enjôla de douces paroles.
« Sire, dit-il, que vous êtes gentil! Jamais je ne vis plus
bel oiseau. Tu as surtout une voix sonore. Jamais oiseau
ne chanta mieux, si ce n'est ton père que je connus autrefois. Il est vrai qu'il fermait les yeux en chantant. —
Oh! ainsi puis-je faire, » dit le coq, qui bat des ailes et
ferme les yeux pour rendre son chant plus mélodieux.
A l'instant le renard s'élance, le saisit et va droit vers
la forêt. Il passe par un champ où chiens et bergers se
mettent à sa poursuite. Malheur à lui s'il les laisse approcher. « Va, dit le coq, crie-leur : Ce coq est à moi,
vous n'en aurez rien. » Le renard veut parler en toute
hâte, mais il lâche le coq, qui s'envole sur le haut
d'un arbre. Le renard, stupéfait et confus, s'arrête, se
tenant pour joué et mystifié d'avoir été ainsi engeigné
par le coq. Aussi, plein de colère et de rage, il s'écria :
« Maudite soit la bouche qui parle quand elle devrait se
taire! Maudit soit, répondit le coq, l'œil qui se ferme
quand il devrait veiller! »

Morale. — Ainsi voit-on agir les fous et la plupart des
hommes. Ils parlent quand ils doivent se taire, et se
taisent quand ils devraient parler.

CH. ROZAN.

Exercices

Rendez compte de ce que vous avez lu.

Expliquez le sens des mots : coq — renard — enjôla — oiseau —
ailes — chant — forêt — champ — berger — arbre — colère — œil
— engeigné — fous.

Quelle différence entre près et auprès? — Que signifie aller
droit à la forêt? — en toute hâte? — se tenant pour joué et mystifié?

Indiquez les propositions implicites qui se trouvent dans le morceau Nommez les homonymes de voix — le pluriel de œil.

Indiquez le sens du morceau et la morale qu'il renferme.

23. — Morale de l'enfance.

Enfants, de mes leçons tâchez de profiter ;
C'est mon amour pour vous qui dicta mon ouvrage ;
Heureux si par mes soins vous pouvez éviter
Les maux que doit souffrir l'enfant qui n'est pas sage.

Pour éviter ces maux et combler nos désirs,
Remplissez vos devoirs avec zèle et constance ;
Le bonheur en sera toujours la récompense.
Qui remplit ses devoirs augmente ses plaisirs.

Des devoirs ! mes enfants, ce mot peut vous déplaire ;
Mais sachez qu'ici-bas tout le monde a les siens :
Les vôtres sont d'aimer, d'obéir, de bien faire ;
Vous guider, vous instruire, enfants, voilà les miens.

L'homme doit à son Dieu, car il est son ouvrage ;
Il doit à ses parents, qui le rendent heureux ;
Il doit à ses pareils, s'il veut vivre avec eux :
Tel est de vos devoirs le nombre et le partage.

M. DE VINDÉ.

Exercices

Rendez compte de ce que vous avez lu.

Expliquez le sens des mots : maux — sage — désirs — devoirs — zèle — constance — déplaire — ici-bas — Dieu — parents — pareils.

Que signifie dicter mon ouvrage ? — combler vos désirs ? — être le partage ?

Nommez les pronoms qui se trouvent dans le morceau — les adjectifs possessifs à leur genre et à leur nombre. — Conjuguez le verbe devoir — le verbe être.

Indiquez le sens du morceau et les différents conseils qu'il renferme.

---

24. — Procédé pour raccommoder les objet cassés porcelaine ou faïence.

Ayez un morceau de pierre de chaux vive que vous conservez dans une boîte hermétiquement fermée, afin que l'air n'en altère point la vertu.

Lorsque vous voulez raccommoder un objet cassé, retournez une assiette, placez un petit morceau de votre pierre de chaux, réduisez-la en poudre, coupez en petites tranches excessivement minces du fromage de Gruyère, dans la proportion d'un tiers pesant de votre poudre de chaux; pétrissez le tout ensemble en vous servant de la lame d'un couteau. Lorsque le fromage est bien écrasé dans la chaux, trempez le bout de votre doigt dans de l'eau froide, laissez-en tomber une goutte sur le mélange que vous continuez à pétrir, en y ajoutant de temps en temps, et de la même manière, une goutte d'eau. Lorsque le mélange est devenu à l'état de pâte ou de mastic, et qu'il se colle après la lame du couteau, enduisez de ce mastic la partie brisée et la place du vase où elle doit s'adapter; réunissez-les en les appuyant fortement l'une sur l'autre et sans essuyer la bavure du mastic; trois ou quatre jours après vous l'enlèverez avec la lame d'un canif. Il faut laisser sécher dans une armoire les objets ainsi raccommodés. Ce mastic est excessivement solide et résiste à l'eau froide et à l'eau chaude.

****

Exercices

Rendez compte de ce que vous avez lu.

Expliquez le sens des mots : porcelaine — faïence — chance — assiette — hermétiquement fermé — tranches — fromage — pétrir — couteau — pâte — mastic — lame — vase — bavure — armoire.

Indiquez la différence entre le vase et la vase. — Citez d'autres noms des deux genres. — Donnez la règle du pronom possessif employé comme complément, soit direct, soit indirect, et faites-en l'application avec ceux qui sont renfermés dans le morceau.

Quelle différence y a-t-il entre mélange, alliage, amalgame ?

Indiquez le sens du morceau et les conseils qu'il renferme.

25. — Un poëte à sa mère.

Il est à vous ce livre issu de la prière !
Qu'il garde votre nom et vous soit consacré ;
Ce livre où j'ai souffert, ce livre où j'ai pleuré,
Ainsi que tout mon cœur, il est à vous, ma mère !

J'y mis tout ce que j'ai d'espérance et de foi,
Ma plus ferme raison, mes ardeurs les plus hautes,
Mon âme entière... hormis ses erreurs et ses fautes ;
L'œuvre en est donc à vous, ma mère, plus qu'à moi.

Car, dans moi, rien n'est bon qui ne vous appartienne,
A vous, cœur simple et fort, dont l'orgueil est absent,
Ma mère ! et vous m'avez donné de votre sang
Plus qu'un enfant n'en reçut de la sienne.

Des périlleux sentiers si je sors triomphant,
C'est que mon cœur, toujours docile à vos prières,
Laisse en vos douces mains et chérit ses lisières,
O ma mère, et qu'enfin je reste votre enfant.

Oui, lorsqu'au fond du mal tombe une âme asservie ;
Sans retour, vers l'honneur quand un homme se perd,
Cherchons à son foyer méprisable et désert...
Une mère chrétienne a manqué dans sa vie.

DE LAPRADE.

Exercices.

Rendez compte de ce que vous avez lu.

Expliquez le sens des mots : poëte — livre — issu — espérance — foi — raison — orgueil — sentiers — prière — lisière — fond — foyer.

Nommez les pronoms renfermés dans le morceau. — Qu'appelle-t-on inversion ? — En citer dans le morceau. — Qu'est-ce qu'une proposition ? — Citez-en quelques-unes et de différentes sortes que vous aurez rencontrées dans le morceau.

Indiquez le sens du morceau et la morale qu'il renferme.

26. — Sophie Germain.

Une femme, par son amour pour l'étude, parvint à se placer parmi les premiers mathématiciens du dix-neuvième siècle. Au milieu des inquiétudes que faisait naître la révolution française, et dont sa famille était extrêmement préoccupée, Sophie, alors âgée de quatorze ans, voulut se créer une occupation forte et soutenue pour échapper à ses craintes sur l'avenir.

Le hasard fit tomber sous sa main un ouvrage, intitulé *Histoire des mathématiques*; elle y lut le récit de la mort d'Archimède, que ni la prise de Syracuse ni le glaive levé du soldat ennemi n'avaient pu distraire de ses méditations. Aussitôt le choix de la jeune Sophie fut arrêté.

Sans maître, sans autre guide qu'un Bezout trouvé dans la bibliothèque de son père, elle se mit à étudier : elle surmonta tous les obstacles que sa famille opposa d'abord à un goût qui ne semblait devoir convenir ni à son âge ni à son sexe.

Sophie se relevait la nuit, par un froid tel que l'encre gelait souvent dans son écritoire. Alors elle travaillait enveloppée de couvertures et à la lueur d'une lampe; car, pour la forcer à reposer, on ôtait de sa chambre le feu, les vêtements et les bougies. Enfin on cessa de contrarier son inclination. Elle devint célèbre par son génie en mathématiques, et remporta des prix à l'Académie des sciences. Elle est morte en 1835.

Exercices.

Rendez compte de ce que vous avez lu.

Expliquez le sens des mots : mathématiciens — siècle — révolution — l'avenir — hasard — récit — glaive — soldat — méditations — guide — bibliothèque — écritoire — lampe — bougies — inclination.

Que signifie : se créer une occupation? — tomber sous sa main ? surmonter les obstacles? — à la lueur d'une lampe ?

Indiquez les différents modes d'éclairage.

Que signifie avoir pour guide un Bezout?

Conjuguez le verbe vouloir — pouvoir. — Nommez les prépositions qui se trouvent dans le morceau.

Indiquez le sens du morceau et la morale qu'il renferme.

---

27. — Élisabeth de Hongrie.

Plus sainte encore qu'elle n'était riche et haut placée,
Élisabeth aimait à descendre la colline que couronnait
son château pour s'en aller distribuer aux pauvres du
voisinage les provisions abondantes dont elle remplissait
son tablier de duchesse.

Un jour qu'elle avait profité d'une absence de son
mari pour se procurer la joie d'une de ces excursions
charitables, elle le rencontre sur son chemin, au moment
où il revenait de la chasse, plus tôt que de coutume!
Que faire? Prise en flagrant délit par son cher Louis de
Thuringe, qui l'avait priée tant de fois de se respecter un
peu plus, notre sainte se recommande au Seigneur! Sur
ces entrefaites, le duc arrive, s'approche, ouvre de la
main le tablier avec un sourire qui semble dire : Je t'y
retrouve encore! Et au grand étonnement de tous les
deux, il n'y trouve plus que des roses! Pour vous,
femmes charitables, ces roses sont un consolant et gracieux symbole de la couronne immortelle que le Seigneur
vous tresse, avec les fleurs qu'il aura cueillies sur vos
aumônes transfigurées!   B. P. V. MARCHAL.

Exercices.

Rendez compte de ce que vous avez lu.

Expliquez le sens des mots : colline — château — provisions —
maculer — tablier — excursions — chemin — duc — rose — aumône.

Que signifie haut placée — couronnait le château — plus tôt que
de coutume — prise en flagrant délit — se respecter — sur ces
entrefaites.

Donnez la règle sur les noms propres. — Indiquez les pronoms
qui se trouvent dans le morceau. — Donnez les homonymes de
cher.

Indiquez le sens du morceau et la morale qu'il renferme.

28. — Souvenir d'une Mère.

Dès que je fus éloigné d'elle, je me laissai tomber dans l'affliction la plus profonde, et tous les souvenirs qui me suivirent dans mon voyage s'accordèrent pour m'accabler. « Dans peu, je ne l'aurai donc plus cette mère qui depuis ma naissance n'avait respiré que pour moi, cette mère adorée à qui je craignais de déplaire comme à Dieu, et, si je l'osais dire, encore plus qu'à Dieu même ; » car je pensais à elle bien plus souvent qu'à Dieu ; et lorsqu'il me venait quelque tentation à vaincre, quelque passion à réprimer, c'était toujours ma mère que je me figurais présente. « Que dirait-elle si elle savait ce qui se passe en moi ! Quelle en serait sa honte, ou quelle en serait sa douleur ! » Telles étaient les réflexions que je m'opposais à moi-même, et dès lors ma raison reprenait son empire. Ceux qui, comme moi, l'ont connu, cet amour filial si tendre, n'ont pas besoin que je leur dise quels étaient ma tristesse et l'abattement de mon âme.

MARMONTEL.

Exercices.

Rendez compte de ce que vous avez lu.

Expliquez le sens des mots : souvenir — affliction — voyage — accabler — déplaire — Dieu — tentation — passion — amour filial — âme — réflexions — empire.

Nommez les pronoms indiqués dans le morceau. — Donnez la règle de l'accord du verbe : quels étaient ma tristesse, etc. — de mon devant âme. — Donnez les dérivés de venir — dire.

Indiquez le sens du morceau et la morale qu'il renferme.

---

29. — Notre-Dame de la Garde.

De tout temps je l'aimai, cette antique chapelle,
Qui, du haut d'un donjon dominateur des flots,
Resplendit à jamais comme un phare fidèle,
Et montre leur patronne aux pauvres matelots.

A l'heure du matin qui fane les étoiles,
Quand le golfe dans l'ombre est encore endormi,
Quand les premiers vaisseaux dont blanchissent les voiles
Sont par la brume encor dérobés à demi,

Je gravis lentement la dévote colline,
Dont la Reine des mers habite les hauteurs,
Et franchissant le seuil de l'église marine,
Je me mêle en silence aux premiers visiteurs.

Humbles groupes épars, fidèles, de tout âge,
Femmes que l'aube trouve aux portes du saint lieu,
Mousses qui vont partir pour leur premier voyage,
Vieux marins, désormais réfugiés en Dieu.

Sous l'arceau tapissé de guirlandes votives,
Sous ces mille tableaux d'un informe dessin,
Que de psaumes fervents, que d'antiennes plaintives
Balbutie à genoux le matinal essaim!

J. Autran.

Exercices.

Rendez compte de ce que vous avez lu.

Expliquez le sens des mots : chapelle — donjon — phare — patronne — matelots — étoiles — golfe — vaisseau — voiles — brume — colline — mousse — marins — arceau — votives — psaumes — antiennes — essaim.

Quelle différence entre antique et vieille — entre le voile et la voile? — Citez d'autres noms des deux genres. — Qu'est-ce qu'un phare? Citez ceux de la France. — Qu'entend-on par golfe? — Citez ceux de la France — de l'Europe. — Que signifie ce nom de Notre-Dame de la Garde? — Où se trouve la chapelle de ce nom?

Indiquez le sens du morceau et la morale qu'il renferme.

---

30. — Un trait de l'empereur Joseph.

L'empereur d'Allemagne Joseph II, se promenant aux environs de Vienne, rencontra une jeune femme dont l'aspect annonçait le malheur; il lui demande la cause de ses chagrins. Elle lui avoua qu'elle était la fille d'un officier tué au service de Sa Majesté ; qu'elle était réduite, ainsi que sa mère, à travailler pour vivre, et que pour le moment elle manquait d'ouvrage.

« N'avez-vous pas reçu quelques secours du gouvernement, dit l'empereur ?

— Aucun, fut la réponse de la jeune fille.

— Mais pourquoi ne vous êtes-vous pas adressée à l'empereur lui-même ? Il est assez accessible. »

La jeune fille répondit : « On nous a assuré qu'il est insensible et avare, et que notre démarche serait inutile. »

L'empereur donna à l'instant quelques ducats et une bague à la jeune infortunée, en lui disant qu'il était au service de Sa Majesté et qu'il se chargeait de sa réclamation si elle voulait venir avec sa mère au palais impérial le lendemain. Elles ne manquèrent pas au rendez-vous, et la jeune femme reconnut son bienfaiteur dans la personne du souverain. Elle fut saisie d'effroi en se rappelant les paroles qu'elle avait prononcées la veille. Joseph la rassura en lui disant qu'il lui accordait une pension, ainsi qu'à sa mère.

« Maintenant, ajouta-t-il, j'espère que vous ne me croirez plus ni avare ni ingrat. »   X.

Exercices.

Rendez compte de ce que vous avez lu.

Expliquez le sens des mots : trait — empereur — aspect — chagrins — officier — secours — gouvernement — accessible — insensible — avare — bague — ducats — palais — rendez-vous — pension.

Qu'est-ce que l'Allemagne ? — Vienne ? — Nommez les autres contrées de l'Europe avec leurs capitales.

Donnez la règle des verbes en cer — en ger. — Nommez tous les verbes à la forme interrogative avec les règles qui s'y rapportent.

Indiquez le sens du morceau et la morale qu'il renferme.

31. — La Petite Lampe.

Lorsqu'a sonné l'heure des fêtes,
Au-dessus de toutes les têtes,
Le lustre plane avec orgueil ;
Le lustre est un phare de joie ;
Jamais sa flamme ne renvoie
Un reflet sur les jours de deuil.

Et tandis que sur les parures,
Les fleurs, les rubis, les dorures,
Il laisse tomber ses rayons,
Mille beautés, la nuit entière,
Tourbillonnent dans sa lumière,
Comme un essaim de papillons.

Il est beau.... mais elle est plus belle,
La petite lampe fidèle
Aux vieux murs, aux pauvres lambris ;
La petite lampe qui brille,
Aidant la mère de famille
A nourrir ses enfants chéris.

Ah ! qu'importe un éclat futile ?
Être oublié, mais être utile
Et secourir quelques besoins,
Aux malheureux donner sa vie,
Voilà le sort digne d'envie !
Consoler mieux, éblouir moins !

Hippolyte Violeau.

Exercices.

Rendez compte de ce que vous avez lu.

Expliquez le sens des mots : lampe — lustre — phare — reflet — rubis — tourbillonner — essaim — papillons — besoins — sort.

Indiquez les différents modes d'éclairage. Quel est le sens de lustre ? — Nommez les diverses espèces de pierres-précieuses. — Que signifie ici le mot les beautés ? — Dans quel sens est pris ici le mot essaim ?

Qu'appelle-t-on sens figuré?

Indiquez le sens du morceau et la morale qu'il renferme.

---

32. — Activité de la Mère de famille.

Je ne réfléchis jamais sans émotion à la bienfaisante activité que déploie une bonne mère de famille dans son humble ménage pour que le mari, en revenant de son travail, ne sente pas trop son dénûment, pour que les enfants soient tenus avec propreté et ne souffrent ni du froid ni de la faim.

Souvent, dans un coin de la mansarde, à côté du berceau du nouveau-né, est le grabat de l'aïeul, retombé à la charge des siens après une dure vie de travail. Pour suffire à tout, la pauvre femme se lève avant le jour et se couche la dernière. S'il lui reste un moment de répit quand sa besogne de chaque jour est terminée, elle s'arme de son aiguille et confectionne ou raccommode les habits de toute la famille. Providence des siens en toutes choses, c'est elle qui s'inquiète de leurs maladies, prévient leurs besoins, sollicite les fournisseurs, apaise les créanciers, fait d'immenses efforts pour cacher la misère commune, et trouve encore, au milieu de ses soucis, de ses peines, un mot sorti du cœur, une caresse pour encourager son mari, rassurer son père et réjouir ses enfants! Pauvre femme! Dieu vous voit et Marie vous aime!

R. P. V. MARCHAL.

Exercices

Rendez compte de ce que vous avez lu.

Expliquez le sens des mots : ménage — dénûment — coin — mansarde — grabat — créancier.

Donnez les règles sur les substantifs aïeul et travail — sur les verbes déploie, se lève, s'inquiète.

Donnez les dérivés de tenir et de venir.

Indiquez le sens du morceau et la morale qu'il renferme.

33. — Jeux d'enfants.

Je t'admire, forêt superbe,
  Nid gracieux ;
Mais ce groupe d'enfants sur l'herbe
  Retient mes yeux.

Les deux sœurs amusent leur frère,
  Bambin charmant,
Qui de son pied nu bat la terre,
  Joyeusement.

L'aînée au grave et doux visage
  Conduit le jeu,
Et, pour se montrer davantage,
  Se cache un peu.

Mais le rusé, qui les épie,
  A découvert
Sa grande sœur toute tapie
  Sous l'arbre vert.

C'est à son tour : l'enfant commence
  A se cacher,
Et longtemps dans le bois immense
  Se fait chercher.

Mais les sœurs ont un œil de mère,
  Un œil perçant,
Toujours elles trouvent leur frère
  Et leur enfant.

Un jour loin de la droite route,
  Loin de son Dieu,
Il voudra se cacher sans doute...
  Terrible jeu !

> Mais les sœurs trouveront le frère,
> Je vous le dis,
> Et le conduiront chez son Père,
> Au paradis!

LÉON GAUTIER.

Exercices

Rendez compte de ce que vous avez u.

Expliquez le sens des mots : forêt superbe — groupe — bambin — épier — tapie — se faire chercher — œil de mère — route — tour — conduire le jeu.

Nommer et mettre au pluriel tous les substantifs qui se trouvent dans le morceau.

Conjuguez le verbe retenir — épier — faire — vouloir.

Indiquez le sens du morceau et la morale qu'il renferme.

---

34. — Mademoiselle de Rigny.

Les événements de la Révolution avaient enlevé à mademoiselle de Rigny toute sa famille. Retirée dans une habitation isolée, au milieu de la campagne, à l'âge de vingt ans, elle se voyait obligée de diriger et les affaires de la maison et l'éducation d'un jeune frère qui n'avait qu'elle pour appui. Elle destinait cet enfant à l'École polytechnique; mais comment l'y préparer? comment lui donner en même temps l'éducation littéraire? Les colléges alors avaient été détruits, et les maisons d'éducation, en petit nombre, qui commençaient à s'élever, ne paraissaient pas à mademoiselle de Rigny dignes de sa confiance. La tendresse fraternelle lui inspira le plus généreux dessein : elle résolut d'apprendre elle-même tout ce que son frère devait savoir, pour le lui enseigner.

Quelque effrayant que ce travail dût paraître à une femme, elle s'y dévoua avec une ardeur persévérante qui fut couronnée par le succès : la langue latine, la littérature ancienne et moderne, l'éloquence, l'histoire, les diverses branches des mathématiques, elle apprit tout, elle enseigna tout à son frère, et le jeune de Rigny fut admis à l'École polytechnique, sans avoir eu d'autre maître que sa sœur.

C'est ce même de Rigny qui, devenu amiral, commandait la flotte française à Navarin, et qui fut plus tard ministre de la marine.

Telle est la glorieuse destinée que lui avait préparée le dévouement infatigable de sa sœur.

Exercices

Rendez compte de ce que vous avez lu.

Expliquez le sens des mots : révolution — isolé — éducation littéraire — colléges — dessein — ardeur — éloquence — mathématiques — amiral — flotte — ministre — destinée.

Qu'est-ce que l'École polytechnique? — A quelle époque a eu lieu la révolution dont il est question ici? — Entre quelles puissances fut livrée la bataille de Navarin.

Donnez la règle sur vingt — sur quelque — sur tout.

Analysez grammaticalement, puis logiquement, la dernière phrase du morceau.

Indiquez le sens du morceau et la morale qu'il renferme.

---

35. — Catherine Vernet.

Catherine Vernet, de Saint-Germain-l'Herm (Puy-de-Dôme), est une simple ouvrière en dentelle, qui, après s'être dévouée à sa famille, se dévoue depuis trente ans à ceux qui n'en ont point. Ayant acheté, avec le produit de ses épargnes accumulées sou par sou, une petite maison, elle en a fait un hôpital; elle a commencé son installation avec huit caisses en bois qui devaient servir de lits. Ces lits, entourés par elle des soins les plus assidus, sont toujours occupés. Cet hôpital, situé au sein des montagnes les plus élevées et les moins fréquentées de l'Auvergne, sert encore d'asile à ceux qu'on appelle dans ce pays *les perdus*, c'est-à-dire aux voyageurs égarés au milieu des tourbillons de neige, et que la cloche des villages voisins a avertis en vain de leur danger.

C'est ainsi qu'en plein dix-neuvième siècle, la naïve charité d'une humble Auvergnate a renouvelé la mer-

veille qu'on admire depuis bientôt mille ans au Grand-
Saint-Bernard. Ce n'est pas tout : elle y enseigne encore
le catéchisme aux orphelins abandonnés, aux enfants
vagabonds qu'elle recueille et qu'elle nourrit du fruit de
ses travaux; quand les incurables qu'elle a recueillis
chez elle lui en laissent le loisir; elle va au dehors veiller
chez eux les malades du voisinage.

C'est l'emploi habituel de ses nuits. Et cependant elle
n'a pour ressource que son carreau de dentellière qui peut
lui rapporter trente-cinq à quarante centimes par jour,
plus les secours de quelques âmes charitables qui la
prennent pour intermédiaire de leurs aumônes.

Exercices

Rendez compte de ce que vous avez lu.

Expliquez le sens des mots : dentelles — épargnes — accumulées
— hôpital — montagnes — voyageurs — tourbillons — cloche —
Auvergnate — orphelins — vagabonds — incurable — le loisir —
dentellière — intermédiaire — aumônes.

Que signifie servir d'asile ? — du fruit de ses travaux ? — avoir
pour ressource ? — le produit de ses épargnes ?—sou par sou?—
Nommez les principales montagnes de l'Europe — de la France —
de votre département. — Quelle est la merveille du Grand-Saint-
Bernard ? — A quelle époque remontent les cloches ?

Donnez la règle de la formation du pluriel des substantifs en ou
— en al — en eau que vous trouverez dans le morceau.

Indiquez le sens du morceau et la morale qu'il renferme.

------

36. — Les deux Grives.

« Quoi, c'est vous? Par Bacchus ! s'écriaient tour à tour
Deux grives qui d'abord ignoraient se connaître.
    C'était une amitié d'un jour
Qu'un certain champ de vigne avait jadis fait naître.
On avait (sans paniers) vendangé jusqu'au soir,
Et ce fut le gosier qui servit de pressoir.
Après un long babil sur la divé journée,
Et le vol en zigzag qui l'avait couronnée :
— Je vous quitte, ma chère, et le nid qui m'attend !
    Vous en avez sans doute autant.

Ah! que de soins, grand Dieu! demande une couvée!
Nul instant de repos, dès l'aurore levée;
    Avec cela, toujours la peur
    De voir au nid quelque malheur,
Soit que le milan plane au-dessus de la branche,
Ou bien que trop au bord l'un des petits se penche,
    Je ne vis pas : c'est bien assez
    Que d'avoir eu des œufs cassés!
    — Plaignez-vous donc, heureuse mère ;
C'est pour moi, s'il vous plaît, que la vie est amère!
Dans mon nid inutile aucun œuf n'est éclos;
Votre bec, pour si peu, devrait bien rester clos! »
    Taisons nos maux ; nous devons craindre
    De les conter à plus à plaindre.

MAYGRIER.

Exercices

Rendez compte de ce que vous avez lu.

Expliquez le sens des mots : grives — Bacchus — vigne — paniers — gosier — pressoir — babil — en zigzag — nid — couvée — planer — œufs.

Qu'entend-on par la dive journée? — Quelle différence entre aucun et nul?

Conjuguez le verbe naître et indiquez la nature des verbes qui se trouvent dans le morceau.

Indiquez le sens du morceau et la morale qu'il renferme.

---

37. — Aveu sincère.

La duchesse de Longueville, n'ayant pu obtenir une faveur qu'elle avait demandée à Louis XIV, en fut si vivement piquée qu'il lui échappa contre lui des paroles très-déplacées. Une seule personne les avait entendues; mais cette personne fut indiscrète. La chose fut rapportée au roi, qui en parla au prince de Condé, frère de la duchesse. Le prince répondit que ce rapport devait être faux. « J'en croirai votre sœur elle-même, répliqua le roi, si elle le démen »

Le prince va voir sa sœur, qui ne lui cache rien ; en

vain il tâche, pendant toute une soirée, de lui persuader
qu'en cette occasion la sincérité serait trop dangereuse ;
qu'en la déclarant innocente, il avait cru dire la vérité:
qu'elle ne devait pas lui donner tort, et qu'elle ferait
même plus de plaisir au roi en niant sa faute qu'en l'a-
vouant. « Voulez-vous, lui dit-elle, que je répare cette
faute par une plus grande? Celui qui m'a dénoncée a
grand tort ; mais, après tout, il ne m'est pas permis de
le faire passer pour un calomniateur, puisqu'en effet il ne
l'est pas. »

Elle alla trouver le roi et avoua tout. Louis XIV, non-
seulement lui pardonna de bon cœur, mais lui accorda
quelques grâces auxquelles elle ne s'attendait pas. Elle
crut même remarquer que depuis ce jour il la traita avec
plus de considération et de bonté qu'auparavant.

***

Exercices

Rendez compte de ce que vous avez lu.

Expliquez le sens des mots : aveu — faveur — indiscrète —
rapport — soirée — nier — calomniateur — considération.

Que signifie : être piquée? — des paroles déplacées? — ne pas
s'attendre à une chose?—Que savez-vous sur Louis XIV ?—sur le
prince de Condé?

Donnez la règle sur très.

Donnez les règles sur les participes des trois premières phrases.
Conjuguez les verbes croire et croître, et indiquez l'orthographe.

Indiquez le sens du morceau et la morale qu'il renferme.

38.— L'Oreiller d'une petite fille.

Cher petit oreiller, doux et chaud sous ma tête,
Plein de plume choisie, et blanc! et fait pour moi,
Quand on a peur du vent, des loups, de la tempête,
Cher petit oreiller, que je dors bien sur toi !

Beaucoup, beaucoup d'enfants pauvres et nus, sans mère,
Sans maison, n'ont jamais d'oreiller pour dormir ;
Ils ont toujours sommeil, ô destinée amère !
Maman, douce maman ! cela me fait gémir.

2.

Et quand j'ai prié Dieu pour tous ces petits anges,
Qui n'ont pas d'oreiller, moi, j'embrasse le mien.
Seule, dans mon doux nid qu'à tes pieds tu m'arranges,
Je te bénis, ma mère, et je touche le tien !

Je ne m'éveillerai qu'à la lueur première
De l'aube ; au rideau bleu, c'est si gai de la voir !
Je vais dire tout bas ma plus tendre prière ;
Donne encore un baiser, douce maman ! Bonsoir !

PRIÈRE.

Dieu des enfants ! le cœur d'une petite fille,
Plein de prière, écoute, est ici sous mes mains ;
On me parle toujours d'orphelins sans famille :
Dans l'avenir, mon Dieu, ne fais plus d'orphelins !

Laisse descendre'au soir un ange qui pardonne,
Pour répondre à des voix que l'on entend gémir ;
Mets sous l'enfant perdu que sa mère abandonne
Un petit oreiller qui le fera dormir !

Mme DESBORDES VALMORE.

Exercices

Rendez compte de ce que vous avez lu.

Expliquez le sens des mots : oreiller — plume — destinée — gémir — nid — lueur — aube — rideau — orpheline — famille — dans l'avenir — ange.

Donnez la règle sur nu — amer — on et l'on.

Indiquez le sens du morceau et la morale qu'il renferme.

---

39. — Le Cri de la nature.

Sous le règne du roi Henri IV, les troupes espagnoles firent des dégâts horribles dans la Picardie.

Un jeune homme des environs de Roye, qui s'était enfui depuis longtemps de chez ses parents, avait pris parti dans ces troupes étrangères, que la guerre amenait au lieu de sa naissance. On ravageait le village même où il avait vu le jour ; les habitants venaient de chercher un asile dans l'église de ce village, et le général espagnol venait d'ordonner qu'on y mît le feu.

Le jeune homme ne put sans frémir voir mettre à exécution un ordre si barbare. L'amour de la patrie lui fit entendre sa voix : les cris de ses compatriotes achevant de le décider ; il sort des rangs, et, malgré les défenses de ses chefs, court ouvrir les portes de l'église.

Une femme, dont les vêtements étaient déjà atteints par la flamme, est le premier objet qui s'offre à sa vue ; elle se précipite dans ses bras, en s'écriant :

« Ah ! mon fils ! »

Le jeune soldat, qui la reconnaît, saisi d'effroi, mais bientôt ranimé par la tendresse filiale, l'emporte dans ses bras à quelque distance de l'église.

Aussitôt le général espagnol, furieux, lui ordonne de remettre, sous peine de la vie, cette femme où il l'avait prise : « Non ! s'écrie le jeune homme ; c'est ma mère, et je périrai plutôt avec elle. »

Le général, dans l'ivresse de sa fureur, voulait faire saisir le jeune soldat ; mais les officiers qui l'entouraient parvinrent à le calmer :

« C'est sa mère, lui disaient-ils ; n'entendez-vous pas qu'il vous dit que c'est sa mère ? »

Le général espagnol entendit la voix de la nature crier dans son propre cœur ; il épargna ce qui restait de ce village, et permit au jeune homme de passer quelques jours auprès de sa mère.   X.

Exercices

Rendez compte de ce que vous avez lu.

Expliquez le sens des mots : dégâts — guerre — général — patrie — compatriotes — vêtements — tendresse filiale — nature — troupes — partis.

Que signifie prendre parti ? — ravager le village ? — voir le jour ? — chercher un asile ? — sous peine de la vie ? — la voix de la nature ?

Indiquez les différents modes des verbes contenus dans le morceau.

Indiquez le sens du morceau et la morale qu'il renferme.

---

40. — Épitaphe.

Qui que tu sois, passant, que le hasard amène
Dans ce funèbre enclos, sur ce tertre isolé
Où pleure et se balance un saule échevelé,
Dont le feuillage épais cache une croix d'ébène ;

Que Dieu file tes jours ou de soie ou de lin,
Que la vie à ton cœur soit douce ou soit amère,
 Si tu n'as pas été dès l'enfance orphelin,
Si tu sais, ô passant, ce que c'est qu'une mère !

Soulève ce rideau de verdure et de fleurs ;
Regarde ce gazon qui ne fait que de naître,
Et cette croix humide où tu liras peut-être
Un nom presque effacé par des torrents de pleurs.

Et si dans les cités tu n'es pas solitaire,
Si ton âme regrette ou rêve de beaux jours,
Si tu crois que les morts endormis sous la terre
Ne sont pas des vivants séparés pour toujours ;

Si tu gardes en toi le souvenir céleste
Du sein qui t'a nourri, des bras qui t'ont porté,
Aussi pieusement qu'une vierge modeste,
Garde d'un saint flambeau la rêveuse clarté ;

Si tu n'as qu'un amour qui t'aide et te soutienne,
Si ce n'est pas pour toi que tu crains le trépas,
Si ta mère est heureuse et ne te cherche pas,
Arrête ! prie et pleure un moment pour la mienne !

Tullius.

Exercices

Rendez compte de ce que vous avez lu.

Expliquez le sens des mots : épitaphe — passant — enclos — tertre — saule — orphelin — rideau — cité — solitaire — terre.

Que signifie : un funèbre enclos? — un saule échevelé? — Dieu file tes jours? — où pleure et se balance un saule? — Si tu n'es pas solitaire dans les cités?

Donnez les homonymes de croix. — Nommez les pronoms qui se trouvent dans le morceau. — Conjuguez le verbe craindre — le verbe croire.

Indiquez les signes de ponctuation qui se trouvent dans le morceau, et donnez la règle.

Indiquez le sens du morceau et la morale qu'il renferme.

41. — La Femme de chambre.

Un homme très-riche, ayant éprouvé les plus grands revers de fortune, se vit obligé de se restreindre à la plus sévère économie : « Je viens, dit-il à sa femme, de me défaire de tout le luxe que nous permettait auparavant la fortune que nous avons perdue, et je ne puis me dispenser de vous prier de m'imiter en cela. Vous avez une femme de chambre à laquelle vous êtes attachée, et c'est avec peine que je vous en demande le sacrifice; mais il est absolument nécessaire, et je me flatte que vous ne me le refuserez pas. »

Quelque cruelle que lui fût cette séparation, cette dame en sentit toute la nécessité et s'y résigna. Elle appela sa femme de chambre, à laquelle elle annonça ses intentions, en lui témoignant tout ce que cette séparation avait de pénible pour elle. « Madame, lui répondit cette fille, vous savez que j'ai quelque adresse; il est impossible, en restant chez vous, que mes petits talents n'équivalent pas aux frais de ma nourriture. Daignez donc me permettre de vous continuer mes services; je ne veux d'autre rétribution que le bonheur d'être auprès de vous. » Des larmes abondantes, qui coulèrent de part et d'autre, mirent fin à cette conversation.

Quelque temps après, on annonce que le dîner est servi. Le maître de la maison, à qui cette conversation avait été racontée, passe dans la salle à manger, et fait mettre un troisième couvert. « Attendez-vous quelqu'un? lui dit son épouse. — Non; faites venir votre femme de chambre.» On l'appelle; elle vient; il la prend par la main et lui dit: « Mademoiselle, la noblesse de vos sentiments, la sensibilité de votre cœur, vous font notre amie; prenez une place à côté de nous, et dorénavant vous n'en aurez point d'autre. »

Exercices

Rendez compte de ce que vous avez lu.

Expliquez le sens des mots : revers — restreindre — économie — luxe — imiter — femme de chambre — adresse — talents — rétribution — conversation — dîner — couvert — amie.

Que signifie se défaire? — se dispenser? — demander le sacrifice? — se flatter? — s'y résigner?

Nommez tous les verbes pronominaux que vous trouvez dans le morceau. — Conjuguez le verbe savoir.

Donnez la règle sur pas et point.

Indiquez le sens du morceau et la morale qu'il renferme.

---

42. — Du Soin.

La jeune fille soigneuse, sans être minutieuse, centuple par cette qualité le prix de tout ce qu'elle fait, comme de tout ce qu'elle possède; l'exactitude qu'elle applique à tout est en même temps une source de profit et un moyen d'embellissement.

Ses effets paraissent neufs longtemps après qu'ils ont cessé de l'être; son travail, méthodique et régulier, devient bientôt fructueux; la pensée d'une omission, d'un oubli, la tourmente, et jamais les petits devoirs de famille, non plus que toutes ses autres obligations, ne la trouvent indifférente. Elle plaît aux autres, parce qu'elle recherche naturellement ce qui peut leur plaire; elle se fait aimer, parce qu'on sent qu'on n'est pas négligé par elle. Sa santé même, trouve son compte à cette habitude d'ordre et de soin; une propreté constante entretient la fraîcheur naturelle à son âge. La régularité de ses occupations maintient l'équilibre de ses forces, comme le calme heureux de son esprit. Enfin, elle prend de bonne heure et pour toujours l'amour de la règle, sentiment qui exercera plus tard une grande influence morale sur sa vie. Partout, en effet, la jeune fille, devenue femme, trouvera des devoirs sévères à remplir.

Quel immense avantage de s'être préparé dès l'âge de l'adolescence à ce dévouement si continu et si varié! Ainsi, tout se réunit pour faire de la jeune fille soigneuse une jeune fille heureuse dans le présent, et qui doit espérer le bonheur dans l'avenir.

A. THÉRY.

Exercices

Rendez compte de ce que vous avez lu.

Expliquez le sens des mots : soigneuse — minutieuse — centupler — effets — fructueux — trouver son compte — équilibrer — la règle — adolescence — dévouement — le présent — l'avenir.

Que signifie : une source de profit? — un travail méthodique et régulier? — l'amour de la règle? — dévouement continu?

Indiquez les adjectifs qui se trouvent dans le morceau avec leurs règles.

Donnez les règles sur posséder. — Donnez les dérivés de faire — de venir. — Indiquez les homonymes de compte.

Indiquez le sens du morceau et la morale qu'il renferme.

---

43. — La Mère Milon

Vieille, infirme, c'était une pauvre indigente,
Faible d'esprit, jouet de l'enfant inhumain ;
Elle venait, avec la troupe mendiante,
A ma porte, parfois, chercher un peu de pain.

De son œil incertain jaillissait l'étincelle
Du sentiment naïf qui pleure et qui sourit.
Elle avait l'air ému de l'animal fidèle
Caressant du regard la main qui le nourrit.

Un jour, elle me vit pâle et de deuil vêtue ;
Durant trois ans, hélas ! sur mon toit désolé,
La mort avait plané, puis s'était abattue,
Portant sa faux cruelle en mon cœur isolé.

A ses haillons divers, alors la doucé femme
Ajoute un fichu noir, modestement, dessous...
Quelqu'un l'apercevant : « C'est que la bonne dame
Qui me donne du pain est en deuil, voyez-vous ! »

L'écho me rapporta sa touchante parole ;
Quand son visage aimant revint chercher mes yeux,
Sur son front déprimé m'apparut l'auréole
De ces simples d'esprit du royaume des cieux.

Car il porte le sceau de la grâce infinie,
L'être qui de l'amour garde le feu sacré ;
Ce que le monde appelle et science et génie
N'en est que le rayon trop souvent égaré.

Près de ce feu divin l'esprit n'est qu'impuissance,
Dans nos vains compliments, formules de salon,
Cherchez un trait, un mot, qui vaille l'éloquence
Du pauvre fichu noir de la mère Milon !

Vous demandez, ami, quel souci me réclame,
Et pourquoi sur mes traits ce voile encore plus noir ?
Eh bien ! c'est, voyez-vous, que cette tendre femme
Qui partageait mon deuil est morte hier au soir !

Mlle CAROLINE ANGEBERT.

Exercices

Rendez compte de ce que vous avez lu.

Expliquez le sens des mots ; infirme — indigents — jouet — inhumain — parfois — toit — faux — haillons — fichu — écho — auréole — sceau — salon — voile — deuil.

Que signifie faible d'esprit ? — jouet de l'enfant inhumain ? — De quel animal est-il question dans le morceau ? — Que signifie la mort s'est abattue avec sa faux ?

Conjuguez le verbe valoir. — Quelle différence entre le voile et la voile ? donnez d'autres substantifs des deux genres. — Donnez les composés de venir.

Indiquez le sens du morceau et la morale qu'il renferme.

44. — Justine Fabre.

Justine Fabre, d'Aix en Provence, fille d'un postillon, exerce le métier de repasseuse. Tous les instants de liberté que lui laisse le travail sont consacrés au soin des malades pauvres et à l'instruction des enfants de la campagne.

En 1835, le choléra éclate dans sa ville natale; la terreur met en fuite tout ce qui peut s'éloigner. Justine s'offre bravement au bureau de bienfaisance pour soigner les victimes du fléau. Sa jeune sœur l'imite; mais, atteinte de l'épidémie, elle meurt au champ d'honneur de la charité! Loin de ralentir le zèle de Justine, cet exemple l'enflamme; elle remplace auprès des agonisants leurs parents en fuite; elle ensevelit les morts, elle refuse toute rémunération, et ne cesse de se prodiguer que lorsqu'il n'y a plus de malades à soigner. Vingt ans après, en 1854, le fléau reparaît; Justine est encore là; elle recommence à lutter contre lui et à lui arracher sa proie.

Depuis lors, elle n'a pas cessé d'édifier ses concitoyens en déployant le même zèle pour le soulagement des indigents et des malades. Aujourd'hui, son âge avancé menace de rendre impuissants les élans de son cœur; il lui faudra bientôt réclamer pour elle-même les secours qu'elle a prodigués à ses voisins. Une médaille d'or de 1,000 francs, qui vient de lui être décernée, lui a appris que l'on connaît, apprécie et admire son ardente et magnanime charité!

Comte de MONTALEMBERT.

Exercices

Rendez compte de ce que vous avez lu.

Expliquez le sens des mots: postillon — repasseuse — choléra — ville natale — victime — fléau — épidémie — agonisants — rémunération — concitoyens — indigents — médaille — décerné.

Que signifie : bureau de bienfaisance ? — Sur le champ d'honneur de la charité ? — Se prodiguer ? — A l'âge avancé ?

Nommez les pronoms contenus dans le morceau — les monnaies de la France.

Indiquez le sens du morceau et la morale qu'il renferme.

---

45. — Dieu seul est grand.

N'espérons plus, mon âme, aux promesses du monde :
Sa lumière est un verre, et sa faveur une onde
Que toujours quelque vent empêche de calmer.
Quittons ces vanités, lassons-nous de les suivre ;
     C'est Dieu qui nous fait vivre,
     C'est Dieu qu'il faut aimer.

En vain pour satisfaire à nos lâches envies,
Nous passons près des rois tout le temps de nos vies,
A souffrir des mépris et ployer les genoux ;
Ce qu'ils peuvent n'est rien ; ils sont, comme nous sommes,
     Véritablement hommes,
     Et meurent comme nous.

Ont-ils rendu l'esprit, ce n'est plus que poussière
Que cette majesté si pompeuse et si fière,
Dont l'éclat orgueilleux étonnait l'univers ;
Et dans ces grands tombeaux où leurs âmes hautaines
     Font encore les vaines,
     Ils sont mangés des vers.

Là se perdent ces noms de maîtres de la terre,
D'arbitres de la paix, de foudres de la guerre ;
Comme ils n'ont plus de sceptre, ils n'ont plus de flatteurs ;
Et tombent avec eux d'une chute commune
     Tous ceux que leur fortune
     Faisait leurs serviteurs.

MALHERBE.

Exercices

Rendez compte de ce que vous avez lu.

Expliquez le sens des mots : promesses — monde — verre — fa-

veur — onde — lasser — envie — lâche — univers — tombeau —
vers — arbitre — foudre — sceptre — flatteur.

Indiquez les homonymes de verre — les dérivés de passer. —
Donnez la règle sur ployer. — Donnez les temps simples du verbe
pouvoir. — Donnez la règle sur foudre en citant des noms des
deux genres.

Indiquez le sens du morceau et la morale qu'il renferme.

46. — Les Fêtes de famille.

Un régal que notre mère nous donnait avec la plus
sensible joie était le réveillon de la nuit de Noël. Comme
il était tous les ans le même, on s'y attendait, mais on
se gardait bien de paraître s'y être attendu ; car tous les
ans elle se flattait que la surprise serait nouvelle, et c'é-
tait un plaisir qu'on avait soin de lui laisser. Pendant
qu'on était à la messe, la soupe aux choux verts, le boudin, la saucisse, l'andouille, le morceau du petit salé le
plus vermeil, les gâteaux, les beignets de pommes au
saindoux, tout était préparé mystérieusement par elle et
l'une de ses sœurs ; et moi, seul confident de tout cet appareil, je n'en disais mot à personne.

Après la messe on arrivait ; on trouvait ce beau déjeuner sur la table, on se récriait sur la magnificence de la
bonne grand'mère, et cette acclamation de surprise et
de joie était pour elle un plein succès. Le jour des Rois,
la fève était chez nous encore un sujet de réjouissance ;
et quand venait la nouvelle année, c'était dans toute la
famille un enchaînement d'ambrassades et un concert de
vœux si tendres, qu'il eût été, je crois, impossible d'en
être le témoin sans en être ému.

Figurez-vous un père de famille au milieu d'une foule
de femmes et d'enfants, qui, tous levant les yeux et les
mains vers le ciel, en appelaient sur lui les bénédictions ;
et lui, répondant à leurs vœux par des larmes d'amour
qui présageaient peut-être le malheur qui nous mena-
çait : telles étaient les scènes que me présentaient ces
vacances.   MARMONTEL.

Exercices

Rendez compte de ce que vous avez lu.

Expliquez le sens des mots : régal — réveillon — Noël — se garder — surfaire — messe — soupe — boudin — saucisse — andouille — gâteaux — beignets — saindoux — confident — concert — témoin — foule — bénédiction.

Que signifie un concert de vœux ? — Pourquoi dire le petit salé le plus vermeil ? — Quel nom donne-t-on encore au saindoux ? — Citez les principales fêtes de l'année. — Racontez l'usage de la fève.

Donnez la règle des substantifs en al — des noms partitifs.

Indiquez le sens du morceau et la morale qu'il renferme.

---

47. — Le Danger d'une porte ouverte ou leçon d'économie.

Je me souviens qu'étant à la campagne, j'eus un exemple de ces petites pertes qu'un ménage est exposé à supporter par sa négligence. Faute d'un loquet de peu de valeur, la porte d'une basse-cour qui donnait sur les champs se trouvait souvent ouverte.

Chaque personne qui sortait tirait la porte ; mais n'ayant aucun moyen extérieur de la fermer, la porte restait battante. Plusieurs animaux de basse-cour avaient été perdus de cette manière.

Un jour, un jeune et beau porc s'échappa et gagna les bois. Voilà tous les gens en campagne : le jardinier, la cuisinière, la fille de basse-cour, sortirent, chacun de leur côté, en quête de l'animal fugitif. Le jardinier fut le premier qui l'aperçut, et, sautant un fossé pour lui barrer le passage, il se fit une dangereuse foulure, qui le retin plus de quinze jours dans son lit. La cuisinière trouva brûlé du linge qu'elle avait abandonné près du feu pour le faire sécher ; et la fille de basse-cour ayant quitté l'étable sans se donner le temps d'attacher les bestiaux, une des vaches, en son absence, cassa la jambe d'un poulain qu'on élevait dans la même écurie.

Les journées perdues du jardinier valaient bien

soixante francs; le linge et le poulain en valaient bien autant : voilà donc en peu d'instants, faute d'une fermeture de quelques sous, une perte de cent vingt francs, supportée par des gens qui avaient besoin de la plus stricte économie, sans parler ni des souffrances causées par la maladie, ni de l'inquiétude et des autres inconvénients étrangers à la dépense. Ce n'étaient pas de grands malheurs ni de grosses pertes ; cependant, quand on saura que le défaut de soin renouvelait de pareils accidents tous les jours, et qu'il entraîna finalement la ruine d'une famille honnête, on conviendra qu'il valait la peine d'y faire attention.

J. B. SAY.

Exercices

Rendez compte de ce que vous avez lu.

Expliquez le sens des mots : danger—porte—ménage— loquet— basse-cour — porc — fossé — foulure — lit — linge — étable — poulain — vache — souffrance — maladie — malheur— accidents — valait — danger — péril — écurie.

Que signifie gagner les bois? — gens en campagne et gens à la campagne? — Barrer le passage ?

Quelle différence entre jour et journée ? Donnez des exemples du même genre. — Que savez-vous sur le mot exemple? — Donnez la règle sur chaque — sur chacun. — Quelle différence entre un homme honnête et un honnête homme? — Citez d'autres exemples sur le même sujet. — Donnez la règle sur vingt et cent.

Indiquez le sens du morceau et la morale qu'il renferme.

---

48. — La Mère, l'Enfant et les Sarigues.

Maman, disait un jour à la plus tendre mère
Un enfant péruvien sur ses genoux assis,
Quel est cet animal qui, dans cette bruyère,
  Se promène avec ses petits?
Il ressemble au renard. — Mon fils, répondit-elle,
  Du sarigue c'est la femelle :
  Nulle mère pour ses enfants
N'eut jamais plus d'amour, plus de soins vigilants.

La nature a voulu seconder sa tendresse,
    Et lui fit, près de l'estomac,
Une poche profonde, une espèce de sac,
    Où ses petits, quand un danger les presse,
    Vont mettre à couvert leur faiblesse.
Fais du bruit ; tu verras ce qu'ils vont devenir.
L'enfant frappe des mains : la sarigue, attentive,
    Se dresse, et d'une voix plaintive
Jette un cri ; les petits aussitôt d'accourir,
    Et de s'élancer vers la mère,
En cherchant dans son sein leur retraite ordinaire.
    La poche s'ouvre, les petits
    En un moment y sont blottis ;
Ils disparaissent tous ; la mère avec vitesse
    S'enfuit emportant sa richesse.
La Péruvienne alors dit à l'enfant surpris :
    Si jamais le sort t'est contraire,
Souviens-toi du sarigue ; imite-le, mon fils :
L'asile le plus sûr est le sein d'une mère.

FLORIAN.

Exercices

Rendez compte de ce que vous avez lu.

Expliquez le sens des mots : sarigue — Péruvien — bruyère — renard — estomac — poche — sac — danger — retraite — blottis — sort — asile.

Que signifie mettre à couvert ? — emportant sa richesse ? — Quand un danger les presse ? — les petits aussitôt d'accourir ?

Donnez les différentes définitions du mot nature.

Indiquez le sens du morceau et la morale qu'il renferme.

---

40. — La Vanité.

Mélanie, noble dame romaine, avait entendu parler d'un fameux solitaire nommé Pembo, qui habitait le désert, aux environs d'Alexandrie. Elle résolut d'aller lui demander ses conseils ; comme elle était aussi riche que

pieuse, elle prit avec elle trois cents livres d'argent et
arriva vers la cellule du saint patriarche.

Pembo était assis par terre, les yeux baissés, tout oc-
cupé à tresser des nattes. Mélanie lui fait sa révérence et
lui dit en lui présentant sa royale aumône : Mon père,
voici trois cents livres d'argent que je vous apporte pour
vos besoins et ceux de vos frères qui sont dans le désert.
Le saint vieillard, loin de répondre, ne lève pas même
les yeux. Mélanie, fort étonnée de se trouver en présence
d'un personnage plus extraordinaire encore qu'elle ne
l'avait rêvé, reprend, après un instant de silence : « Mon
père, il y a trois cents livres d'argent. » Alors Pembo, sans
lever les yeux, lui dit : « Madame, est-ce à moi que vous
faites ce présent? — Si c'est à moi, remportez-le, car il serait pour vous sans mérite. Si c'est à Dieu, celui qui pèse
les mondes saura bien le peser sans que vous lui en di-
siez le poids ! » Mélanie se retira, et si elle était venue,
n'espérant que des conseils, elle dut se retirer satis-
faite !

Nous sommes tous un peu comme Mélanie. Si nous
faisons un peu de bien, nous aimons que tout le monde le
sache. Cependant, notre divin Sauveur nous donne à
tous cet avertissement. Prenez garde de vous proposer
dans vos bonnes œuvres l'admiration des hommes ou
leurs vaines louanges ; car ces œuvres ne seraient point
récompensées par mon Père qui est aux cieux.

R. P. V. Marchal.

Exercices

Rendez compte de ce que vous avez lu.

Expliquez le sens des mots : solitaire — désert — conseil —
pieuse — livre — cellule — patriarche — nattes — présent — les
mondes — le monde — avertissement — bonnes œuvres.

Qu'est-ce qu'Alexandrie? Citez d'autres villes du même pays. —
Que signifie faire sa révérence. — Quelle différence entre don, présent, cadeau, offrande? — Nommez les monnaies de la France.

Donnez la règle sur cent. — Donnez les homonymes de saint.

Indiquez le sens du morceau et la morale qu'il renferme.

50.—La Pauvre Fille.

J'ai fui ce pénible sommeil
Qu'aucun songe heureux n'accompagne ;
J'ai devancé sur la montagne
Les premiers rayons du soleil.
S'éveillant avec la nature,
Le jeune oiseau chantait sur l'aubépine en fleurs ;
Sa mère lui portait la douce nourriture ;
Mes yeux se sont mouillés de pleurs.
Oh ! pourquoi n'ai-je pas de mère ?
Pourquoi ne suis-je pas semblable au jeune oiseau,
Dont le nid se balance aux branches de l'ormeau ?
Rien ne m'appartient sur la terre ;
Je n'eus pas même de berceau ;
Et je suis un enfant trouvé sur une pierre
Près de l'église du hameau.
Loin de mes parents exilée,
De leurs embrassements j'ignore la douceur ;
Et les enfants de la vallée
Ne m'appellent jamais leur sœur !
Je ne partage pas les jeux de la veillée ;
Jamais sous son toit de feuillée
Le joyeux laboureur ne m'invite à m'asseoir,
Et de loin je vois sa famille,
Autour du sarment qui pétille,
Chercher sur ses genoux les caresses du soir.
Vers la chapelle hospitalière
En pleurant j'adresse mes pas :
La seule demeure, ici-bas,
Où je ne sois point étrangère,
La seule devant moi qui ne se ferme pas.
Souvent aussi mes pas errants
Parcourent des tombeaux l'asile solitaire.
Mais pour moi les tombeaux sont tous indifférents ;

La pauvre fille est sans parents
Au milieu des cercueils ainsi que sur la terre.

SOUMET.

Exercices

Rendez compte de ce que vous avez lu.

Expliquez le sens des mots : sommeil — songe — montagne — nature — aubépine — nid — berceau — pierre — vallée — veillée — sarment — tombeaux — cercueils.

Que signifie : fuir le sommeil? — toit de feuillée? — Sarment qui pétille? —les caresses du soir?—Une chapelle hospitalière? — Quelle différence entre une pauvre fille et une fille pauvre? — Donnez d'autres exemples de ce genre.

Pourquoi pleure-t-elle à la vue du jeune oiseau?

Citez les inversions qui se trouvent dans le morceau. — Conjuguez le verbe appeler — asseoir.

Indiquez le sens du morceau et la morale qu'il renferme.

---

51. — Mademoiselle de Gelinski.

Mlle Hortense de Gelinski, née, il y a cinquante-sept ans, d'une famille fixée en Anjou, amenée, jeune encore, par des circonstances de famille, à Digne, y fut pénétrée de compassion à la vue du triste sort des pauvres orphelines dans cette partie de la France, qui, placée entre les sites pittoresques du Dauphiné et les plages fertiles de la Provence, n'a reçu en partage aucun des avantages départis par le ciel à ces deux contrées. Une voix secrète et surnaturelle lui révèle sa vocation. Elle dit un éternel adieu à son beau pays d'Anjou, pour se fixer dans le rude climat des Basses-Alpes, et pour devenir la mère des orphelines.

Pendant cinq ans, elle travailla à leur préparer un asile ; une fois fondé, pour le soutenir, elle vendit sa bibliothèque, son argenterie, ses bijoux, renonça à tous les avantages que sa naissance et sa fortune lui promettaient dans le monde ; sacrifia toute la succession de sa mère, celle de sa tante ; se refusa le nécessaire et jusqu'à la consolation si légitime de la correspondance avec les

3

siens, afin de ne pas dérober une obole de son avoir aux enfants qu'elle s'était donnés.

Bientôt, pour donner plus de stabilité à son œuvre, elle ajouta une communauté religieuse à l'asile ; mais ce n'était point pour se décharger sur autrui de son fardeau volontaire ; elle y est à la fois supérieure, surveillante, maîtresse de classe et de travail, infirmière.

A côté des orphelines, elle admet leurs frères ; elle a commencé son œuvre, il y a vingt-sept ans, avec douze petites filles ; aujourd'hui elle a sous son patronage cent dix enfants des deux sexes ; leur mère adoptive les soigne tous avec une égale sollicitude, dote les filles qui se marient, dirige les garçons vers une carrière adaptée à leurs moyens.

Après leur sortie, son cœur maternel les suit encore, et eux ne l'oublient pas. Elle a déjà formé des prêtres, des commis, des ouvriers, des marins, des soldats qui, du champ de bataille où ils se sont distingués, lui envoient le tribut de leur filiale reconnaissance.

Le comte DE MONTALEMBERT.

Exercices

Racontez ce que vaus avez lu.

Expliquez le sens des mots : sites — pittoresques — plages — avantages — vocation — climat — bibliothèque — argenterie — bijoux — succession — tante — correspondance — obole — stabilité — infirmière — prêtre — commis — ouvrier — marin — soldat — tribut.

Que signifie : se refuser le nécessaire? — Prendre sous son patronage? — Envoyer le tribut? — Se décharger sur autrui?

Donnez la règle des adjectifs terminés au masculin singulier en *t* et en *l* qui se trouvent dans le morceau.

Nommez les conjonctions renfermées dans le sujet.

Indiquez le sens du morceau et la morale qu'il renferme.

---

52. — Madame Van der Meersch.

Madame Van der Meersch, née Behaghel, est veuve elle habite le nord de la France, à Bailleul, sur les frontières de Belgique. Elle a consacré quarante ans de sa vie au soulagement de ses concitoyens.

Dès sa jeunesse, et pendant les premières années de son mariage, secondée par un mari digne d'elle, elle emploie la plus grande partie de ses revenus à créer et à soutenir des établissements charitables dans sa ville natale. A peine est-elle initiée aux douceurs de la maternité, qu'elle se préoccupe surtout des privations morales et matérielles de l'enfance des pauvres : elle s'entoure aussitôt d'une seconde famille ; elle se fait la mère adoptive et l'institutrice gratuite de quatre-vingts petits garçons ; car il lui semble que dans les familles indigentes les garçons sont plus exposés à être privés du bienfait de l'éducation que les filles, plus facilement retenues et employées auprès du foyer domestique.

Bientôt elle traite avec le bureau de bienfaisance, pour partager avec lui la lourde responsabilité du sort des orphelins de père et de mère. « Donnez un peu, dit-elle, pour les aînés, je me charge des plus petits ; » et cette charge dure depuis vingt-cinq ans. Devenue veuve, elle donne, non plus seulement sa fortune, mais son existence entière aux malheureux.

Toutes les œuvres de la ville de Bailleul, si fidèle à ses antiques traditions de foi et de charité, trouvent en elle une coopératrice ou une directrice aussi active que zélée. Les Frères des écoles chrétiennes et les dames de Saint-Maur pour l'éducation populaire, la maison de la Providence pour les pauvres malades, l'École dominicale, où madame Van der Meersch a élu domicile en quittant sa propre maison et toutes les habitudes, tous les agréments de sa position sociale, mais où six cents jeunes filles pauvres recueillent de ses mains le double trésor de l'instruction religieuse et de l'amour du travail : voilà ce qu'une seule ville, une seule femme ont su créer en quelques années pour le service du peuple et de la religion.   Comte DE MONTALEMBERT.

Exercices

Rendez compte de ce que vous avez lu.

Expliquez le sens des mots : veuve — frontières — concitoyens—
revenus — privations — mère adoptive — foyer — responsabilité—
sort— orphelin — coopératrice — directrice — Providence.

Que signifie : le nord de la France ? — le foyer domestique ? —
Donner son existence ? — élire domicile ? — Une position sociale ?
Nommez les frontières de la France.

Nommez tous les participes passés renfermés dans le morceau
avec les règles. — Quelle différence y a-t-il entre ancien — antique
—vieille ?

Indiquez le sens du morceau avec la morale qu'il renferme.

---

53. — Le Vase brisé.

Une sœur de l'ordre de Saint-Vincent de Paul veillait
un grenadier blessé et dangereusement malade. Accou-
tumé à la vie des camps et au désordre de la guerre, le
militaire n'avait aucun respect pour la sainte profession
et pour le dévouement de sa bienfaitrice. Souvent il re-
poussait avec rudesse ses officieux secours ; quelquefois
il l'assaillait d'injures grossières. Cette pauvre fille oppo-
sait à ces insultes une patience inaltérable, et finissait
par vaincre, à force de bonté, le caractère emporté du
soldat.

Un jour qu'il souffrait davantage, elle se présente devant lui, tenant à la main une potion que le médecin
avait ordonnée : il refuse de la prendre ; elle insiste avec
douceur. Du refus, il passe aux injures et aux menaces.
Elle le conjure de penser au danger qu'il courait, aux
suites que pouvait avoir son obstination. Convaincu à la
fin qu'il ne pouvait se délivrer de son importunité, il feignit de se rendre, prit la tasse qu'on lui offrait, et jeta
tout ce qu'elle contenait au visage de la religieuse.

Cette pieuse fille s'éloigne sans murmurer ; mais au
bout de quelques instants, elle reparut au chevet du lit
du malade, avec le breuvage qu'elle avait apprêté de
nouveau. Poussé à bout par une constance qu'il croit de

l'obstination, le grenadier, furieux, saisit le vase et le brise en éclats : la liqueur jaillit sur les vêtements de la fille charitable. Il croit cette fois qu'après un pareil outrage elle ne s'exposera plus à revenir près de lui ; mais le militaire ne connaissait que le courage qui se montre sur le champ de bataille ; il n'avait aucune idée de celui que peut donner la religion. La sœur s'approche pour la troisième fois : « Prenez ce breuvage, lui dit-elle, prenez-le, je vous en conjure, ne me refusez pas cette grâce. » Le malade ne sait plus s'il doit croire ce qu'il entend : sa dureté a fait place à un attendrissement involontaire ; des larmes s'échappent de ses yeux : « Vous êtes un ange ! » s'écria-t-il, et, saisissant le breuvage salutaire, il l'avala sans hésiter.

Cet homme dut la vie à la pieuse persévérance de celle qu'il avait traitée comme une ennemie. Il fut reconnaissant de cette faveur du ciel, et témoigna le désir de mieux connaître la religion qui inspire des vertus à la fois si douces et si élevées.

Exercices

Rendez compte de ce que vous avez lu.

Expliquez le sens des mots : grenadier — camps — guerre — militaire — profession — assaillait — potions — médecin — obstination — importunité — breuvage — liqueur — outrage.

Que signifie : opposer aux insultes ? — Poussé à bout ? — Vous êtes un ange ?—Champ de bataille ?—Veiller un grenadier ?—Quels sont les différents sens de ordres ? — Quelle différence entre lacérer, déchirer, casser, briser ?

Relevez tous les adjectifs qui se trouvent dans le morceau, avec indication des règles de la formation du féminin et du pluriel, ainsi que celle d'accord avec le substantif.

Indiquez le sens du morceau et la morale qu'il renferme.

---

54. — A une Jeune fille.

D'art et de poésie, oh ! ne t'éprends jamais !
Sois sans ambition, simple, douce et modeste,
Borne tous tes désirs, et tu vivras en paix.
Dans les mains d'une femme une plume est funeste ;

Souvent, souvent d'ailleurs, elle expie en secret
Le fugitif éclat que le talent lui donne,
Heureuse, heureuse encor, lorsqu'un aigre sifflet
Ne vient pas sur son front effeuiller sa couronne !

Amie, prie, et surtout que de ta bouche en fleur
Tombent ces mots bénis qui calment les alarmes
Et font naître l'espoir au fond d'un triste cœur.
Que Lucie plaise et séduise, entraîne par ses charmes
Moins que par ses talents et son esprit railleur ;
Toi, sois bonne, crois-moi, la bonté chez la femme
Imprime à sa personne un parfum de candeur,
Qui fait qu'en la voyant on sent Dieu dans son âme.

Sur un clavier mobile, Élise, dira-t-on,
S'exerce tout le jour en redites sonores.
Marie, d'une palette armant son bras mignon,
Traduit fort savamment les tons multicolores,
Les cieux ensoleillés de Rubens et Laurin,
Qu'importe ! si leur cœur est froid et sans clémence,
Et si leur front superbe et leur regard hautain
Ne s'inclinent jamais vers la triste indigence ?

La bonté chez la femme est un rayon des cieux,
Qui met, à ses traits, une blanche auréole,
Sans elle le talent est un hochet frivole,
Sans elle le génie est un souffle orgueilleux.

CLAUDIA BACHI.

Exercices

Rendez compte de ce que vous avez lu.

Expliquez le sens des mots : art — poésie — s'éprendre — ambition — talent sifflet — railleur — clavier — palette — sons — multicolores — indigence — auréole — hochet.

Connaissez-vous Rubens, Laurin ? — Qu'entend-on par un cœur froid.

Donnez les homonymes de art. — Nommez les composés de prendre — Indiquez les différents modes des verbes contenus dans le morceau. — Qu'est-ce que le nom propre ?

Indiquez le sens du morceau et la morale qu'il renferme.

55. — L'Enfant gâté.

Un enfant gâté, c'est le péché originel fleuri ! Quoi qu'en disent certains philosophes, nous naissons mauvais. Notre âme, si on lui laisse la liberté de déployer tous ses penchants, ressemblera bientôt à certains terrains laissés en friche ; elle ne produira guère que des ronces et des chardons.

Élever un enfant, c'est avant tout le tailler, le cultiver et l'émonder, c'est-à-dire le corriger. Malheur à la mère dont la tendresse trop cruelle redoute les pleurs versés par des caprices habitués à se voir obéis ! Malheur à celle qui, à force d'indulgence et d'admiration, finit par faire croire à ce petit monarque, habillé de dentelles et rassasié de sucreries, qu'il est un prodige, quand il n'est qu'un jouet !

Il faut que ce petit roi apprenne qu'il a des devoirs, avant d'apprendre qu'il a des droits. Il faut qu'il sache, au besoin, plier sa volonté, et implorer, quand il a failli, un pardon qui l'humilie. Si on le flatte pour l'apaiser quand il est méchant ; si on lui obéit quand il commande ; si on ploie quand il résiste ; il sera bientôt le tyran de sa bonne et de ses camarades, en attendant qu'il fasse le tourment de sa mère et la honte de son père. Le lionceau deviendra lion, dit l'Esprit-Saint ; et malheur aux parents qui l'ont compris trop tard !

Mères chrétiennes, votre tâche est pénible, et vous le savez mieux que personne. La fleur croît sous la sueur du jardinier qui la cultive et l'arrose ; l'enfant croît et se développe dans les souffrances de la mère qui le façonne et l'élève. Heureuses les mères qui ont souffert, beaucoup souffert, pour élever leurs enfants ! Heureuses les mères qui ont pleuré ! beaucoup pleuré ! Larmes fécondes qui tombent sur ces cœurs encore tendres, comme une pluie du ciel sur les fleurs.

Cette rosée de larmes et ce rayonnement de l'amour, un jour deviendront la vie, la beauté, la grandeur des enfants dans la famille; et ces enfants, eux-mêmes, deviendront, à leur tour, l'honneur et la bénédiction de la famille.　　　　　R. P. V. Marchal.

Exercices

Rendez compte de ce que vous venez de lire.

Expliquez le sens des mots : péché — philosophe — âme — penchants — en friche — chardons — émonder — caprices — monarque — dentelles — sucreries — jouet — roi — tyran — lionceau — fleur — rosée.

Donnez les définitions de bon, un bon, bonne, une bonne. — Quelle différence entre plier, ployer et courber? — Pourquoi habitués et obéis sont-ils au masculin pluriel?—Pourquoi apprenne, sache, sont-ils au subjonctif?

Donnez la règle sur déployer — élever — corriger — plier.

Indiquez l'orthographe et le sens de tache, tâche — des verbes croire et croître.

Indiquez le sens du morceau et la morale qu'il renferme.

---

56. — La Quête au bal.

C'était à Marseille, au milieu de l'hiver le plus rigoureux qu'on eût encore subi depuis celui de 1709. Le gouverneur de la province donnait dans son hôtel un bal magnifique où était accourue toute la noblesse de la Provence. Au lieu de se réunir pour une fête, elle aurait sans doute mieux fait de visiter le chevet des pauvres et de secourir tout ce que le froid et la misère avaient fait de malheureux dans le pays ; mais l'attrait du plaisir et le désir de briller l'emportent souvent sur le sentiment de la charité, même dans des âmes compatissantes ; et cette foule, étourdie par l'ivresse de la fête, fermait l'oreille aux gémissements que la misère poussait à quelques pas d'elle.

Tout à coup, au milieu des bruits de la musique, du fracas des conversations animées et du tumulte des danses, l'huissier jette un nom qui excite dans l'assem-

blée une stupéfaction universelle :« Monseigneur l'évêque
de Belloy, » a-t-il dit. Chacun regarde : c'est effectivement
M. de Belloy qui vient d'entrer ; c'est bien l'évêque que
chérit Marseille, le digne successeur de ce Belzunce, qui
a laissé dans le cœur de tous ses fidèles de si longs et de
si pieux souvenirs. Il s'avance en souriant vers le gouverneur, que sa présence étonne autant que le reste de
l'assemblée. « Vous, Monseigneur? Quelle heureuse inspiration vous amène au milieu de nous? — Je viens, dit
l'évêque, vous faire souvenir que dans ma chère ville de
Marseille tout le monde n'est pas riche et joyeux comme
vous. Jésus vint aux noces de Cana pour y faire entendre
la parole divine. Je puis bien venir à votre fête pour
vous faire entendre la voix de la charité. » Puis, se tournant vers la fille du gouverneur qui était accourue auprès de son père : « Veuillez accepter ma main, mademoiselle. Si jeune et si belle, vous devez être sensible à
la pitié ; il est impossible que vous me refusiez votre
concours pour la bonne œuvre que je viens faire. Voulez-
vous quêter avec moi pour mes pauvres? » A ces paroles,
il se fit un long murmure d'approbation autour de M. de
Belloy. La jeune fille à qui il venait de s'adresser saisit
sa main et y appliqua un respectueux baiser. « Je suis
tout à vos ordres, Monseigneur, répondit-elle ; et voyez,
je suis si heureuse de vous obéir, que je n'ai pas même
songé à demander la permission de mon père. — C'est
que vous saviez d'avance qu'elle vous était accordée, »
répondit le gouverneur ; et donnant le premier l'exemple, il jeta plusieurs pièces d'or dans la bourse que le
prélat avait apportée. On peut juger si la quête fut productive. Un grand nombre de femmes qui n'avaient pas
d'argent donnèrent des bijoux ; et quand le tour des salons fut achevé, l'évêque avait en sa possession une
somme suffisante pour aider tous les pauvres jusqu'à la
fin de l'hiver.

Il ne voulut point partir que la musique et les danses

3.

n'eussent recommencé devant lui. Puis, quand le bal eut repris tout son éclat, il s'esquiva sans être aperçu, afin de ne déranger les plaisirs de personne. Ces plaisirs étaient devenus plus vifs et plus doux; la bonne action qu'on venait de faire les avait pour ainsi dire purifiés.

Et le lendemain les pauvres de Marseille remerciaient les riches, qui, au milieu de leurs fêtes, se souviennent quelquefois de l'infortune, et bénissaient leur excellent prélat de son ingénieuse charité.

Exercices

Rendez compte de ce que vous avez lu.

Expliquez le sens des mots : hiver — hôtel — bal — la noblesse — attrait — compatissantes — danse — huissier — stupéfaction — évêque — successeur — fidèles — noces — concours — quêter — productive — bijoux — s'esquiver — l'infortune.

Que signifie : visiter le chevet des pauvres? — l'ivresse de la fête? — fermer l'oreille aux gémissements? — jeter un nom? — être à vos ordres?

Donnez la règle de l'accord du verbe avec le sujet, et faites-en l'application à la troisième phrase du morceau.

Quelle est la différence entre tout à coup et tout d'un coup.

Analysez grammaticalement, puis logiquement, la phrase : Vous, Monseigneur! quelle heureuse inspiration vous amène au milieu de nous?

Indiquez le sens du morceau et la morale qu'il renferme.

---

57. — la Chercheuse de Muguets.

La mère et son enfant s'en vont par les futaies.
    La mère a l'œil terne et muet,
Et l'on voit son corps hâve et maigre, sous les plaies
    De son vêtement de droguet :
Tête nue et pieds nus, l'enfant, d'un air sauvage,
La suit, et toutes deux rôdent sous le feuillage,
    En cherchant des fleurs de muguet.

Des muguets!... pour les vendre... au fond de leur de-
    Tout est vidé, huche et grenier; |meure
Il ne reste au logis qu'un nourrisson qui pleure
    Dans son étroit berceau d'osier.

La ville où tout se vend leur paiera ces fleurettes.
À l'œuvre donc! muguets aux mignonnes clochettes,
        Répandez-vous dans leur panier !

Toujours plus loin, toujours par la chaleur croissante,
        Elles marchent, courbant le dos,
Et la mère parfois gronde l'enfant trop lente
        Qui s'attarde aux bords des ruisseaux.
Les nids sont pleins de joie et de battements d'ailes.
Tout chante : rossignols, loriots, tourterelles...
        Que leur fait le chant des oiseaux !

O misère ! voilà ton œuvre ! En tes entraves
        Quand tu tiens l'homme emprisonné,
C'en est fait : cœur, esprit, jeunesse aux fruits suaves,
        Espoirs charmants, tout est fané.
Tu prends l'âme fleurie, et d'ennui tu la tues ;
Ainsi le lis qui pousse au milieu des ciguës
        Étouffe et meurt empoisonné.

ANDRÉ FLEURIET.

Exercices

Rendez compte de ce que vous avez lu.

Expliquez le sens des mots : chercheuse — muguets — futaies— terne — hâve — droguet — rôder — huche — grenier — logis — nourrisson — fleurettes — panier — ruisseaux — ciguë.

Indiquez la règle d'accord du verbe avec le sujet en l'appliquant aux exemples renfermés dans le morceau.

Désignez les gradations qui se trouvent dans la pièce, et donnez la règle.

Indiquez de quelle terminaison on se sert pour former des diminutifs, citez les exemples du morceau et d'autres.

Indiquez l'emploi du tréma sur un exemple pris dans le morceau.

Indiquez le sens de la pièce et la morale qu'elle renferme.

---

58. — Mademoiselle Barrau.

Mademoiselle Barrau, fille d'un magistrat de Cahors, a consacré toute sa fortune à secourir les malheureux.

Elle a prodigué tout son patrimoine en œuvres de charité. Elle ouvrit une maison d'instruction et de travail pour les enfants dans la misère : là elle reçut des jeunes filles, qui, par ses soins, apprirent à lire, à écrire, à connaître et à pratiquer les devoirs religieux. Trois compagnes l'assistaient de leur zèle; quelques personnes charitables venaient à son secours. « Ne craignez-vous pas, lui dit quelqu'un de sa connaissance, que les enfants, pour lesquels on vous promet une petite pension, restent à votre charge? Que feriez-vous, vous qui avez adopté tant d'enfants de la misère, si ceux-ci vous tombaient sur les bras? — Il faudrait bien les porter, » reprit-elle avec cette simplicité et cette gaieté si franche dans laquelle se peint toute son âme. A cet établissement honorable elle joignait d'autres œuvres, qui suffisaient à peine à son ardente charité. On la vit distribuer des secours aux infirmes indigents et aux pauvres femmes en couches, visiter les prisons, et s'attacher surtout à consoler et à préparer à la mort celles qui devaient subir la peine capitale.

Il y a peu d'années, une malheureuse, prête à monter sur l'échafaud, et ne trouvant qu'avec peine de la résignation auprès de sa pieuse consolatrice, lui ouvrit enfin tout son cœur en ces termes : « Je mourrais tranquille si je pouvais penser que mes trois pauvres filles seront recueillies par vous. » Cette proposition pouvait alarmer la charité la plus intrépide : devenir la mère adoptive des enfants d'une suppliciée, c'était braver un préjugé, sans doute fort injuste, mais tellement enraciné dans l'esprit de beaucoup de personnes, qu'il fallait du courage pour avoir des rapports journaliers avec ces êtres malheureux. Eh bien! mademoiselle Barrau n'hésita pas; elle se chargea de les instruire, les nourrit, les forma au travail, parvint à les placer, et les voit maintenant répondre à ses soins par une bonne conduite.

Cette vertueuse demoiselle est aussi modeste qu'elle

est généreuse ; sa bienfaisance n'a été révélée qu'à son insu ; elle a paru affligée quand elle a su que ses œuvres de charité étaient mises en lumière.

***

Exercices

Rendez compte de ce que vous avez lu.

Expliquez le sens des mots : magistrat — patrimoine — compagne — infirmes — indigents — prisons — peine capitale — suppliciée — braver — préjugé — modeste.

Que signifie : rester à charge ? — Tomber sur les bras ? — Son âme se peint ? — ouvrir son cœur ? — répondre à ses soins ? — A son insu ? — Mettre en lumière ?

Conjuguez le verbe il faudrait — je mourrais. — Donnez les composés de venir. — Donnez la règle sur le verbe craindre.

Indiquez le sens du morceau et la morale qu'il renferme.

---

59. — Noël.

Quel chant divin se fait entendre ?
Quel cri d'amour frappe les airs ?
Tout s'émeut... Qu'allons-nous apprendre ?
Quel Dieu s'annonce à l'univers ?
    La lune argentée
    Semble être arrêtée :
Qui cause un tel événement ?
    C'est un enfant !

Tout se tait ; le vent souffle à peine ;
Le sombre hiver est enchaîné ;
L'autan surpris n'a plus d'haleine,
Et l'incrédule est prosterné.
    Quelle est la puissance
    Qui, par sa présence,
Soumet le monde et le défend ?
    C'est un enfant !

Des rois, le front dans la poussière,
Humbles pour la première fois,
Suivent l'étoile avant-courrière,
Pour adorer le Roi des rois.
     Ce Dieu redoutable,
     Que craint le coupable,
Que le juste implore en tremblant,
     C'est un enfant !

Quelle est cette Vierge céleste,
Soumise aux terrestres douleurs ?
Dans son regard pur et modeste
Brillent le sourire et les pleurs.
     Qui la rend si belle ?
     Qui d'une mortelle
Couronne le front triomphant ?
     C'est un enfant !

La mort jalouse est asservie ;
L'éternité vient de s'ouvrir,
Un Dieu, pour nous donner la vie,
Daigne avec nous naître et mourir.
     Amour sans seconde !
     Ce sauveur du monde
Qui nous pardonne en s'immolant,
     C'est un enfant !

Mme DESBORDES VALMORE.

Exercices

Rendez compte de ce que vous avez lu.

Expliquez le sens des mots : l'univers — événement — autan — incrédule — étoile — front — avant-courrière — terrestre — jaloux — asservi — s'immoler.

Nommez tous les adjectifs, avec les règles sur la formation du pluriel et du féminin, renfermés dans le morceau.

Donnez la règle sur le pronom qui.

Indiquez le sens du morceau et la morale qu'il renferme.

60. — Les Machabées et leur Mère.

Antiochus Épiphane, roi de Syrie, avait résolu d'anéantir dans la Judée le culte du vrai Dieu, et avait déclaré à la vraie religion une guerre à mort.

Il fit placer dans le temple de Jérusalem une statue de Jupiter, et défendit aux Juifs d'observer leur loi et de célébrer leurs fêtes ; il exigeait qu'en signe de renonciation à leur culte, ils mangeassent des viandes interdites par la loi de Moïse ; ceux qui refusaient d'obéir étaient sur-le-champ condamnés aux derniers supplices.

Parmi les enfants d'Israël qui se signalèrent alors par leur fermeté, on remarqua surtout sept jeunes gens qui étaient frères, et auxquels on donne assez généralement le nom de Machabées, et leur mère.

Antiochus les avait fait venir en sa présence pour les contraindre de renoncer à leur foi : il espérait que la présence de la mère affaiblirait le courage des enfants ; qu'effrayée par l'appareil des tortures, elle les supplierait de lui épargner cet affreux spectacle, et de sauver leur vie par amour pour elle.

Il se trompait ; le courage des jeunes gens ne se démentit pas, et celui de la mère fut plus admirable encore.

Le tyran avait fait allumer un feu ardent, et après qu'on avait torturé ces jeunes gens, on les jetait, respirant encore, au milieu des flammes.

Déjà six de ces généreux frères avaient donné sans hésiter leur vie pour leur foi.

Restait le plus jeune, à peine sorti de l'enfance. Antiochus feignit d'avoir pitié de sa jeunesse, et tâcha de le séduire par les promesses les plus brillantes ; il lui affirma par serment que, s'il voulait obéir, il le rendrait riche et heureux. Le jeune homme ne fut pas ébranlé.

Alors Antiochus, s'adressant à la mère, l'engagea à conseiller à son fils d'obéir, afin de conserver au moins un enfant; et il lui permit de s'approcher de lui pour l'exhorter. « Oui, dit-elle, je vais lui parler. »

« Cher enfant, lui dit-elle, aie pitié de ta mère qui t'a porté dans son sein, qui t'a nourri de son lait, qui t'a élevé et soigné jusqu'à ce jour; ne lui donne pas la douleur de te voir infidèle. Souviens-toi qu'il n'y a qu'un Dieu, mon fils; ce Dieu est le créateur et le maître du monde : c'est lui seul qu'il faut adorer; c'est lui seul qu'il faut craindre. Ne crains donc pas ce cruel tyran; montre-toi digne de tes frères; reçois la mort de bon cœur, afin de te réunir à eux et à moi dans cette autre vie que nous attendons de la miséricorde de Dieu. »

Et le jeune homme s'écria :

« A l'exemple de mes frères, j'abandonne volontiers mon corps et ma vie pour la défense de notre loi sainte; je prie Dieu d'agréer ce sacrifice, en expiation des offenses que son peuple a commises envers lui, et de lui rendre sa faveur. »

La fureur du tyran était montée à son comble. Il fit traiter ce jeune homme plus cruellement que ses frères; et cette héroïque mère, après avoir ainsi souffert sept fois de suite, dans la personne de ses fils, les angoisses de la mort, reçut à son tour la palme du martyre.

A. Lachaut.

Exercices

Rendez compte de ce que vous avez lu.

Expliquez le sens des mots : anéantir — culte — viandes — supplices — contraindre — appareil — tortures — se démentir — tyran — torturé — feignit — exhorter — agréer — héroïque — angoisses — palme.

Que signifie : une guerre à mort ? — A peine sorti de l'enfance ? — Dans la langue du pays ? — Être à son comble ?

Quelle différence y a-t-il entre le martyr et le martyre ?

Donnez la règle sur le verbe craindre — sur les verbes en éer.

Que savez-vous sur l'emploi du subjonctif ? Faites-en l'application sur les verbes qui sont à ce mode dans le morceau.

Indiquez le sens du morceau et la morale qu'il renferme.

61. — L'Entorse.

L'entorse est un accident dont les conséquences sont légères et de peu de durée lorsque les premiers soins ont été bien dirigés; mais il n'en est pas ainsi ordinairement; si elle est médiocre, on continue son travail ; rentré chez soi, on se repose, la douleur augmente, le bas de la jambe enfle, on se couche ; le lendemain on ne peut plus se lever; on couvre alors la jambe et le pied de cataplasmes émollients ou irritants; le mal continue, on change de remède ; chaque voisin donne le sien ; on garde le lit pendant plusieurs semaines, ou, ce qui est plus fâcheux, on s'efforce de marcher; la maladie se prolonge indéfiniment et on conserve toujours de la faiblesse dans cette articulation; trop heureux lorsque cette entorse négligée ou mal soignée ne devient pas le point de départ d'une affection dangereuse : telle est l'histoire de bien des gens qui ignorent les suites que peut avoir une maladie qui se présente sous une forme bénigne ou légère. Eh bien! tout ce temps perdu, toutes ces souffrances peuvent être évitées et prévenues par un moyen bien simple et à la portée de tout le monde : ce moyen consiste à plonger le membre malade dans l'eau froide, et à l'y laisser plusieurs heures, en ayant soin de renouveler l'eau à mesure qu'elle s'échauffe ; la durée de ce bain froid doit être proportionnée à l'intensité de l'entorse ; il peut être nécessaire de continuer l'emploi du froid par l'application de compresses trempées dans l'eau froide et fréquemment renouvelées. Lorsqu'il existe des désordres, des déchirements de ligaments, un épanchement de sang même, dans ces cas graves, un médecin doit diriger le traitement.   Dʳ DISCIEUX.

Exercices

Rendez compte de ce que vous avez lu.

Expliquez le sens des mots : entorse — accident — douleurs —

cataplasme — émollients — irritants — articulation — bénigne — ntensité — compresses — ligaments — épanchement — traitement.

Que signifie : garder le lit — le point de départ — à la portée de tout le monde — être proportionné — des cas graves.

Indiquez tous les pronoms, tous les participes passés renfermés dans le morceau.

Faites l'analyse de tous les adjectifs que vous avez rencontrés dans le morceau.

Citez les conseils qu'il renferme.

---

62. — Mademoiselle Linet.

Dans une des rues de Paris, à l'étage le plus élevé d'une maison modeste, est une petite chambre où l'on ne voit qu'un fauteuil, qu'un lit, qui n'a pour ornement qu'un crucifix : c'est là que demeurait depuis de longues années mademoiselle Pierrette Linet, n'ayant pour subsister d'autres ressources que son travail.

Mademoiselle Linet comptait déjà soixante années remplies de bonnes œuvres, lorsque, près d'elle, dans une mansarde voisine de celle qu'elle occupe, vint se réfugier une pauvre et vieille femme, madame Billy, veuve d'un ancien employé des postes.

Madame Billy n'avait, pour tout moyen d'existence, qu'une pension viagère de trente francs par mois ; mais le dénûment, la misère n'étaient pas ce qui l'affligeait. Tristement parvenue au terme de la vie, une douleur profonde accablait son âme : sa fille était infirme, sourde, muette. Où lui trouver un appui, et comment supporter l'idée de la laisser seule ?

Chaque jour ajoutait au désespoir de la pauvre mère, lorsque mademoiselle Linet, émue de compassion sur tant d'infortunes, vint doucement s'initier aux chagrins de la mère, aux besoins de la fille, et se placer, comme une seconde Providence, entre ces deux êtres.

Alors madame Billy put mourir, et, à sa dernière heure, confiant sa fille à son amie, elle entendit celle-ci répéter : « Jamais, non, jamais je ne la quitterai. »

Ne songeant plus qu'à remplir cet engagement sacré, mademoiselle Linet a commencé, à soixante-cinq ans, une tâche de dévouement pour laquelle elle s'est inspirée de toute une tendresse de mère.

A peine madame de Billy eut-elle fermé les yeux, que mademoiselle Linet fit transporter la pauvre orpheline dans son petit réduit. Là il n'y avait qu'un lit ; ce lit fut pour la malade. Mademoiselle Linet travaillait déjà dix heures par jour ; elle en travailla quinze, elle en travailla dix-huit ; quand le travail ne suffit plus, elle vendit ses meubles.

Que ne peut la passion de la charité? Jusqu'alors un seul être au monde avait pu comprendre les gestes et les sons inarticulés de la malheureuse infirme. L'ingénieuse vertu de mademoiselle Linet lui donna la clef de ce langage.

Elle a toutes les inquiétudes, tout l'amour troublé d'une mère sans en avoir jamais eu les joies ni les espérances ; quand on lui parle de l'impossibilité de continuer à son âge cette vie de perpétuels sacrifices et d'une résignation surhumaine, elle lève les yeux au ciel, et, de là, les portant sur sa fille adoptive, elle répond avec confiance : « Je l'ai reçue de sa mère et je ne la rendrai qu'à Dieu.

****

Exercices

Rendez compte de ce que vous avez lu.

Expliquez le sens des mots : rue — étage — fauteuil — crucifix — mansarde — veuve — poste — pension viagère — infirme — sourde — muette — appui — infortunes — initier — engagement — résignation — surhumaine — fille adoptive.

Que signifie : une maison modeste? — Trouver un appui? — Seconde Providence? — Fermer les yeux? — Donner la clef du langage?

Quelle différence entre tâche et tache? — Donnez la règle sur œuvre — sur l'emploi de que — sur tout — sur ce.

Indiquez le sens du morceau et la morale qu'il renferme.

---

63 — Jeanne Grey.

Quelques philosophes de l'antiquité ont fait l'apologie du suicide, et cependant rien ne peut légitimer cet acte de désespoir. A ces apologies insensées opposons l'exemple d'une jeune femme qui descendit courageusement du trône pour aller à l'échafaud, et ne pensa point souiller la gloire de sa naissance et la pureté de son sang en laissant exécuter, par la main du bourreau, la sentence inique que l'ambition et la haine avaient prononcée contre elle.

Jeanne Grey était du sang royal d'Angleterre. Édouard VI, son cousin, l'ayant appelée au trône par son testament, elle résista d'abord aux instances du duc de Northumberland, son beau-père, et accepta la couronne par déférence pour lui et pour son mari, lord Guilford. Elle ne régna que neuf jours. La terrible Marie, sœur d'Édouard VI, devenue reine, la fit arrêter, enfermer et mettre en jugement; elle fut condamnée à mort. On a conservé les lettres qu'elle écrivit à un ami de sa famille dans cette circonstance fatale.

« L'excellent Asham (c'est Jeanne Grey qui parle), que je suis accoutumée à aimer et à respecter, depuis que je me connais moi-même, est venu me visiter hier dans ma prison. Il m'a dit que la reine me permettait de me promener dans le jardin; je profitai de cette faveur avec empressement, et, quand nous fûmes assis sur les bords de la Tamise : « Votre sentence de mort, me dit » Asham, doit être bientôt exécutée; mais je vous apporte » le secours qui délivra tant d'hommes, illustres dans » l'antiquité, de la rage des tyrans. » Ce vieillard, ami de ma jeunesse, se mit à genoux devant moi; sa tête blanchie était inclinée en ma présence, et, couvrant ses yeux d'une de ses mains, il me tendait le poison, ressource funeste qu'il m'avait préparée. Je repoussai doucement cette main, et, me recueillant par la prière, je trouvai la force de répondre ainsi : —Si je me dérobais au malheur éclatant qui m'est destiné, je serais coupable envers Dieu. Les anciens élevaient leur âme par la contemplation de leurs propres forces; les chrétiens ont un témoin, et c'est devant lui qu'il faut vivre et mourir. Les anciens mettaient au rang des vertus le suicide par lequel on se soustrait au pouvoir des oppresseurs; les chrétiens estiment davantage le dévouement qui les soumet aux volontés de la Providence. Lorsque la destinée est, pour ainsi dire, face à face avec nous, notre courage consiste à l'attendre; et regarder le sort est plus beau que s'en détourner. — Le peuple, dit Asham, croit coupables tous ceux qu'il voit subir la mort des criminels. —Cette erreur, lui répondis-je, ne dure pas longtemps, les nations et les siècles font toujours triompher la vérité; il y a de l'éternité dans tout ce qui tient à la vérité. »

Exercices

Rendez compte de ce que vous avez lu.

Expliquez le sens des mots : antiquité — apologie — suicide — échafaud — bourreau — sentence — testament — beau-père — prison — bords — tyran — poison — témoin — oppresseurs.— siècles — éternité.

Que signifie descendre du trône? — Par déférence? — La pureté de son sang? — Être face à face? — Se recueillir par la prière?

Placez la terminaison cide après d'autres mots et donnez-en l'explication. Que signifient les guillemets? Donnez la règle sur la ponctuation.

Indiquez le sens du morceau et la morale qu'il renferme.

64. — La comtesse de Schwartzbourg.

Après la bataille de Muhlberg, l'armée de Charles-Quint traversait la Thuringe ; une partie des troupes passa par le comté de Schwartzbourg-Rudolstadt. La comtesse avait obtenu de l'empereur la promesse que les paysans de ses domaines n'auraient à supporter aucune vexation de la part des soldats. Elle-même s'était engagée à fournir aux troupes impériales des vivres à un prix raisonnable, et à les livrer près du pont de la Saale, qui devait servir de passage à l'armée. Ce pont était dans le voisinage immédiat de sa résidence, à Rudolstadt ; elle eut la précaution de le faire abattre et de le rétablir à une plus grande distance, afin d'éloigner de ses hôtes la tentation du pillage.

Les habitants des différents villages que les troupes devaient traverser obtinrent d'elle la permission de transporter au château de Rudolstadt ce qu'ils possédaient de plus précieux. Cependant le duc d'Albe, commandant des troupes espagnoles et allemandes, s'approchait de Rudolstadt avec le prince de Brunswick et ses deux fils. Un messager le précédait, chargé de prier la comtesse de les recevoir à sa table. La comtesse fit répondre qu'elle recevrait les chefs de son mieux, et qu'elle comptait sur leur indulgence ; en même temps, elle ne négligea point de rappeler la sauvegarde accordée par l'empereur, et d'en recommander de nouveau l'observation.

Bientôt le duc d'Albe et ses trois compagnons arrivent. Ils reçoivent l'accueil le plus empressé. On se met à table ; mais à peine a-t-on pris place, que la comtesse est appelée hors de la salle du festin. On lui annonce que les soldats se permettent des violences dans plusieurs villages de la contrée, et enlèvent le bétail des laboureurs. Outrée de ce manque de foi, mais calme et résolue, la comtesse fait prendre les armes aux serviteurs de sa

maison, et ordonne de fermer les portes du château. Elle
retourne ensuite auprès de ses convives; elle leur reproche la mauvaise conduite de leurs troupes, et le jeu
qu'on s'est fait de la parole du souverain. Ses hôtes lui
font une réponse moqueuse :

« Tel fut toujours, dirent-ils, l'usage de la guerre, et
jamais passage d'armée n'eut lieu sans quelque petite
catastrophe de ce genre.

—C'est ce qu'il faudra voir! dit alors la comtesse. Que
justice soit faite à ces pauvres villageois, ou j'en prends
le ciel à témoin, le sang des chefs payera le prix du
bétail! »

Elle fait un signe; la salle se remplit d'hommes, qui,
le glaive à la main, se placent derrière les siéges des
convives.

A cette vue, le duc d'Albe changea de couleur; il vit
qu'il n'avait d'autre parti à prendre que de calmer à tout
prix le courroux de son hôtesse. Il envoya en toute hâte
à ses troupes l'ordre écrit de restituer immédiatement le
bétail volé, et ce fut après avoir acquis la certitude que
cet ordre était exécuté que la comtesse laissa à ses
quatre convives la liberté de partir.   X.

Exercices

Rendez compte de ce que vous avez lu.

Expliquez le sens des mots : bataille — empereur — domaines —
vexations — vivres — pont — hôtes — pillage — messager — sauve-
gardé — bétail — convives — glaive — siége — courroux — hôtesse
— restituer — ordre.

Que signifie recevoir de son mieux? — Se faire un jeu? —
Prendre le ciel à témoin? — Changer de couleur? — Que savez-
vous sur Charles-Quint? — Quel fut son adversaire?

Donnez la règle des verbes en yer? — Conjuguez le verbe falloir — le verbe faire et donnez ses dérivés — le verbe mettre et
donnez ses dérivés.

Indiquez le sens du morceau et la morale qu'il renferme.

65. — La Mère.

Coriolan, noble sénateur, après s'être illustré sur les champs de bataille, avait encouru, par son arrogance, la colère du peuple romain. Condamné à l'exil, et bondissant de colère, il se retire chez un peuple voisin dont il attise les rancunes, assemble une armée, et jure de laver l'injure qu'il a reçue dans le sang de ses concitoyens.

Déjà la campagne est ravagée, et Rome aux abois recourt à la prière. Le Sénat s'assemble; une députation est choisie dans son sein pour porter au patricien victorieux des propositions de paix et de conciliation; mais Coriolan ne veut pas même la recevoir. On espère que la voix de la religion sera plus puissante contre ce courroux inexorable que la voix de la patrie, et des prêtres s'avancent, tenant à la main le rameau d'olivier, pour implorer la paix au nom des dieux ! Coriolan reste inflexible. Que reste-t-il à la faiblesse en face de cette colère puissante ? Il lui reste la prière d'une mère. Véturie sort de la ville, arrive au camp des ennemis; Coriolan, reconnaissant celle qui lui donna le jour, laisse tomber ses armes, embrasse sa mère, et Rome est sauvée !

Ce qui fait la force d'une mère qui supplie son enfant, c'est que sa prière éveille toujours dans le cœur de celui-ci, à moins qu'il ne soit tout à fait dépravé, ce toutpuissant remords que nous appelons la reconnaissance.

Quand une mère prie son fils, ce n'est point seulement sa langue qui sollicite, ce sont ces mamelles qui l'ont allaité; ce sont ces lèvres qui ont déposé sur son front le premier baiser; ce sont ces yeux qui ont épié son premier réveil, rencontré son premier sourire; ce sont ces genoux qui l'ont bercé, ces nuits laborieuses qu'il a coûtées, ces larmes qu'il a fait verser, toutes les émotions, les angoisses de ce cœur qui l'a tant aimé. Quand une mère prie, tout cela prie, tout cela se remue, pour séduire, émouvoir; et tout fléchit sous les coups d'une pareille éloquence.   B. P. X. MARCHAL.

Exercices

Rendez compte de ce que vous venez de lire.

Expliquez le sens des mots: sénateur — arrogance — colère — exil — attise — rancune — armée — injure — concitoyens — députation — courroux — la patrie — camp — remords — sourire — reconnaissance.

Que signifie encouru la colère? — Bondir de colère? — Attiser les rancunes? — laver l'injure dans le sang? — Être aux abois? — Épier? — Pourquoi les prêtres portaient-ils un rameau d'olivier? — Qu'est-ce que Rome, et où est-elle située? — Indiquez d'autres villes du même continent.

Donnez la règle sur : est ravagée — est choisie — est sauvée — a coûtées — sur que.

Indiquez le sens du morceau et la morale qu'il renferme.

---

66. — Une Femme de bien.

Élisa Haumonté, née à Troyes, avait épousé M. Pailleux, docteur en médecine, et s'était établie, avec son mari, à Saint-Ambreuil, commune du département de Saône-et-Loire. Elle partagea sa vie entre ses devoirs d'intérieur, le soin des cultivateurs indigents et l'étude des sciences naturelles, que son mari affectionnait, et qu'elle aimait à cause de lui.

De nombreux voyages, poursuivis avec autant d'intelligence que de courage, contribuèrent à étendre son esprit et à élargir le domaine de ses connaissances, et partout, devant les merveilles de la nature comme en présence des prodiges de l'industrie humaine, son âme s'élevait vers le Créateur et le louait dans toutes ses œuvres. Aussi ses longues excursions en Italie, en Écosse, en Allemagne, ne furent pas stériles ; toutes servirent à faire naître quelques idées nouvelles dans son esprit, quelques nobles sentiments dans son cœur.

4.

Ses études et ses méditations, en fixant son attention sur le sort des classes laborieuses, ont porté leurs fruits; car, femme de cœur et d'intelligence, en quittant ce monde qu'elle avait si bien apprécié, son dernier regard, regard d'ineffable charité chrétienne, s'est porté sur les pauvres cultivateurs qu'elle avait le mieux connus. Avec une libéralité qui n'avait d'autres limites que celles de sa fortune, elle a su pourvoir, par des legs considérables, à tous leurs besoins matériels, moraux et religieux.

Dans la commune de Saint-Ambreuil, où elle a long-temps vécu et où elle est morte le 6 juin 1864, après une maladie de vingt-quatre heures seulement, elle a assuré l'existence d'un médecin, créé une école de filles, et, puisant à une source intarissable, la charité, elle a fondé une institution à laquelle pensent trop peu les heureux du siècle, *un asile pour les invalides de l'agriculture*, « où ceux de Saint-Ambreuil d'abord, dit-elle dans son remarquable testament, ensuite ceux des communes les plus voisines, seront logés et secourus en proportion des ressources que nous laisserons, moi et mon mari, à ce sujet. » Voici un large tribut payé à l'agriculture et un noble exemple à suivre.

De nombreux hommages ont entouré le cercueil de cette femme excellente et distinguée; nous y ajoutons le nôtre, car il n'est pas de meilleur modèle à proposer à la jeunesse que celui d'une femme qui, se conformant à l'enseignement de l'Évangile, n'a pas enterré le talent qui lui fut confié: aimante et aimable, elle a rendu sa famille heureuse; spirituelle et bien douée, elle a cherché Dieu dans l'étude et dans la contemplation de la nature; riche, elle a pourvu aux besoins des pauvres; enfin, elle n'a pas vécu pour elle-même, mais pour les autres.

Exercices

Rendez compte de ce que vous avez lu.

Expliquez le sens des mots: docteur en médecine — intérieur —

cultivateur — sciences naturelles — domaine — merveilles — prodiges — excursions — libéralité — legs — médecin — invalides — modèle — contemplation.

Que signifie : porter leurs fruits ? — femme de cœur et d'intelligence ? — payer un large tribut ? — des hommages on entoure son cercueil ? — être bien doué ?

Citez la parabole dont il est question dans l'Évangile et indiquée dans le morceau.

Donnez la règle sur autre — l'un l'autre — l'un à l'autre, l'un et l'autre.

Indiquez le sens du morceau et la morale qu'il renferme.

---

67. — Préparation des aliments. — Cuisson.

Pour rendre les aliments plus tendres et plus digestibles, on leur fait subir, selon leur nature, une autre préparation : la coction ou cuisson. La cuisson s'opère de deux manières : par l'action directe du feu et par l'action de l'eau bouillante. Les viandes soumises à l'action directe du feu sont grillées ou rôties. Cette préparation détermine la formation d'une couche dure sur toute leur surface extérieure ; la chaleur qui les pénètre lentement atteint toute leur épaisseur et opère leur cuisson ; l'enveloppe ou la couche dure s'opposant à la sortie de la plus grande partie des matières dissoutes par la chaleur du jus ou suc, la chair en reste imbibée et n'en est que plus succulente.

Par ce procédé de cuisson, on obtient des viandes tendres, bien nourrissantes et d'une digestion facile, sans l'addition d'assaisonnements énergiques ; aussi il est à regretter que cette préparation soit si peu en usage parmi les ouvriers, qui ont pourtant besoin d'une nourriture substantielle.

Toutes ces préparations de cuisine ont reçu différents noms, et c'est sur elles que s'exerce l'art culinaire pour obtenir des mets qui flattent le goût et excitent à manger au delà des forces digestives de l'estomac, tandis qu'une cuisine bien entendue devrait tendre uniquement à préparer les aliments de manière à les rendre d'une digestion facile.

Par la cuisson, les aliments sont rendus tendres et commodes à digérer ; le tissu dur et ferme des viandes et des végétaux se ramollit, les principes solubles donnent un jus succulent et nourrissant ; la fécule se gonfle, l'enveloppe qui la contient crève, et cette substance nourrissante s'approprie plus facilement au travail de la digestion. Ce mode de cuisson permet le mélange des viandes et des légumes et se prête à toutes les combinaisons possibles ; les bonnes ménagères connaissent mieux que nous comment il faut s'y prendre pour faire bon et à bon marché.   Dr DESCIEUX.

Exercices

Rendez compte de ce que vous avez lu.

Expliquez le sens des mots : digestibles — la coction — la cuisson — jus — suc — imbibé — succulente — culinaires — solubles — ménagère — faire bon — fécule — digérer — se ramollir.

Conjuguez les verbes pénétrer — opérer — obtenir et ses composés — falloir — prendre et ses composés.

Indiquez le sens du morceau et les conseils qu'il renferme.

---

68. — Les Cheveux blancs.

« Bonne mère, petite amie,
Laisse ôter ce fil argenté ;
Hier, tu t'étais endormie,
Jusqu'à quatre j'en ai compté. »

Mais le père, arrêtant sa fille,
Les prit dans ses bras toutes deux :
« Dis-lui donc, mère de famille,
L'histoire de ces bons cheveux. »

La mère parla de la sorte :
« Le premier, oh ! n'y touche pas !
Me rappelle ma mère morte,
Ma mère morte entre mes bras !

L'autre blanchit, triste présage !
Ton petit frère allait mourrir ;
L'autre a dix ans, il a ton âge ;
Veux-tu m'ôter ce souvenir ?

Trois jours par le fer et la flamme,
La main ferme, et le cœur tremblant,
Je t'extirpai ce croup infâme,
Et le quatrième était blanc. »

Le père dit à son caprice :
« On peut les voir ! on peut les voir !
Chacun est une cicatrice
De la famille et du devoir ! »

Ils baisèrent l'enfant si chère !
De doux pleurs animaient leurs yeux :
« Je t'aime bien, petite mère,
Et j'aimerai tes bons cheveux. »

E. P.

Exercices

Rendez compte de ce que vous avez lu.

Expliquez le sens des mots : cheveux — fil — argent — présage
— souvenir — extirper — croup — caprices — cicatrices — pleurs.

Nommez les adjectifs numéraux renfermés dans le morceau. —
Conjuguez le verbe aller. — Nommez l'emploi de les, comme pronom.

Indiquez le sens du morceau et la morale qu'il renferme.

69. — **La Femme de l'Aveugle.**

Vers la limite du département du Jura, dans la partie
des montagnes la plus voisine de la Suisse, se trouve
un joli village que ses lacs, ses bains, ses rochers rendent riant et pittoresque. C'était là qu'étaient nés Gaspard et Marguerite ; tous deux perdirent leurs parents
de bonne heure ; tous deux s'aimaient dès l'enfance,
et ce commun malheur rendit plus vive encore leur

tendresse mutuelle. Ils se promirent d'être l'un à l'autre.

Leur mariage allait avoir lieu, lorsque Gaspard, en faisant jouer une mine pour tirer de la pierre d'une carrière, fut blessé si grièvement, qu'après de longues et cruelles souffrances, il demeura aveugle, sans espoir de recouvrer jamais la vue. Alors il dit à Marguerite : « Laisse-moi ; épouse un homme qui puisse te gagner du pain ; je trouverai quelque petit garçon qui me conduira pour mendier le mien. — Que je t'abandonne ! s'écrie Marguerite ; que je t'abandonne à présent ! Et si le malheur fût tombé sur moi, m'aurais-tu abandonnée, toi ? — Oh non ! murmura Gaspard en élevant vers le ciel ses yeux qui ne voyaient plus, Dieu m'en est témoin. »

Peu après leur mariage fut célébré ; il y eut bien quelques gens au cœur égoïste et à l'esprit faux qui haussèrent les épaules, en disant que Marguerite faisait une folie ; mais, excepté ceux-là, tout le monde l'approuva et manifesta hautement de l'estime pour elle. Sa tendresse pour son mari, qui ne se démentit jamais, son assiduité au travail, sa bonne conduite, la firent respecter de tout le canton.

L'âge, en augmentant les besoins du mari et de la femme, leur enleva les moyens d'y subvenir ; mais dans le pays on se fit un honneur d'assurer le repos et le bien-être de leurs vieux jours. Pas une ménagère qui ne s'empressât de porter à Marguerite un des gâteaux dont elle avait coutume de régaler sa famille aux jours de grande solennité ; pas un fermier qui ne se montrât fier d'aider à remplir la mesure de froment qui suffisait à la provision de l'heureux et pauvre ménage : ils étaient révérés et chéris, et il n'y avait pas de petit garçon, quelque étourdi qu'il fût, qui ne se rangeât respectueusement pour les laisser passer, lorsque, le dimanche, ils allaient ensemble à la messe de paroisse.

Tant qu'ils vécurent, en voyant l'ordre et la propreté

qui régnait dans leur cabane, chacun sentait qu'ils étaient heureux, et disait qu'ils l'avaient bien mérité.

****

Exercices

Rendez compte de ce que vous avez lu.

Expliquez le sens des mots : aveugle — limite — bains — mariage — mine — carrière — mendier — égoïste — faux — folie — canton — ménagère — gâteaux — régaler — fermier — paroisse — messe — cabane.

Que signifie : faire jouer une mine ? — recouvrer la vue ? — hausser les épaules ? — faire une folie ? — se faire un honneur ? — pour leurs vieux jours ?

Donnez la règle sur excepté.— Pourquoi, dans la seconde phrase, nés est au masculin pluriel? — Donnez les différents sens de mine — de carrière.

Analysez logiquement et grammaticalement la phrase : que je t'abandonne.

Indiquez à la fin du morceau tous les verbes qui sont à l'imparfait du subjonctif, et dites pourquoi.

Indiquez le sens du morceau et la morale qu'il renferme.

---

70. — Mademoiselle Détrimont.

Au commencement de l'année 1825, dans la commune de Saint-Remi-Bosrecourt, arrondissement de Dieppe, une maladie épidémique, contagieuse, ayant tous les caractères du typhus, s'était introduite, on ignore de quelle manière, dans une maison qu'habitait une pauvre famille, composée de onze personnes. En six jours, la grand'mère et deux de ses petits-enfants avaient succombé. Un mois après, la mère mourut, et deux autres de ses enfants la suivirent à sept ou huit jours d'intervalle. Jacques Vasselin, chef de cette famille infortunée, restait seul avec quatre enfants, et ils étaient tous les cinq attaqués du mal qui avait déjà frappé six victimes sous leurs yeux.

Effrayés de tant de morts si promptes, et qui s'étaient succédé si rapidement, les parents, les amis, les voisins, n'osaient approcher de Vasselin et de ses enfants ; aban-

donnés de tous, ils semblaient condamnés à périr sans
espoir de secours. « Nous ne voulons pas aller chercher
la mort : » telle était la réponse de tous ceux que l'autorité du lieu pressait de porter quelque soulagement,
quelques soins à ces malheureux.

Mademoiselle Célestine Détrimont, habitante d'une
commune voisine, informée de ces faits par la voix publique, vint s'offrir au maire de Saint-Remi pour donner
à cette famille infortunée les secours qui lui étaient refu-
sés de toutes parts. Le maire accepte avec attendrissement son offre, mais il ne croit pas devoir lui cacher le
danger qu'elle allait courir : « Je sais à quoi je m'expose,
répondit-elle ; mais je ne puis laisser périr cinq malheureux ainsi abandonnés ; quand on sert Dieu et ses pauvres, on ne craint pas la mort. » Et, après avoir consenti à peine à se munir de quelques préservatifs, elle
alla s'enfermer dans la maison infectée, où gisaient en-
tassés Vasselin et ses quatre enfants. Un seul de ces enfants mourut.

Par ses soins actifs et constants, mademoiselle Détrimont eut le bonheur d'arracher, à une mort qui paraissait certaine, Vasselin et les trois enfants qui lui res-
taient. Cette belle action n'est pas un fait unique dans la
vie de mademoiselle Détrimont ; elle a fait beaucoup
d'actions semblables, qui ne sont connues que du ciel et
des infortunés qu'elle a secourus.

Exercices

Rendez compte de ce que vous avez lu.

Expliquez le sens des mots : épidémique — maladie — contagieuse — typhus — mois — victime — prompt — périr — autorité — maire — offre — danger — préservatifs — infectée — gisaient — entassé.

Que signifie chercher la mort ? — apprendre par la voix publique ? — condamné à périr ? — se munir ? — arracher à la
mort ? Quelle différence entre infecté et infesté ? Nommez des maladies contagieuses.

Quelle différence entre épidémique et endémique ?

Donnez la règle sur les noms composés.

Indiquez le sens du morceau et la morale qu'il renferme.

---

71. — Madame de Maintenon.

Trop souvent, dans la grandeur, on ne se rappelle ce que l'on a été que pour le faire oublier aux autres. La célèbre madame de Maintenon s'en ressouvenait toujours, et ne s'en ressouvenait que pour faire plus de bien. Il se trouva un jour, parmi la foule des solliciteurs dont ses salons étaient encombrés, un homme qui, l'abordant avec une respectueuse hardiesse, lui dit : « Il y a quarante ans, madame, que je vous ai vue, et vous ne pourrez me reconnaître, mais vous ne pouvez m'avoir entièrement oublié. Vous souvient-il qu'à votre retour des îles, vous vous rendiez tous les jeudis à la porte du collége de la Rochelle, où, suivant l'usage de la plupart des communautés, on distribuait de la soupe aux pauvres? J'étais alors au nombre des professeurs de cette maison. Employé à mon tour dans cette distribution, je vous distinguai dans la foule des pauvres; je fus frappé de votre air noble et distingué, et l'embarras avec lequel vous vous présentiez pour avoir part à l'aumône excita ma compassion. — C'est donc vous, monsieur, lui dit madame de Maintenon, qui, pour m'épargner la honte d'être confondue avec ces pauvres malheureux, fîtes apporter la soupe chez moi, en me témoignant mille regrets de ne pouvoir m'accorder qu'un si médiocre secours? Vous me rendîtes doublement service, et en me faisant cette aumône, et en m'épargnant la douleur de la recevoir en public. Maintenant que puis-je faire pour vous? »

Le vieillard lui dit que depuis plusieurs années il avait quitté le collége de la Rochelle et que, par suite de circonstances malheureuses, il était actuellement maître d'école dans un village ; qu'il bornait toute son ambition à une cure, et que, d'après tout ce que la renommée lui avait dit d'elle, *il* espérait l'obtenir de sa protection et peut-être de sa reconnaissance. Madame de Maintenon répondit qu'elle ne se mêlait point de la nomination aux cures ; qu'elle ne savait pas s'il était propre à une place de ce genre ; qu'elle le priait donc de se contenter, pour le moment, d'une bourse de cent pistoles qu'elle lui donna, en lui promettant de lui envoyer chaque année une somme égale.

Exercices

Rendez compte de ce que vous avez lu.

Expliquez le sens des mots : solliciteurs — salon — encombré — aborder — îles — collége — communauté — aumône — médiocre — cure — la renommée — bourse — pistoles — somme.

Que signifie être dans la grandeur ? — borner son ambition ? — en revenant des îles ? — être frappé de votre air ? Que signifie la particule re placée devant un verbe ? Donnez des exemples.

Nommez quelques îles de l'Europe — de la France.

Donnez la règle sur les substantifs collectifs — sur tour — sur somme.

Que savez-vous sur madame de Maintenon ?

Indiquez le sens du morceau et la morale qu'il renferme.

---

72. — Madeleine Augier, la Quêteuse.

Mademoiselle Madeleine Augier, surnommée la Quêteuse, est célèbre par sa charité infatigable.

Il n'est personne qui, ayant parcouru de 1821 à 1847 la route d'Avignon à Marseille, n'ait conservé le souvenir de cette jeune femme à robe noire, à coiffe blanche, qui, au moment où les voitures, les voyageurs, les simples passants traversaient la ville d'Orgon, se présentait à eux et leur tendait la main pour les pauvres malades de l'hôpital de cette ville.

C'était elle. Née pauvre, et vouée dès l'enfance aux travaux des champs, à l'âge de vingt ans, elle vit son frère dangereusement malade et guéri à la suite d'une neuvaine faite par elle au sanctuaire vénéré de Notre-Dame des Lumières, dans la vallée d'Apt. Par reconnais-

sance de ce bienfait, elle fit vœu d'embrasser la vie religieuse ; mais, faute de dot et d'instruction suffisante, elle
ne put être admise dans une communauté ; ce fut alors
qu'elle se fit quêteuse pour les pauvres, et qu'elle com-
mença cette vie de fatigues incessantes qu'elle a pour-
suivie jusqu'à ce jour.

Pendant vingt-six années consécutives on l'a vue, hiver et été, braver tantôt la chaleur suffocante et la poussière provençale, tantôt le souffle violent du mistral, être
à son poste à chaque heure du jour et de la nuit, attendre les passants sur la grande route et n'en laisser
échapper aucun à sa modeste importunité.

Son unique abri, pendant ces vingt-six ans, a été une
guérite en planches de cinq pieds carrés, qu'on a depuis
achetée et conservée comme une relique.

Bien que si jeune, bien que très-belle, cette vierge
candide, qui passait ses jours et ses nuits au milieu des
postillons et des charretiers, n'a jamais été insultée.
L'admiration publique lui servait de sauvegarde inviola-
ble. Si quelqu'un eût osé se permettre envers elle la
moindre inconvenance, cent bras se seraient levés pour
l'écraser.

A ce pénible métier elle ramassait annuellement dix-
huit cents à deux mille francs, et elle a pu augmenter les
trop faibles ressources de l'hôpital d'Orgon de plus de
cinquante mille francs, accumulés ainsi sou à sou par le
plus généreux et le plus infatigable dévouement.

L'âge de mademoiselle Madeleine, aujourd'hui sexagénaire, et surtout l'établissement des chemins de fer, l'ont
obligée de donner à ce dévouement une autre forme,
mais n'en ont point atténué les efforts, qui soutiennent
toujours, avec l'existence de son frère, celle d'un grand
nombre d'infortunés.

Le comte DE MONTALEMBERT.

Rendez compte de ce que vous avez lu.

Expliquez le sens des mots : route — robe — coiffe — voiture — passants — hôpital — neuvaine — sanctuaire — quêteuse — incessantes — mistral — abri — guérite — relique — postillons — charretiers — sauvegarder — métier — sexagénaire — chemin de fer.

Que signifie : tendre la main ? — être à son poste ? — cent bras se seraient levés ? — faire vœu ? — embrasser la vie religieuse ?

Que savez-vous sur Avignon ? — sur Marseille ?

Donnez la règle sur leur — sur vingt — sur cent — sur mille.

Indiquez le sens du morceau et la morale qu'il renferme.

73. — **Mademoiselle Josserand**.

Dans la ville de Provins, une famille honnête fut complétement ruinée par des entreprises hasardeuses. Après avoir donné tout ce qu'il possédait, le malheureux père, âgé et incapable de travail, devait encore près de quatre mille francs.

Déclaré insolvable et n'ayant que des enfants mineurs, les créanciers l'abandonnèrent. L'un de ces enfants était une jeune ouvrière, qui travaillait depuis quelques années pour s'amasser une dot qui lui permît d'entrer dans la vie religieuse : c'était là l'unique objet de ses vœux.

Aussitôt que le désastre de sa famille lui fut connu, abandonner son petit trésor pour suffire aux premiers besoins ; devenir, par son travail, l'unique appui d'un père infirme, d'un frère enfant, d'une grand'mère octogénaire, tout cela ne fut pas assez pour la jeune fille.

Sa mère, sa pauvre mère, est là mourante, et ce n'est pas la misère qui la tue ! Sa fille, en veillant auprès d'elle, comprend les vœux que sa mère forme dans son cœur sans oser les exprimer, et se dévoue à leur accomplissement. Le travail du jour, celui des nuits, joints aux plus rudes privations, lui permettront d'acquitter les dettes de la famille, et un jour le nom de son père sera réhabilité.

La malheureuse mère ferme les yeux en bénissant sa fille, qui, peu après, va trouver les créanciers, leur demande du temps, beaucoup de temps, et les supplie de laisser quelques effets à son vieux père.

On est ému à la vue de cette enfant; mais son projet étonne : elle n'a que son travail, trois personnes sont à sa charge, et elle entreprend de payer des dettes qui ne sont pas les siennes. Une résolution aussi forte, dans un âge aussi tendre, trouve des incrédules.

Vingt ans après avoir pris ce noble engagement, mademoiselle Josserand en avait rempli toutes les obligations, et elle semblait croire que sa conduite n'avait rien que de très-ordinaire.

Son courage n'ayant jamais faibli, une vie qui n'a été que la mise en œuvre d'une bonne pensée, lui a laissé toute sa délicatesse et toute sa modestie.

Elle a reçu les derniers vœux de sa grand'mère; la vieillesse de son père a été honorée par elle et pour elle; son frère lui doit une bonne éducation et un état; il lui doit surtout un nom sans tâche, car toutes les dettes ont été acquittées; et ce sont les créanciers payés, ce sont des voisins témoins de tout, qui ont, à son insu, divulgué le secret d'une vertu si rare.

Exercices

Rendez compte de ce que vous avez lu.

Expliquez le sens des mots : entreprises — hasardeuses — insolvable — mineurs — créanciers — dot — infirme — octogénaire — privations — dettes — réhabilité — supplier — effets — incrédules — voisins — divulguer.

Que signifie fermer les yeux ? — demander du temps? la misère qui tue ?

Pourquoi enfant est-il ici au féminin? Que signifie la particule in placée devant un mot? Donnez des exemples.—Donnez la règle sur si et aussi — sur mille.

Indiquez le sens du morceau et la morale qu'il renferme.

74. — Tout est consommé.

Et la mère était là, la mère désolée,
Heurtant le sol impur de ses genoux meurtris ;
Elle était là, muette, et la tête voilée,
    Et les bras tendus vers son fils.

Or, quand la croix monta sur le haut du calvaire,
C'était la sixième heure, et d'informes brouillards,
Des ténèbres sans nom, plus froides qu'un suaire,
    Descendirent de toutes parts.

Et les cieux se cachaient, et le grand astre même
S'abîmait sous les flots d'un pourpre menaçant,
Et l'on eût dit, à voir son rouge diadème,
    Qu'il plongeait dans un lac de sang.

Et les rumeurs du jour désertaient l'étendue ;
Seulement sur les rocs épars et foudroyés,
Des aquilons sans bruit chassaient l'aigle éperdue
    Et les nuages effrayés.

Et d'instants en instants, les pâles sentinelles
S'interrogeaient des yeux à défaut de la voix,
Car on avait déjà cru voir de blanches ailes
    Passer au-dessus de la croix.

Et la victime sainte élevait sa prière ;
Et ses lèvres planant sur ce peuple insensé
Murmuraient à voix basse : O mon père, ô mon père !
    Pourquoi m'avez-vous délaissé ?

Point de bruit à l'entour ; mais le désert sans borne,
Le désert veillait semblable au vieux Sina,
Point de bruit à l'entour : le silence était morne
    Quand la neuvième heure sonna.

Alors du sein des monts, du milieu des grands arbres,
Du milieu des grands bois, battus comme une mer,
Du milieu des tombeaux qui secouaient leurs marbres
Se brisaient et lançaient des cadavres dans l'air,

Une voix s'éleva, voix perçante et profonde,
Comme si la nature allait se désunir,
Et le drame funèbre acheva de finir
      Dans les convulsions du monde!

                              E. TURQUETY.

Exercices

Rendez compte de ce que vous avez lu.

Expliquez le sens des mots: sol — calvaire — brouillard — ténèbres — suaire — diadème — lac — rocs — aquilons — sentinelle— planer — désert — mer — drame — convulsions.

Que signifie : heurter le sol de ses genoux meurtris ? — le grand astre ? — un lac de sang ? — à défaut de la voix ? — les tombeaux qui secouent leur marbre ? — d'informes brouillards ?

Donnez la règle sur autour et à l'entour — sur aigle — sur pourpre — sur sentinelle.

Nommez les tropes qui se trouvent dans le morceau. — Qu'est-ce qu'une métaphore? Indiquez celles que vous avez rencontrées dans le morceau.

Indiquez le sens du morceau et la morale qu'il renferme.

---

75. — De la Colère.

La colère, comme l'a dit un ancien, est une courte folie. Elle a, pour quelques moments, les symptômes et les traits que la démence furieuse présente sans cesse. N'est-ce pas déjà une chose bien triste et bien humiliante pour la jeune fille affectée de ce défaut, qu'on puisse la comparer, ne fût-ce qu'une heure dans toute une semaine, à des êtres malheureux qui sont en même temps un objet d'effroi et de pitié?

Examinez cette enfant de douze ans qu'une espièglerie de sa compagne ou un refus de sa bonne a exapérée mal à propos. Voyez-vous ce teint enflammé, ces yeux ardents qui roulent rapidement dans leurs orbites, cette figure grimaçante, ces gestes précipités? Entendez-vous cette voix rauque ou glapissante, ces paroles sans suite, entremélées peut-être de sanglots étouffés? Tout ce désordre annonce-t-il la colère ou la folie? Vous pourrez en douter si une confidence ne vous a pas appris d'avance que la jeune fille, d'ailleurs bonne et studieuse peut-être, est atteinte de ce fatal défaut. Si la jeune fille colère n'est pas retenue par de fortes habitudes de respect et une bonne éducation morale, elle s'emporte ouvertement.

Nous la voyons, quand son accès commence, frapper du pied, multiplier les reproches, les plaintes, les menaces; puis, quand il s'accroît, elle s'en prend aux objets même qui l'entourent ; elle froisse ou brise ce qui est sous sa main, ce qui lui appartient surtout, comme si, en disposant seulement de ce qui est à elle, elle pensait qu'on ne lui contestera pas du moins ce petit soulagement de sa fureur. Est-elle une jeune fille religieuse, obéissante, ses efforts pour résister au défaut qui la domine n'aboutissent quelquefois qu'à une contrainte pleine de souffrances; mais, dans ce cas, les signes pénibles de la lutte font présager pour l'avenir le triomphe du bon principe sur le principe mauvais.

Naturellement douces, les femmes manquent à leur vocation quand elles se livrent à l'emportement. La colère ne leur sied pas, et l'on est toujours plus près de se moquer d'une jeune fille irritée que de la craindre. La jeune fille colère ne néglige pas seulement une vertu de son âge, elle en répudie jusqu'aux agréments.

A. THÉRY.

Exercices

Rendez compte de ce que vous avez lu.

Expliquez le sens des mots: ancien — symptômes — démence —

folie — espièglerie — compagne — bonne — teint — sanglots — confidence — froisser — aboutir — contrainte — vocation — répudier.

Que signifie des yeux qui roulent? — des paroles sans suite? — frapper du pied? — présager pour l'avenir? — manquer à sa vocation?

Donnez la règle sur enfant — sur près de et prêt à.

Conjuguez le verbe appartenir — et le verbe il sied.

Indiquez le sens du morceau, les conseils qu'il renferme et la morale que vous en tirez.

---

76. — Jeanne Capelet.

M. Lasserne était professeur de musique à Paris, lorsque, vers 1780, on lui fit des propositions qui le décidèrent à aller s'établir à Pau, pour y cultiver et y enseigner son art, dans lequel il était un maître habile.

Ayant la perspective d'une existence à laquelle son travail devait suffire et au delà, il se maria.

Madame Lasserne prit à son service une jeune fille nommée Jeanne Capelet; elle sortait de son hameau avec beaucoup de bonne volonté et ne manquait pas d'intelligence; mais elle ignorait absolument les détails de l'intérieur d'un ménage. Madame Lasserne les lui enseigna, prit soin de la former, et la jeune fille en fut reconnaissante et conçut pour ses maîtres un profond attachement.

Peu d'années après, les changements occasionnés par la Révolution portèrent à M. Lasserne un grand préjudice, en rompant les engagements qui l'avaient décidé à se fixer à Pau, loin de sa ville natale.

Quelques années encore s'écoulèrent; malheureusement madame Lasserne fut atteinte d'un mal cruel qui la conduisit lentement au tombeau; elle n'eut d'autre garde-malade que sa fille de service, dont aucune peine, aucunes veilles ne purent lasser le courage ni refroidir le dévouement.

Cette mort fut pour le mari survivant l'occasion d'un

procès long et dispendieux, qui dévora ses modiques économies et l'obligea même de faire des emprunts.

Sa vue s'affaiblit ; le nombre de ses élèves diminua ; il épuisa ses ressources ; le poids de l'âge se fit sentir ; les besoins s'accrurent, et les moyens d'y satisfaire diminuèrent. N'ayant plus que sa fidèle domestique, dont les soins étaient son unique consolation, il sentit avec désespoir qu'il fallait se séparer d'elle, et il se résolut, non pas sans peine, à dire enfin à Jeanne Capelet que sa position ne lui permettait plus de lui payer aucuns gages, qu'il ne pouvait même la nourrir et qu'il l'engageait lui-même à chercher un maître moins malheureux.

« Que me proposez-vous là ? répondit cette excellente fille ; est-ce que vous me renvoyez ? est-ce que je peux vous quitter, quand vous avez plus que jamais besoin de moi ? Est-ce que je vous demande des gages ? Je n'en veux pas ; j'ai vieilli près de vous, j'y resterai jusqu'à la fin ; vous êtes pauvre, je le suis aussi ; vous ne pouvez plus travailler, eh bien ! je travaillerai pour nous deux. »

Ce qu'elle a dit, elle l'a fait et elle le fait encore depuis bien des années ; c'est elle qui, sans attendre d'autre récompense que celle qu'elle trouve dans son cœur, fournit en grande partie aux besoins de son maître, soigne sa vieillesse, écarte loin de lui la souffrance et les chagrins. Elle croit ne remplir qu'un devoir ; sa plus grande peine est de trouver les jours trop courts pour le travail qu'elle voudrait faire ; il faut qu'elle y ajoute des veilles pour obtenir des salaires qui sont tous consacrés au vieillard qu'elle s'est chargée de faire vivre ; elle se reproche de trop dormir, et on l'a vue se mettre des grains de tabac dans les yeux pour en chasser le sommeil ; elle est parvenue à ne se donner que trois ou quatre heures de repos chaque nuit.

Elle laisse ignorer à son maître tout ce qu'elle s'impose pour lui de privations ; il le devine cependant, et

lui adresse avec attendrissement les seuls reproches
qu'il puisse lui faire : elle y répond avec douceur, promet de se corriger, et continue chaque jour cette vie
d'abnégation d'elle-même, de peines et de travaux, où
elle trouve un charme que la vertu la plus pure peut
seule connaître et sentir.   PARSEVAL.

Exercices

Rendez compte de ce que vous avez lu.

Expliquez le sens des mots : art — habile — perspective — hameau — ménage — attachement — préjudice — garde-malade —
lasser — dispendieux — emprunts — gages — veiller — salaire —
tabac — privations.

Que signifie : se décider ? —s'établir ? — cultiver un art ? —
prendre à son service ? — se fixer dans un endroit ? — conduire
au tombeau ? — dévorer les économies ? — le poids de l'âge ?

Analysez grammaticalement et logiquement la phrase : Que me
proposez-vous là. Nommez les adverbes que vous trouvez dans le
morceau. Donnez la règle sur le pronom le en l'appliquant à la
phrase : je le suis aussi.

Indiquez le sens du morceau et la morale qu'il renferme.

---

77. — La Bonté.

Que je considère la terre à quelque moment que ce
soit, je vois en esprit des milliers d'anges qui suivent les
hommes à travers la foule, et qui empêchent le péché
par toutes les voies imaginables qui puissent s'accorder
avec le libre arbitre. Je vois aussi la grâce, qui descend
invisiblement du sein de Dieu, se dirigeant sur les âmes
et les enveloppant pour détrôner le péché ! Il n'y a que
les solitudes des déserts, celles des océans ou des glaces
polaires, où elle ne se montre pas. Mais je vois à l'œuvre, avec la grâce et les anges, une troisième bande de
petits êtres à la face voilée, voltigeant partout, déridant
les gens tristes, remettant les gens fâchés, arrêtant les
soupirs des malades, allumant un éclair d'espoir dans
l'œil des moribonds, adoucissant les cœurs ulcérés, et dé-

tournant adroitement les hommes du péché au moment de le commettre. Ils semblent doués d'une étrange puissance ; ils se font écouter là où les anges ont eu beau faire pour être entendus ; ils se faufilent dans les cœurs à la porte desquels la grâce a dû perdre patience et s'en aller.

Ces petits êtres-là sont les actes de bonté qui s'enrôlent au service de Dieu du matin au soir... la bonté se gagne : une bonne action ne va jamais seule ; la fécondité lui appartient de droit ; une première mène à une autre, et nous engage indéfiniment. Notre exemple sera suivi par d'autres, et cet acte unique jette des racines dans toutes les directions....le chef-d'œuvre de la bonté, c'est de s'implanter dans ceux qui reçoivent ses fruits et de les rendre bienveillants eux-mêmes.

Les meilleurs des hommes sont, en général, ceux qui ont trouvé le plus de bienveillance. Parler avec bonté, écouter de même, sont deux grâces qui vont ensemble. Il y en a qui, en écoutant d'un air distrait, font voir que leurs pensées sont ailleurs ; d'autres paraissent écouter ; mais le vague de leurs réponses et leurs questions incohérentes font voir que ce dont ils sont occupés, ce qui est plus intéressant pour eux que tout ce que vous pouvez leur dire, ce sont leurs propres pensées.

D'autres vous écoutent en vrais agents de la torture ; vous êtes sur le chevalet, et ils semblent attendre de vous un mensonge, une inexactitude, ou quelque chose de blâmable, de sorte que vous avez bien à peser vos explications. Quelques-uns vous interrompent et ne veulent pas vous entendre jusqu'au bout. D'autres vous écouteront bien jusqu'à la fin ; mais tout aussitôt c'est pour vous embarquer dans quelque histoire qui leur est arrivée, et votre affaire n'est plus qu'une doublure de la leur.

Ainsi une multitude de personnes, dont les bonnes manières soutiennent l'épreuve de la parole, échouent à écouter. — Une autre difficulté, c'est de savoir s'oublier promptement et de bonne grâce pour s'occuper d'autrui. Cet homme viendra s'adresser à nous pour nous confier une peine imaginaire quand nous succombons sous l'épreuve la plus réelle, ou il veut verser le débordement de la joie dans notre cœur noyé de tristesse... ce sont là de bons matériaux pour votre sanctification ; ce sont des difficultés, mais le ciel est au bout, et il faut marcher...

Mais, me direz-vous, la bonté n'est, après tout, qu'une très-petite vertu, affaire de bonnes manières plutôt que de sainteté. — Eh bien ! soit, je ne vous disputerai pas ce point. L'herbe des champs vaut mieux que les cèdres du Liban. C'est plus nourrissant, et l'œil se repose mieux sur ce tapis émaillé de marguerites et parfumé de thym, qui rend la terre belle, douce et engageante comme un nid. La bonté, c'est le gazon du monde spirituel, où les brebis du Christ paissent tranquillement sous l'œil du pasteur.　　　　R. P. Faber.

Exercices

Rendez compte de ce que vous avez lu.

Expliquez le sens des mots : — considérer — anges — péché — voies — désert — Océan — pôles — dérider — moribonds — ulcérés — se faufiler — s'implanter — incohérentes — torture — chevalet — imaginaire — tapis — émaillé — nié.

Que signifie : voir en esprit — le libre arbitre — être une doublure — l'œil se repose — à travers et au travers.

Donnez la règle sur les noms collectifs — sur les verbes considérer — diriger — devo r — aller — mener — jeter — peser — savoir.

Nommez les grands et les petits cercles de la terre — sa division. — Parlez des cèdres du Liban.

---

78. — La Paresse.

Je voudrais bien qu'il me fût possible de témoigner de la bienveillance à la paresse ; mais j'ai beau tourner et retourner ce vilain défaut, je ne trouve rien de séduisant dans sa morne figure et dans ses vêtements en désordre. En effet, ce que je crains le plus au monde, c'est l'ennui ; cet ennui qui énerve la pensée, éteint le sentiment ; cet ennui qui vous prive de toute force physique, de toute énergie morale, qui rend la distraction sans charme, le travail sans agrément, et la vie sans but. Or, la paresse est la mère de l'ennui ; je n'ai jamais rencontré un être paresseux qui ne fût un être ennuyé. Dès que cette remarque a été faite, j'ai condamné sans rémission la paresse ; en haine du fils, j'ai impitoyablement flétri la mère.

Imaginez, s'il vous plaît, que, pour vous punir, on vînt vous priver de tout moyen de travail : plus de livres, plus de papier, plus d'aiguilles, plus de musique, point d'occupation dans l'intérieur de la maison : que deviendriez-vous ? Quelles journées interminables ! Vous ne tarderiez pas à porter envie à la dernière fille des champs, dont les labeurs et la vie fatigante vous paraissent aujourd'hui si terribles, si dignes de votre douce pitié.

Le plaisir, les jeux ont d'incontestables attraits ; mais le plaisir demande des contrastes, le jeu exige des heures de repos que le travail seul peut remplir. Travaillez donc pour pouvoir vous amuser ; repoussez donc la paresse, afin que le plaisir s'offre sans cesse à vous avec un visage toujours riant, le front ceint de fleurs toujours fraîches et toujours odorantes. Qui travaille avec courage s'amuse avec ardeur.

Vous avez dû, mesdemoiselles, en faire la remarque : en général, dans les pensionnats, les élèves qui, pendant les heures de récréation, développent une plus vive gaieté, celles autour desquelles on se réunit avec plus d'empressement, sont précisément les jeunes filles qui sont le plus assidues à l'étude. Et comment pourrait-il en être autrement ? Pour bien s'amuser, pour s'abandonner tout entière aux distractions qui sont offertes, il ne faut

pas entendre au fond de son cœur une voix qui crie : Tu
ne sais pas ta leçon... tu n'as pas fait ton devoir... ce
soir, tu seras humiliée, et demain sevrée des caresses de
ta mère.

La paresseuse est souvent réprimandée ; peu à peu
elle perd le respect d'elle-même, la fréquence des puni-
tions la dégrade ; sa famille et ses maîtres, las de l'humilier, la tiennent un peu plus éloignée d'eux ; elle tombe
dans une apathie incurable, avec la conviction d'avoir
démérité l'estime des personnes chargées de veiller sur
sa jeunesse et sur son éducation. Mauvaise porte pour
entrer dans la vie ! note fatale qui tiendra le monde en
méfiance contre elle !

Du reste, alors même que la tendresse d'une mère serait parvenue à cacher aux yeux de tous les défauts de sa
fille, les indifférents ne tarderaient pas à le découvrir.
Une jeune fille paresseuse a une figure, une conversation, une habitude de vêtements particulières ; elle se
trahit par mille côtés : par sa déplorable ignorance, par
la futilité de ses paroles, par l'insouciance avec laquelle
elle écoute, par l'atonie de ses regards. Enfin, oserai-je
le dire? on la reconnaît encore au désordre de sa chevelure et à la malpropreté de ses vêtements.

Ainsi, non-seulement la paresse laisse sa marque indélébile dans l'esprit, non-seulement elle porte avec elle
un incurable ennui, mais encore elle éclate au dehors,
elle est pour ainsi dire une honte publique. Dieu veut
ainsi punir sans doute l'être qui manque à la première
loi, à la loi du devoir et du travail.

En réfléchissant un peu, on n'ose presque pas être sévère envers une jeune fille paresseuse, tant on se sent de
pitié pour elle ; tant on prévoit les malheurs qui doivent
inévitablement l'atteindre, désarmée qu'elle sera de tout
moyen de résister aux épreuves de la vie. Toujours inac-
tive, sans science, sans force, à charge à tous ceux qui
l'approchent, plus à charge encore à elle-même, elle

verra lentement passer sa vie comme le sable stérile du rivage voit couler l'eau du torrent. Nulle amitié ne s'approchera d'elle ; elle lassera, elle épuisera la tendresse de ses parents ; heureuse encore dans son triste sort si, par sa nullité et son insouciance, elle ne fait pas le malheur de la famille qui voudra l'adopter.

Pardonnez à la sévérité de mes paroles... Ah ! si vous pouviez savoir, comme moi, à quel désordre entraîne la paresse ! vous comprendriez pourquoi mon expérience n'a pas de faiblesse pour un tel défaut.

Mme DE WATTEVILLE.

Exercices

Rendez compte de ce que vous avez lu.

Expliquez le sens des mots : bienveillance — morne — énerver — distraction — interminables — labeurs — contrastes — sevré — dégrader — humilier — apathie — incurable — fertilité — atonie — indélébile.

Que signifie : avoir beau — force physique — condamner sans rémission — porter envie.

Quel sens la particule in donne-t-elle à un mot devant lequel elle est placée : exempl s. — Donnez des règles sur l'adverbe plus — tant.

Indiquez le sens du morceau et la morale qu'il renferme.

---

79. — De la Douceur.

Accoutumez vos enfants, dit mademoiselle Sauvan, à supporter patiemment une injustice, à n'opposer que la douceur à l'arrogance, la patience à la brusquerie, et elles désarmeront l'arrogance, et elles adouciront la brusquerie. La disposition chagrine ou malveillante que l'on n'irrite pas, se calme d'elle-même, honteuse de se sentir inutile.

La patience rend poli, car elle fait écouter sans ennui, ou du moins sans un ennui apparent, les récits fatigants par leur peu d'importance ou par leurs trop longs développements. Une personne patiente n'interrompt pas

dans la conversation ; elle laisse à chacun le temps de
s'expliquer, elle écoute tout et comprend bien ; elle sup-
porte les prétentions de la sottise, les caprices d'un malade, les redites et la lenteur de la vieillesse, la pétulance
et les continuelles questions de l'enfance ; elle soutient
son opinion sans aigreur, sans irriter une opinion contraire à la sienne ; elle sait se faire écouter, parce qu'elle
a choisi le moment où il fallait répondre ; elle persuade
souvent, parce qu'elle s'est donné le temps d'avoir raison. La patience réunit donc les avantages de la prudence
au mérite de la bonté.

La *douceur* des jeunes filles est en quelque sorte proverbiale. C'est leur premier ornement, comme l'un de
leurs premiers devoirs. Celles qui manquent *de douceur*
se singularisent dans leur sexe, et leur défaut est d'autant plus préjudiciable pour elles, que sa rareté même
attire davantage l'attention.

Dès le temps même de l'adolescence, la jeune fille a le
plus grand besoin de la douceur. Elle est dépendante,
c'est-à-dire obligée de supporter, sans se plaindre, les
abus même d'une autorité respectable ; elle est faible et
sans expérience : elle a donc des appuis à invoquer, à
obtenir ; des lumières à recevoir, comme effet de la complaisance de ceux qui l'entourent. La colère éloignera
d'elle ; on lui fera sentir plus rudement sa dépendance ;
on aura moins pitié de son inexpérience et de sa faiblesse.

La *douceur* lui conciliera les sympathies et multi-
pliera ses protecteurs.

Comme elle se sentira aimée, elle aura tout le courage
que donne cette conviction. Accoutumée à ne s'irriter
jamais, elle tiendra son esprit dans une disposition toujours favorable aux bonnes études, son cœur dans un
état de simplicité et de soumission qui l'ouvriront à
toutes les impressions vertueuses.

Faite pour pratiquer le dévouement sous toutes les

formes, la jeune fille patiente ne reculera devant aucune épreuve, ne se découragera d'aucun obstacle ; armée de *douceur*, si nous pouvons parler ainsi, elle aura toujours moins de résistance à craindre ; la route lui sera plus facile, et elle accomplira mieux la loi que la Providence a donnée aux femmes, en les chargeant de maintenir la paix dans les familles, et d'assurer, en adoucissant les mœurs domestiques, la civilisation du genre humain.

A. Théry.

Exercices

Rendez compte de ce que vous avez lu.

Expliquez le sens des mots : injustice — arrogance — brusquerie — ennui — récits — sottise — prétentions — caprices — redites — proverbiale — contraste — impressions — colère — sympathies.

Que signifie : désarmer ? — soutenir son opinion ? — se singulariser ? — attirer l'attention ? — être armée de douceur ? — les mœurs domestiques ? — Qu'entend-on par un proverbe ?

Nommez les adverbes et les prépositions qui se trouvent dans le morceau. — Donnez la règle sur chacun — sur même. — Conjuguez le verbe ouvrir — séduire.

Indiquez le sens du morceau et les différents conseils qu'il renferme.

---

80. — Le travail.

Les devoirs de la femme sont sacrés, puisqu'ils lui sont imposés par le Créateur, par la nature et par les lois de la société. Heureuse celle qui les connaît et les remplit !

C'est le devoir d'une femme de s'appliquer à l'économie domestique, de régler les différentes dépenses de sa maison, de veiller à la bonne conduite des domestiques et de leur distribuer de l'ouvrage. Enrichir son esprit de connaissances utiles, de celles surtout qui facilitent le bon gouvernement des familles; connaître le prix des denrées et des étoffes, tout cela est donc nécessaire à la jeune fille qui veut devenir une bonne ménagère.

Cherchez à devenir habiles dans les travaux de votre sexe, depuis les plus grossiers jusqu'aux plus recherchés. Celle qui ne sait pas occuper ses mains à toute espèce de besogne domestique doit mal régler sa maison. *Qui ne sait pas faire ne sait pas commander :* mettez-vous bien ce proverbe dans l'esprit.

La mode du jour veut que les femmes de **qualité** s'occupent à faire des fleurs artificielles, de la tapisserie et autres fantaisies qui ornent ensuite leur personne ou les appartements meublés avec recherche. Ces ouvrages sont vraiment gracieux, et ils exigent de l'adresse et de l'intelligence pour être parfaitement exécutés; mais ils ne sont d'aucune utilité et coûtent assez cher, parce que les matériaux qu'on y emploie nous viennent d'au delà des monts. Il me semble donc qu'il doit être réservé aux jeunes filles riches, seules, de s'en occuper assidûment. Il n'est pas mauvais, cependant, que toutes sachent également les exécuter, soit pour occuper agréablement quelques heures de loisir, soit pour les enseigner aux autres ; nulle ne doit pourtant abandonner pour cela les ouvrages moins élégants, mais plus utiles, qui servent à l'économie domestique.

Parmi les arts destinés aux femmes, le premier est celui de filer. La femme forte, dont Salomon esquisse le portrait dans les saintes Écritures, recherchait la laine et le lin, et ses doigts tenaient le fuseau. Les matrones romaines ne portaient que de simples étoffes de laine, filées et tissées de leurs propres mains. Peu de jeunes filles des villes apprennent maintenant à filer ; l'usage de la quenouille est réservé aux femmes de la campagne, aux servantes et aux pauvres. Qu'il en soit donc ainsi, puisque d'autres usages, d'autres besoins donnent, dans la civilisation actuelle, d'autres occupations aux femmes.

Cependant, il est nécessaire que les jeunes fille sachent distinguer les différentes qualités des fils de lin et de chanvre, s'ils sont plus ou moins bien filés, qu'elles en connaissent le prix et qu'elles sachent choisir les plus propres aux différentes toiles qu'on peut faire travailler par nos tisserands. La bonne qualité et l'abondance du linge sont très-essentielles pour la propreté et la santé des familles : ce soin est généralement confié aux femmes. Celles qui ignorent entièrement cette industrie nationale sauront mal y suppléer d'une autre manière.

Qu'aucune jeune fille ne dédaigne d'apprendre à coudre, à raccommoder, à repasser le linge, lors même qu'elle a les moyens de faire faire ces ouvrages par les domestiques ; elle doit les leur enseigner, et veiller à leur exécution parfaite. Bien conserver le linge porte à la fin de l'année un très-grand profit, et ici figure à propos un autre proverbe dicté aux vieillards par l'expérience : *Il vaut mieux raccommoder un jour que de filer un an.*

La jeune fille qui sait ajuster elle-même ses vêtements, et qui n'est pas forcée de recourir pour tous les petits détails de son habillement à l'aide des ouvrières, mérite des louanges. C'est une grande économie, si l'on considère que la valeur de l'étoffe d'une robe est souvent presque égalée par celle de sa façon.

Commencez de bonne heure, ô jeunes filles, à tenir vos affaires avec ordre et propreté ! Cette louable habitude vous rendra plus facile, quand le moment en sera venu, de maintenir l'ordre et la propreté dans vos maisons.

La prospérité des États vient de la prospérité des familles, et la prospérité des familles vient en partie des femmes ; par là, elles ont une grande influence sur le bien-être civil et moral des nations.

Julie de Hulsen.

Rendez compte de ce que vous avez lu.

Expliquez le sens des mots : société — enrichir — désirées — étoffes — ménagère — proverbe— mode — tapisserie — fantaisies — appartements — matériaux — monts — fuseau — matrones — quenouille — tisserands — industrie — ajuster — façon — États.

Que signifie : économie domestique? — régler sa maison? — femmes de qualité? — fleurs artificielles? — venir au delà des monts? — esquisser le portrait? — le bien-être?

Donnez la règle sur coûté — sur les adjectifs employés comme adverbes. — Quel est le sens de en deçà — de au delà?

Nommez les différents conseils indiqués dans le morceau.

Indiquez le sens du morceau et la morale qu'il renferme.

---

81. — Pendant l'orage.

Pauvre petit oiseau, ta retraite est mouillée;
Sous le froid de l'hiver la branche est effeuillée :
    Dis-moi, pauvre petit,
Où vas-tu t'abriter? — Vois... l'ouragan arrive;
Et son souffle déjà fait monter sur la rive
    Le flot qui retentit!

Où chercher un abri pour ton aile qui tremble?
— Une feuille est encor suspendue à ce tremble!
    Viens t'y cacher!
— Malheur! — un coup de vent l'emporte vers la nue,
Et partout la campagne apparaît triste et nue,
    Comme un front de rocher!

Que vas-tu devenir, seul, contre le nuage?
Perché sur ce rameau, si faible, que l'orage
    Bientôt l'emportera ,
Crois-tu rester ainsi jusqu'après la tempête!
Crois-tu que ce grand vent qui bruit et tempête
    Ici t'épargnera?

Oh !... non, tu ne pourras tenir contre la grêle;
Viens vite ranimer ton corps humide et frêle

> Sous mon pauvre manteau !
> — Ne crains rien ! — car je suis comme toi sans asile ;
> Comme toi j'ai souffert !... la pitié m'est facile,
>   — Viens, mon petit oiseau !
>
> Ah ! ne crains rien ; avant de descendre à la tombe,
> Je veux tendre la main au délaissé qui tombe,
>   Sauver un malheureux !
> Car le Seigneur a dit dans son saint Évangile :
> Je bénirai celui qui, petit et fragile,
>   Aura fait un heureux !
>
>   VICTOR LEROUX.

Exercices

Rendez compte de ce que vous avez lu.

Expliquez le sens des mots : orage — oiseau — effeuillé — abriter — ouragan — rive — tremble — nue — rocher — grêle — manteau — asile — délaissé.

Quelle différence entre nue, nuée, nuages ? — entre roc et rocher ? — Indiquez tous les participes conjugués avec l'auxiliaire être avec la règle. — Conjuguez le verbe aller à ses temps simples. — Quand dit-on béni et bénite ? — Nommez les interjections renfermées dans le morceau.

Indiquez le sens du morceau et la morale qu'il renferme.

---

82. — Grotius.

Grotius, né en Hollande, était un savant illustre et un homme d'État habile et intègre.

A la suite de quelques dissensions civiles qui eurent lieu en Hollande, il fut condamné par le parti victorieux à une prison perpétuelle : on l'enferma dans la forteresse de Louvenstein.

Mais, grâce à l'adresse et au dévouement de sa femme, il en sortit au bout de deux ans ; le fait est très-célèbre, et le moyen qu'elle imagina a été employé ensuite par d'autres captifs.

Elle s'était établie à Gorkum, ville voisine de la forteresse ; elle allait voir son mari aussi souvent qu'on le lui

permettait, ce qui avait lieu rarement, et elle avait contracté une liaison assez étroite avec la femme du commandant.

De temps en temps elle envoyait de Gorkum à son
mari un grand coffre plein de linge blanc ; il le lui ren-
voyait plein de linge sale. Les gardiens avaient grand
soin de visiter le coffre au moment de l'entrée et de la
sortie.

Vers la fin de la seconde année, elle s'aperçut que les
gardiens, lassés de visiter et de fouiller ce coffre, le lais-
saient passer sans l'ouvrir. Elle pensa qu'elle pourrait
profiter de cette négligence et faire évader son mari en le
mettant dans le coffre.

Elle voulut essayer par elle-même si la chose était possible ; elle fit des trous au coffre à la place où son mari
devait tourner le visage, et elle s'y étendit et s'y enferma
autant de temps qu'il en fallait pour aller de Louvenstein
à Gorkum, c'est-à-dire environ deux heures. Cet essai
lui réussit.

Quelques jours après, elle va voir la femme du commandant, et, en causant, se plaint de la santé de son
mari.

« Il se tue à force de travail, dit-elle, je veux qu'il
prenne du repos ; demain est le jour où je dois le voir ;
je lui ôterai ses livres d'étude, je les mettrai dans le
coffre au linge, et en place je lui enverrai des livres amu-
sants pour le distraire.

— Vous ferez bien, répond la dame.

Le lendemain, le commandant devait s'absenter. L'é-
pouse courageuse et dévouée le savait et avait choisi ce
jour pour cette tentative hardie. Elle arrive dans la
chambre de son mari ; il s'étend dans le coffre au milieu
des livres. Elle traîne le coffre devant la porte de la
chambre, le referme, et appelle les porteurs. C'étaient
des soldats qui avaient l'habitude de porter le coffre plein

de linge jusqu'à la voiture qui attendait devant la porte de la forteresse.

« Que ce linge est lourd ! dit l'un d'eux.

— Ce n'est pas du linge, dit-elle ; ce sont des livres. »

On descendit le fardeau avec beaucoup de peine. Il paraît qu'en voyant l'inquiétude et l'agitation que la tendre épouse ne pouvait entièrement dissimuler, un des soldats eut quelques soupçons. Il demanda la clef, elle ne se trouva pas ; mais il n'insista point, car, pendant qu'elle faisait semblant de la chercher, la femme du commandant vint à passer et dit à madame Grotius :

« Ah ! vous faites enlever les livres de votre mari ; vous avez raison. »

Grotius fut ainsi transporté heureusement jusqu'à Gorkum ; là, une voiture de poste l'attendait et le conduisit rapidement à Anvers, hors de l'atteinte de ses ennemis.

On arrêta sa femme et on lui intenta un procès criminel. Le tribunal était d'avis de la retenir prisonnière à la place de son mari ; mais les états généraux, auxquels il présenta sa requête, la firent mettre en liberté.

« Une telle femme, a dit un auteur célèbre, mériterait qu'on lui érigeât une statue ; car c'est à elle que nous devons les excellents ouvrages que son mari a mis au jour, et qui ne seraient jamais sortis des ténèbres de Louvenstein s'il y eût passé toute sa vie, comme ses ennemis l'avaient résolu...

***

Exercices

Rendez compte de ce que vous avez lu.

Expliquez le sens des mots : savant — homme d'État — intègre — dissensions — forteresse — coffre — gardiens — lassés — fouiller — évader — essai — tentative — soldats — fardeau — dissimuler — soupçons — clef — poste — requête — auteur — ténèbres.

Que signifie hors de l'atteinte ? — condamné à une prison perpétuelle ? — à force de travail ? — mettre au jour ?

Dites l'emploi de que, en indiquant ses fonctions dans le morceau. — Indiquez la règle sur le pronom ce.

Indiquez le sens du morceau et la morale qu'il renferme.

83. — La Mode.

Que les femmes, étant vêtues décemment, se parent de pudeur et de sagesse, bien plutôt qu'avec des cheveux frisés, de l'or, des perles et des habits somptueux. Par ces paroles, l'Apôtre des nations interdit aux femmes, non point une mise convenable, gracieuse même, mais un culte exagéré de leur personne, par la parure et tout ce qui constitue la *toilette.*

Ce que l'Évangile réprouve, ce que l'esprit chrétien condamne, c'est l'abus de la parure et des vêtements : c'est ce qu'on appelle une toilette déréglée. Qu'est-ce qu'une *toilette déréglée?*

Une toilette est déréglée quand, pour parler comme saint Thomas, on use des vêtements pour atteindre des fins tout autres que celles qui sont voulues de Dieu et enseignées par la droite raison. Combien de malheureuses qui semblent s'efforcer, par des mises immodestes, de montrer à tous qu'elles ont perdu ce qui faisait leur gloire, ou qu'elles sont en voie de le perdre ! C'est pour elles que le Seigneur a dit par la voix du prophète : « Parce que les filles de Sion se sont exaltées dans leur vanité, qu'elles se sont promenées le cou étendu, en faisant des signes des yeux et des gestes des mains , qu'elles ont mesuré tous leurs pas, étudié toutes leurs démarches, le Seigneur leur ôtera leurs chaussures magnifiques, leurs croissants d'or, leurs colliers, leurs filets de perles, leurs bracelets et leurs mitrelles. Il leur ôtera leurs rubans de cheveux, leurs jarretières, leurs chaînes d'or, leurs boîtes de parfums et leurs pendants d'oreilles ; il leur ôtera leurs robes magnifiques, leurs bandeaux et leurs habits légers. En ce jour, leurs parfums seront changés en puanteur, leurs ceintures d'or en cordes, leurs cheveux frisés en tête nue, et leurs corsages en cilices. »

Souvenez-vous donc, femmes chrétiennes, qu'une

grande et noble mission vous est échue au sein de ce monde que vous habitez. A vous, il appartient d'offrir à ses regards un modèle constant de dignité tempérée par la grâce. A vous d'apprendre au vice insolent à rougir, et d'écarter de votre sexe le blasphème de Brutus : Vertu, tu n'es qu'un nom ! A vous de maintenir aux nations civilisées ce patrimoine qui fait leur gloire, je veux dire la bienséance et l'élévation.

Sachez toujours tenir le sceptre. *Que votre modestie brille aux yeux de tous.* Nulle parure ne vaut cette parure-là. Ainsi pensaient les vierges héroïques de la primitive Église, quand elles rassemblaient, d'une main convulsive au milieu des amphithéâtres, les lambeaux de leurs robes déchirées par les bêtes féroces, afin de mourir avec décence, comme elles avaient su vivre ! Voilà vos modèles. Comme ces héroïnes, vous saurez vous souvenir toujours de votre dignité. Vous moissonnerez alors l'estime de ceux dont les hommages ont quelque valeur ; car, de toutes les parures, la vertu est la plus belle, la moins dispendieuse, et, de plus, elle a l'inestimable privilége d'être toujours à la mode.

R. P. V. Marchal.

Exercices

Rendez compte de ce que vous avez lu.

Expliquez le sens des mots : décemment — pudeur — perles — Évangile — réprouve — abus — parure — vêtements — voie — vanité — chaussures — colliers — filets — bracelets — mitrailles — jarretières — boîtes — poinçons — miroirs — parfums — corsages — cilices.

Donnez les différentes significations de mode — de mise — de fin — de filet.

Quel est l'Apôtre des nations ? — Nommez les autres. — Nommez les évangélistes. — Qu'étaient-ce les filles de Sion ? — Nommez les persécutions en indiquant quelques vierges martyres.

Indiquez les homonymes de voix. — Dites combien de degrés de comparaison dans les adjectifs et indiquez ceux renfermés dans le morceau.

Indiquez le sens des mots et la morale qu'il renferme.

84. — De la Vie de Famille.

Voyez autour de ce foyer parcimonieusement régulier, dans cette chambre aux tentures fanées et aux meubles rares, un essaim d'enfants s'ébattre gaiement entre un père qui les excite et une mère qui sourit à leurs jeux. Vous apercevez bien qu'il y a là de la gêne et de la souffrance ; mais cette gêne ne vous fait pas peur, et cette souffrance ne vous semble pas dure à porter ; vous ne pouvez ignorer qu'on se sèvre là de ce que le monde appelle les douceurs de la vie, et cependant vous y trouvez de la douceur et de la vie. D'où vous viennent ces impressions ? Oh ! je le sais bien ; elles vous viennent de cette gaieté des enfants, de ces encouragements paternels, de ce sourire de mère ; vous comprenez que ce foyer mal éclairé soit aimé, que cette chambre dépouillée soit enviée, et vous vous dites : La fortune pourrait augmenter cette joie ; mais elle ne saurait la faire naître seule.

Voyez maintenant autour de cet âtre aux gais pétillements, dans ce salon commode, spacieux et élégant, ces enfants prétentieux, se boudant entre un père raide et mécontent, et une mère ennuyée. Vous apercevez bien qu'il y a là de la fortune et du bien-être ; mais cette fortune vous lasse, et ce bien-être vous écrase ; vous ne pouvez ignorer qu'on jouit là de ce que le monde appelle les douceurs de la vie, et cependant vous n'y trouvez ni vie ni douceur. D'où vous viennent ces impressions ? Serait-ce, comme l'ont prétendu certains moralistes, qu'avec la fortune point de paix ou de bonheur ? Nous ne le croyons nullement. Là même, la fortune a combattu de son mieux ce poids qui vous oppresse, et ce poids, nous le connaissons bien, c'est la tristesse des enfants, la raideur paternelle et le dégoût de la mère. Vous comprenez que ce foyer brillant ne soit pas aimé, que ce salon luxueux soit délaissé, et vous dites : J'aimerais mieux une pauvreté gaie !

Pensez-vous maintenant que la gaieté soit si peu de chose pour le bonheur de la famille ? Et ne croyez-vous pas, d'autre part, la vertu même et la vie de famille étroitement liées à son bonheur ? Quand un jeune homme s'éloigne d'un foyer sombre et triste pour se jeter au milieu des scintillements variés et séduisants de la ville, et de Paris surtout, l'on peut parier, sans crainte de perdre, hélas ! que dans son âme les clartés coupables triompheront des ténèbres vertueuses.

Lorsqu'une jeune fille, du sein des tristesses sévères de sa famille, entrevoit la figure souriante du monde ou les flammes fantastiques du roman, il est fort à craindre qu'elle ne donne tête baissée, en haine de la monotonie de sa première vie, dans les scandales de l'un, dans les entraînements de l'autre. Pour tous, il est à redouter que le toit paternel soit sans prestige, et sa lumière sans rayonnement.

On ne mène pas la jeunesse par la raison pure ; on la conduit rarement par la piété seule, et la piété, d'ailleurs, se nourrit d'une sainte joie, comme elle s'abreuve dans les saintes larmes ; et la piété, celle même du disciple bien-aimé, veut trouver au dehors des soulagements et des secours. On se rappelle cette histoire consacrée par la tradition : Saint Jean apprivoisant une perdrix, et répondant au spectateur étonné que son esprit, pas plus que l'arc du chasseur, ne pouvait constamment demeurer tendu.

Ne refusons pas la perdrix à l'âme de nos enfants. Si nous voulons leur inspirer bien avant dans le cœur des sentiments de fils et de frères, employons le burin de la gaieté ; non pas de cette gaieté qui sort par éclairs brillants, mais courts, d'un ciel couvert, pour retomber dans les nuages, plus épais encore, mais servons-nous de cette sérénité constante et gracieuse, qui ne nous cause ni éblouissements ni regrets.

Les parents auront beau organiser, à des intervalles plus ou moins réguliers, des parties de plaisir, des réunions et des fêtes, s'ils ne joignent à cela dans l'habitude la franche liberté du rire et de la causerie, ils auront beau commander la joie à un moment donné, comme la manœuvre à l'heure de l'exercice, ils n'aboutiront qu'à ajouter un dégoût de plus à l'ennui habituel... Une véritable et constante indulgence, un retour sur ses jeunes années dans l'appréciation de celles d'autrui, surtout une grande liberté dans les rapports intérieurs, dans les conversations et dans les jeux, tels sont pour les parents les points capitaux de la réussite.

Nous l'avons dit, nous le disons encore, nous sommes, de conviction et de cœur, un faible mais sincère défenseur de l'autorité. Autant, cependant, nous pensons qu'elle doit être ferme, inflexible quelquefois pour une faute, autant nous croyons que pour le bonheur intérieur, elle doit pardonner les manquements, les oublis et les accidents; sans cela, une crainte soupçonneuse et servile s'introduit dans l'âme des enfants; ils ploient sous le poids d'une timidité défiante et excessive; la crainte d'une involontaire culpabilité plane sur eux comme un oiseau de proie sur la couvée; plus de liberté, plus d'abandon, partant plus de joie.   M. B.

Exercices

Rendez compte de ce que vous avez lu.

Expliquez le sens des mots : foyer — parcimonieux — tentures — essaim — âtre — pétillements — salon — prétentieux — moralistes — raideur — délaissé — scintillements — fantastiques — monotonie — prestige — burin — couvée.

Que signifie : s'ébattre — avoir de la gêne — se sevrer — se bouder — donner tête baissée — la tradition ?

Quelle différence entre luxueux et luxurieux? — entre parmi et entre? — entre envier et porter envie? — entre durant et pendant? — Donnez la règle sur l'emploi des temps de l'indicatif — de l'imparfait.

Indiquez le sens du morceau et la morale qu'il renferme.

---

85. — Préparation des Aliments. — Fermentation.

La fermentation de certaines substances alimentaires en change la nature, développe des principes nouveaux et les rend propres à la digestion. Cette préparation, qui n'est autre qu'un commencement de décomposition, s'opère sous l'influence de la chaleur et de l'humidité. La matière que l'on veut y soumettre doit être placée dans un lieu chaud; si l'on veut activer cette préparation, on y ajoute un principe composé d'une certaine quantité de matière déjà arrivée à un degré assez avancé de décomposition: c'est ce qu'on appelle du *levain*, de la *présure*.

Le pain est la principale substance alimentaire à laquelle cette préparation est indispensable. Le pain bien fait, quand la fermentation a été suffisante, doit, lorsqu'on le coupe, présenter des vides, des alvéoles, des yeux, et enfin, s'il est bien cuit, la mie est molle sans être humide.

C'est avec de la farine de froment que l'on obtient le pain le plus nourrissant et le plus digestible; l'addition de farine de seigle lui donne l'avantage de se conserver frais plus longtemps et d'être d'une digestion plus lente; qualité précieuse pour nos ouvriers ruraux qui le fabriquent eux-mêmes tous les huit ou dix jours, et qui, éloignés de leur domicile, à cause de leurs travaux, ont besoin d'un aliment qui ne se digère pas promptement.

Le lait, abandonné à lui-même, et auquel on ajoute une substance fermentative que vous connaissez tous sous le nom de présure, et qui n'est autre chose que du lait ayant déjà subi un commencement de décomposition dans l'estomac d'un veau, fermente aussi et se sépare en deux parties, l'une liquide et l'autre solide; cette dernière, qui contient presque tous les principes nourrissants, est composée de ce que vous connaissez sous le nom de caillet et de crème, qui, réunis ou séparés, servent à confectionner des différentes espèces de fromages ; la crème fournit le beurre.

Lorsque les fromages sont frais et composés de caillet et de crème, ils sont agréables au goût et assez nourrissants, parce qu'ils contiennent du beurre ; mais aussi ils sont d'une digestion assez difficile, à cause des propriétés relâchantes de cette matière ; si la composition est différente, alors ils ne sont presque pas nourrissants.

Pour les conserver, on les laisse égoutter et l'on y ajoute du sel ; cette nouvelle préparation les rend plus nourrissants et d'une digestion plus facile ; en les abandonnant à eux-mêmes, dans un lieu frais, ils fermentent ; une décomposition s'opère, des principes nouveaux se produisent, et ils acquièrent des propriétés différentes ; ils deviennent âcres et irritants, d'une saveur qui excite l'appétit et facilite la digestion du pain et des autres aliments pris précédemment ; lorsqu'ils sont forts en goût, on ne les mange qu'en petite quantité ; leur abus aurait tous les inconvénients des assaisonnements âcres et irritants ; enfin, ils forment un digestif qui peut être considéré plutôt comme un assaisonnement que comme un aliment.

Chaque pays produit ses fromages, dont les qualités différentes proviennent autant de la manière de les préparer que des qualités du lait : ici, ce sont des fromages de lait pur ; là, on y ajoute des aromates ; ailleurs, on les soumet à une forte pression, et on leur fait subir un certain degré de cuisson, etc., etc. Quelle que soit la préparation à laquelle ils ont été soumis, le goût et l'odorat, en vous faisant connaître à quel point ils sont irritants, vous avertiront de la mesure dans laquelle vous devez en faire usage.   Dr DESCIEUX.

Exercices

Rendez compte de ce que vous avez lu.

Expliquez le sens des mots : fermentation — digestion — décomposition — activer — levain — présure — alvéoles — yeux — mise — digestible — ruraux — fromage — beurre — caillet — égoutter — âcres — aromates — cuisson.

Quelle différence entre digestif et digestible — fermentée et fermentative — liquide et solide.

Indiquez le sens du morceau et les conseils qu'il renferme.

---

86. — Sainte Geneviève.

Au terrible souvenir de l'invasion d'Attila, en Gaule, sous Mérovée, se rattache une pieuse légende, l'histoire de la vierge qui est devenue la patronne de Paris. Quand on connut dans la ville les abominables cruautés des Huns, les habitants ne songèrent qu'à fuir. Déjà ils entassaient leurs meubles sur des barques pour descendre le fleuve, lorsque Geneviève entreprit de les arrêter et de les sauver.

Elle était née à Nanterre, dans une famille distinguée, et n'avait point passé sa jeunesse, quoi qu'en dise une tradition populaire, du reste, très-récente, à garder les moutons. Pieusement élevée, elle se fit remarquer de bonne heure par une dévotion ardente. Saint Germain d'Auxerre, traversant son village pour se rendre en Bretagne, s'émerveilla de la foi de cette jeune fille ; il lui imposa les mains et dit à ses parents : « Ne la contrariez pas ; car, ou je me trompe bien, ou cette enfant sera grande devant Dieu. » Ces paroles de l'évêque restèrent gravées dans le cœur de Geneviève ; son caractère en devint plus réfléchi, ses habitudes plus retirées, sa vie plus dévouée aux soins des pauvres et des malades. Les parents, loin de suivre les pieux conseils du pontife, la maltraitaient ; mais rien ne put la détourner de son inflexible résolution.

A quinze ans, elle se présenta devant l'évêque de Chartres, qui lui attacha sur le front le voile des vierges, et ses parents étant morts peu de temps après, elle se réfugia près de sa marraine qui habitait Paris. Là, elle reçut une nouvelle visite de saint Germain, et dès lors entretint avec lui une correspondance toute chrétienne à l'aide des messagers qui lui apportaient, de la part de l'évêque, les *eulogies* ou fragments du pain bénit.

Bientôt l'effroi se répandit dans la ville : Attila s'avançait ; on ne parlait que des calamités qui formaient son triste cortége. Nuit et jour Geneviève implorait avec larmes la clémence du ciel et le salut de ses concitoyens. Dans l'exaltation de la prière, elle eut des visions, et crut que Dieu lui annonçait que si Paris se repentait de ses fautes, il serait épargné. Elle court alors exhorter ses compatriotes à la pénitence et leur ordonne au nom du ciel de cesser leurs préparatifs de départ. Les hommes lui répondent par des paroles grossières et des marques de dérision. Elle s'adresse alors aux femmes, les ébranle par l'ardeur de sa foi, les touche par ses reproches, et les entraîne à une église située sur l'emplacement où s'élève aujourd'hui Notre-Dame. Elles s'enferment, et toutes se mettent à prier avec ferveur.

Cependant, les hommes accourent furieux et veulent forcer les portes du temple, jurant de faire subir à leurs femmes un prompt et terrible supplice. Ils discutaient tumultueusement, quand survint un membre du clergé d'Auxerre qui fuyait l'approche de l'invasion : c'était un diacre qui plusieurs fois avait apporté à Geneviève les eulogies de saint Germain. Au nom du grand évêque, mort depuis trois ans, et dont les Parisiens vénéraient la mémoire, il les réprimande et les fait rougir de leur barbarie. « Cette fille est une sainte, s'écrie-t-il, obéissez-lui. » Les Parisiens s'apaisent, obéissent et demeurent.

Les Huns n'approchèrent point de la ville, et la tradition attribua son salut à la puissante intercession de celle que dès lors on invoqua dans tous les périls.

Elle mourut le 3 janvier 512. Paris la choisit pour sa patronne, et ses reliques sont exposées à la vénération des fidèles dans l'église qui lui était consacrée. Une neuvaine, commençant chaque année le 3 janvier, jour de la mort et de la fête de la sainte, attire toujours une foule considérable dans cette église.

***

Exercices

Rendez compte de ce que vous avez lu.

Expliquez le sens des mots : invasion — légende — barques — tradition — s'émerveiller — habitudes — messager — *eulogies* — fragments — cortége — clémence — concitoyens — visions — compatriotes — dérision — diacre — intercession — reliques — neuvaine.

Que signifie : forcer les portes — révérer la mémoire — faire rougir quelqu'un — attribuer le salut — former le cortége?

Nommez tous les pronoms, tous les participes passés avec leurs règles.

Que savez-vous sur Attila ? — De quel fleuve est-il question ?— Donnez son cours avec les villes qu'il arrose. — Qu'est-ce que Notre-Dame ?

Indiquez le sens du morceau et la morale qu'il renferme.

---

87. — Science du Ménage.

La science du ménage n'est pas seulement l'art de commander un dîner et d'en utiliser les restes : elle s'étend beaucoup plus loin. C'est l'art d'employer pour l'utilité et le bien-être de la famille toutes les ressources que la Providence nous met entre les mains.

La femme de ménage doit être laborieuse et économe pour amasser et épargner ; propre et soigneuse pour conserver ; instruite et intelligente pour utiliser toute chose ; industrieuse et active pour réparer ; ingénieuse pour embellir. L'intérieur de la maison est confié aux femmes ; il est bien juste qu'elles cherchent à acquérir les qualités qui peuvent rendre leur gouvernement prospère.

Une maîtresse de maison doit prendre garde :

1° *Que rien ne se perde.* Elle doit donc savoir tout ce

qu'elle a, faire l'inventaire de son linge à chaque lessive, exiger que tous les soirs l'argenterie qui a servi soit comptée et remise en place.

2° *Que rien ne se gâte.* Elle doit donc savoir les qualités de chaque chose, celles qui se gardent ou se détériorent facilement ; connaître, pour les provisions, la manière de les conserver, et se réserver à elle-même les préparations de celles qui exigent le plus de dépense, les confitures, les liqueurs, par exemple. Ne voit-on pas tout de suite le besoin qu'elle a de savoir faire la cuisine pour en surveiller les apprêts et en régler la dépense ?

3° *Que rien ne traîne.* Elle doit donc aller partout pour nettoyer, donner de l'air, faire des réparations urgentes, voir si l'on ne détourne rien.

Enfin, une maîtresse de maison doit veiller à *ce qu'on ne la trompe pas : par perte de temps,* quand les domestiques emploient pour elles les heures qu'elles doivent au travail de la maison, *par entente avec les fournisseurs,* qui, s'ils ne sont probes, peuvent marquer les objets plus chers qu'ils n'ont été payés. Elle doit indiquer un poids, une qualité autres que le poids et la qualité qui ont été livrés, et partager l'argent ainsi volé avec la domestique infidèle.

On vous trompe par *gourmandise,* en mangeant à la cuisine les fruits rares, les mets plus recherchés, en buvant les vins ou les liqueurs réservés à la table des maîtres. On peut même vous tromper par une charité mal entendue, en donnant aux pauvres plus que vous n'aviez fixé, ou, ce qui est moins rare, quand les domestiques donnent à leurs parents pauvres les restes de vos repas, ou même les vêtements que vous ne portez plus.

D'autres causes encore amènent la gêne. Il y a des *fuites* dans la cuisine par des apprêts trop dispendieux, par les restes qu'on ne sait ou qu'on ne veut pas utiliser, par la trop grande abondance de ce qu'on prépare, par tout ce qu'on laisse détériorer par inexpérience ou par oubli.

Il y a des *fuites* par des achats qui n'ont pas été rigoureusement marqués, qu'on a faits en temps inopportun ou qu'on n'a pas surveillés, par ceux-là surtout qui ont eu pour mobile la vanité, la fantaisie, l'entraînement. C'est un objet d'art qu'on a vu étalé dans une exposition ou dans le salon d'une amie : on veut le posséder.

C'est une toilette qu'on a entendu vanter : on veut être admirée aussi, etc.

C'est souvent un simple ustensile de ménage qui plaît par sa forme, et dont on n'a que faire cependant.

Cette femme entasse dans sa cuisine ou dans son grenier de quoi monter sept à huit ménages... Méfiez-vous de vos premières impressions pour l'achat d'un objet ; n'achetez que le lendemain l'objet dont vous avez envie, et qui n'est pas absolument nécessaire.

Il y a des *fuites* dans les comptes négligés et les petites dépenses dont on ne s'est pas soucié ; obligez-vous à marquer toutes les dépenses occasionnées par vos fantaisies, expliquez-en le détail ; vous arriverez bientôt à ne plus avoir à en écrire.

Il y a des *fuites* dans le linge qui se détériore, parce qu'on le laisse entassé, quand il est sale ; qu'on le soumet à une lessive trop chaude ou mal surveillée, ou qu'on ne le reprise pas à temps. Il y a des *fuites* dans les meubles qu'on ne fait pas réparer dès qu'ils sont abîmés et qui se trouvent ainsi bientôt hors de service ; qu'on n'a pas soin de visiter pour les garantir de la poussière, et qu'on néglige de faire revernir de temps en temps pour les tenir en bon état.

Il y a des *fuites* dans les vêtements qui sont ou trop nombreux, ou mal tenus, ou peu visités.

Réfléchissez à toutes ces *fuites*, et tâchez de les éviter.

Exercices

Rendez compte de ce que vous avez lu.

Expliquez le sens des mots : utiliser — bien-être — économe — soigneuse — industrieuse — ingénieuse — l'inventaire — linge — lessive — argenterie — détériorer — confitures — liqueurs — donner de l'air — la gêne — *fuite* — dispendieux— fantaisie.

Nommez les adjectifs avec les règles sur la formation du féminin et du pluriel, qui se trouvent dans le morceau.

Donnez la règle sur ce adjectif et ce pronom. — Cherchez dans le morceau les participes et donnez les règles.

Comment fait-on une bonne lessive ?

Nommez les confitures et les liqueurs qu'une femme de ménage peut préparer pour le bien-être de sa famille.

Indiquez le sens du morceau et la morale qu'il renferme.

88. — De la Coquetterie.

On peut briller par la parure, dit un auteur célèbre, mais on ne plaît que par la personne. Nos ajustements ne sont point nous ; souvent ils déparent à force d'être recherchés, et souvent ceux qui font le plus remarquer celle qui les porte sont ceux qu'on remarque le moins. Certes, toute jeune fille qui connaîtrait bien le prix de la simplicité, dédaignerait sans efforts les embarras et les amères jouissances de la coquetterie.

La simplicité est pour le présent une excellente habitude, et pour l'avenir une garantie d'ordre et de bonheur. La simplicité n'est pas, du reste, une ignorance niaise de ce qui peut convenir à une jeune fille pour soutenir modestement ses avantages, ou pour donner à sa toilette un relief sans faste, dans la proportion de sa fortune et de la position de ses parents. Nous la voulons, au contraire, capable d'apprécier ces différences délicates, assez large pour ne pas s'arrêter toujours au même point, assez prudente pour ne dépasser en aucun cas une certaine limite. Sous ces traits, elle nous apparaît comme une éminente qualité.

Une autre vertu la fortifie et se confond pour ainsi

dire avec elle : c'est la modestie. *Simple et modeste* sont deux mots qui se joignent d'eux-mêmes. La simplicité n'a pas un domaine aussi étendu que la modestie ; mais elle n'est, à vrai dire, que la modestie dans les soins consacrés à la tenue et à la toilette.

L'habitude de la simplicité en fait une vertu si naturelle, que la jeune fille qui la possède croirait à peine mériter un éloge ; aussi chacun se sent-il attiré vers elle par un sentiment d'estime et de prédilection. On félicite la mère assez heureuse pour avoir une fille qui, sans rien omettre de ce que réclament l'usage du monde, et même ses fantaisies quand elles ont reçu la sanction générale, conserve une sage aversion pour tout excès, pour tout abus, résiste aux tentatives de la *vanité*, aux illusions de l'inexpérience, et trouve ainsi, par une juste récompense, le secret le plus assuré pour relever les avantages de sa figure, et pour concilier à sa toilette les suffrages du bon goût.

Et si nous portons nos regards sur un avenir éloigné, si nous cherchons à présumer ce que deviendra, dans le monde nouveau du ménage, la jeune fille en qui nous observons maintenant cette qualité solide, combien de fruits ne la verrons-nous pas en recueillir !

L'amour de la simplicité chez une femme, c'est la goût de son intérieur, c'est l'habitude de l'ordre, c'est le calme de l'esprit, la conscience du devoir. Oui, mères de famille, habituez vos filles à être simples dans leur toilette, et à ne pas se préoccuper vivement de leurs avantages extérieurs ; vous les aurez fortement préparées au succès du ménage, qui tient à une réunion de qualités diverses, toutes inséparables de cette qualité vraiment essentielle : *la simplicité*, ennemie de *la coquetterie*.

A. THÉRY.

Exercices

Rendez compte de ce que vous avez lu.

Expliquez le sens des mots: coquetterie — parure — autour — ajustements — déparent — simplicité — un relief — faste — fortune — domaine — éloge — aversion — suffrages — intérieur — prédilection.

Que signifie briller par la parure?

Que signifie la particule dé placé devant un mot? — Donnez des exemples. — Conjuguez le verbe faire et donnez tous ses dérivés, Quelle différence y a-t il entre chez et près de?

Indiquez tous les adjectifs renfermés dans le morceau.

Indiquez le sens du morceau et la morale qu'il renferme.

---

89. — Le Lait.

Le lait contient de l'eau, de l'albumine, une matière sucrée, une matière grasse et des sels; il est nourrissant, et il l'est d'autant plus que l'albumine, le sucre et la matière grasse sont en plus grande proportion; c'est ce qu'il est facile d'apprécier. Quand vous abandonnez du lait à lui-même, au bout d'un certain temps il se sépare en deux parties, l'une liquide et l'autre plus épaisse, molle et plus légère, qui surnage. La première est composée d'eau, d'albumine et de sucre; la seconde est presque entièrement formée par la matière grasse que l'on retire par le battage, sous la forme de beurre.

La première partie, abandonnée plus longtemps à elle-même, se sépare en deux autres, se caille enfin: l'une est liquide, claire et limpide, c'est l'eau ou le petit-lait; l'autre, consistante et blanche, est presque entièrement composé d'albumine, et représente exactement avec le beurre la partie nutritive contenue dans le lait. Quant au sucre et aux sels, ils disparaissent dans ces transformations, ou bien se combinent en différentes proportions avec chacun des éléments.

D'ailleurs, la valeur nutritive du lait n'a pas besoin d'être démontrée; tout le monde sait que, de tous les aliments, c'est le seul qui convient aux petits êtres dont les mères ont des mamelles. Il est bien regrettable que tant d'êtres humains soient privés du lait maternel, sans motifs suffisants, tandis que tous les animaux ont cet avantage.

Chez les bêtes, il faut une lutte pour séparer le nouveau-né de sa mère ; chez l'homme, les plaisirs, les distractions suffisent seuls souvent pour la dispenser de nourrir son enfant et pour le priver de son sein. J'aime à croire que toutes les femmes s'acquittent de ce devoir si doucement récompensé par des jouissances qu'elles apprécient ; mais je sais aussi qu'il en est qui aiment mieux, pour éviter les souffrances que causent quelquefois les commencements d'allaitement, élever leurs enfants au biberon ; qu'elles sachent que l'on ne doit employer cette méthode qu'à la dernière extrémité, et qu'il vaut mieux encore avoir recours à une nourrice qu'au lait fourni par les animaux. Ce lait étranger que vous donnez à un enfant exige toujours de plus grands efforts d'estomac pour être digéré, ce qui en fait la cause d'une foule de maladies pour ces petits êtres.

Le lait fait donc partie de notre alimentation ; tel que la nature le produit, il convient à tous les âges de la vie : c'est une nourriture saine, agréable, légère et adoucissante ; mais, seul, il serait insuffisant pour développer le corps des jeunes gens et pour réparer les forces du travailleur.

Les pâtres qui en font un grand usage y joignent d'autres aliments, et d'ailleurs ils habitent les montagnes où l'air vif qu'ils respirent tempère ses effets débilitants ; aussi, dans les grandes villes où l'air est moins vif, moins pur, une alimentation basée sur le lait est-elle contraire à la santé et insuffisante.　　　Dʳ DESCIEUX.

ments — apprécier — biberon — alimentation — pâtres — débili-
tante — basée.

Que signifie : abandonné à lui-même — avoir l'avantage — la
dispenser — à la dernière extrémité — faire partie.

Indiquez les adverbes qui se trouvent dans le morceau. — Donnez la règle sur il semble — il convient.

Indiquez le sens du morceau, les conseils et la morale qu'il renferme.

---

90. — La Médisance.

On ne réfléchit pas assez aux suites d'une parole in-
considérée, qui sont souvent désastreuses et toujours ir-
réparables. On peut expier les excès de la sensualité
par la mortification et la pénitence ; les excès de la cupidité par la restitution ; les excès de la colère par des
procédés pleins de mansuétude ; mais la détraction,
comment la réparer ? On peut suivre de l'œil le navire
qui s'éloigne du rivage, l'oiseau qui fend les airs, le météore qui sillonne l'azur du firmament ; mais une parole !
qui pourra la suivre dans sa course rapide, en calculer,
en prévenir les effets ?

Vous n'avez révélé qu'à un seul, je le veux bien, le
secret qui pesait à votre vanité ; mais ce confident, ou
plutôt cette confidente qui vous aura promis le silence
du tombeau, aura bientôt, en vertu de la même promesse, d'autres confidentes qui, ne regardant plus
comme un secret ce qu'elles auront appris, en instrui-
ront les premières venues. Chacun y mettra quelque
trait envenimé de sa façon, et bientôt votre parole sera
semblable, dit saint Jacques, à une étincelle de feu, qui,
partie en différents lieux, par un vent impétueux, em-
brase les forêts et les campagnes. Ici ce sera une servante fidèle et dévouée, qui, renvoyée par des maîtres
crédules, trouvera difficilement à gagner son pain et celui de sa mère. Là, un pauvre artisan qui verra déserter
son atelier, ou un marchand qui perdra sa clientèle ;
plus loin, un jeune homme que l'on arrêtera tout court,

au moment, où, fou de bonheur, il touche au terme de ses plus chères espérances ; ou bien encore ce sera une amitié rompue, une famille plongée dans la désolation ; que sais-je ?

Ce qui n'était dans l'origine qu'une plaisanterie secrète et imprudente, qu'une simple réflexion, qu'une conjecture maligne, deviendra une affaire sérieuse, le sujet de tous les entretiens ; et voilà ce qui, pour certains esprits larges, certains nobles cœurs, rend si souvent les petites villes inhabitables.

Soyez donc charitables, et ôtez, par la sagesse de vos discours, aux ennemis de la vertu, toute occasion de blasphémer contre elle. Vous saurez corriger les faibles, bien plus par la sainteté de vos exemples que par l'aigreur de vos censures. Vous leur donnerez une leçon en vivant mieux qu'eux, bien plus qu'en parlant contre eux.

Vous ferez si bien qu'ils ne s'apercevront de votre vertu que par votre indulgence ; et l'attention charitable que vous mettrez à excuser leurs vices, les portera à les condamner plus sévèrement eux-mêmes. Par là, vous honorerez la piété aux yeux du monde, et vous mériterez que Dieu vous traite un jour comme vous aurez traité les autres, avec miséricorde.

R. P. V. MARCHAL.

Exercices

Rendez compte de ce que vous avez lu.

Expliquez le sens des mots : excès — mortification — cupidité — restitution — colère — détraction — navire — météore — confident — vent — artisan — clientèle — communauté — atelier.

Donnez les différents sens de trait — de exemple.

Donnez les synonymes de navire. — Indiquez les temps simples et les temps composés des verbes du morceau. — Donnez la règle sur peser. — Indiquez tous les participes employés sans auxiliaire. — Nommer les adjectifs qui se trouvent dans le morceau.

Indiquez le sens du morceau et la morale qu'il renferme.

91. — Souvenir d'enfance.

Depuis que je n'ai vu ton ciel, ô mon village !
Ainsi qu'un vif éclair le temps rapide a fui.
Dix ans se sont passés, mais du moins ton image
A souvent de mes jours distrait le long ennui.
Quand un furtif espoir tient mon âme indécise,
Quand le néant répond à des soins superflus,
Il me souvient alors de la petite église
Où nous allions prier le soir à l'Angélus !

A l'ombre des ormeaux, sous les yeux de nos mères,
Les heures s'écoulaient en innocents plaisirs ;
Nous ne nous formions point de trompeuses chimères,
Car nous savions limiter nos désirs.
Loin du rivage heureux où la vague se brise,
Nous n'allions point chercher des mondes inconnus...
Le nôtre finissait à la petite église
Où nous allions prier le soir à l'Angélus.

La gloire ! ! ! oh ! que ce mot a d'éclat et de charmes !
Comme il est séduisant ! mais que souvent, hélas !
Il cause de chagrins, de tourments et de larmes
A l'imprudent qui cède à ses brillants appas !...
Au banquet somptueux où la gloire est assise,
Pour autant d'appelés combien peu sont élus !...
Chacun avait sa place à la petite église
Où nous allions prier le soir à l'Angélus.

Sous ces vastes lambris où l'heureuse richesse
Étale son écrin au milieu des flatteurs,
J'ai vu des courtisans pour la moindre largesse
Se faire du veau d'or les vils adorateurs ;
J'ai vu dans ces palais, où règne la feintise,
Encenser tour à tour ce qui brillait le plus !...
Le Christ était en bois dans la petite église
Où nous allions prier le soir à l'Angélus !

Dix ans ! déjà dix ans !... durant ce long voyage,
Entraîné malgré moi, par un monde insensé,
Je me suis laissé prendre à son ardent mirage,
Et je vous ai, mon Dieu ! bien des fois offensé !
Pardonnez !... et qu'un jour votre main me conduise
A ce pauvre village où l'on croit aux vertus,
Pour que je puisse encore à la petite église
Aller prier en paix le soir à l'Angélus ! ! !

Edmond Audouit.

Exercices

Rendez compte de ce que vous avez lu.

Expliquez le sens des mots : souvenir — village — éclair — image — furtif — indécise — superflu — ormeaux — chimères — limites — rivage — vague — gloire — imprudent — appas — banquet — lambris — écrin — flatteurs — courtisans — palais — feintise — mirage — ardent.

Que signifie se laisser prendre au mirage ? — beaucoup d'appelés mais peu d'élus ? — D'où sont tirées ces paroles ? — Dites la parabole. — Que veut dire : adorateur du veau d'or ? — Citez l'origine de cette expression ? — Quelle différence entre hardi, courageux, téméraire ? — entre repas, banquet et festin ?

Donnez la règle sur pendant et durant. — Donnez la règle du participe passé des verbes pronominaux — la règle sur œil — sur ou — sur chacun — sur pas et point.

Indiquez le sens du morceau et la morale qu'il renferme.

---

92. — Le luxe.

Si nous jetons un coup d'œil sur notre France contemporaine, que voyons-nous ? D'un côté, nous voyons les campagnes se dépeuplant de toutes parts ; l'agriculture grevée d'impôts restant sans bras ; une foule de terrains restant en friche. De l'autre, nous voyons les populations affluer en masse dans les grands centres, où l'industrie offre à la cupidité et au sensualisme un appât que les champs lui refusent.

Là, des milliers de bras dont le labeur pourrait doubler les produits utiles de la France, consument leurs forces à produire des futilités superflues, que des mil-

lions de bras sont employés à distribuer par le monde,
pour mieux l'aider à se corrompre. Dans ces grandes
cités, tous les intérêts se centralisent ; toutes les mauvaises passions attisées bouillonnent sous des poitrines
habitées par des âmes démoralisées. Aussi qu'arrive-t-il,
et qu'avons-nous vu ?

Un événement, une rumeur, un rien, transmis d'un
bout du monde à l'autre sur les ailes de la foudre, vient-
il porter l'inquiétude dans l'âme des rois du commerce,
voilà que tout à coup ces bras restent inoccupés. Les
métiers se taisent, les machines s'arrêtent, les ateliers
se ferment, le crédit baisse, les écus se cachent, la vie
se fait chère. Dès lors, qu'une étincelle vienne à tomber
sur cette multitude agitée par de sourdes colères, et le
tonnerre tombant sur un amas de poudre ne sera pas
plus terrible ! Voici que tout se bouleverse ; les prudents
ferment leurs magasins, les rues se transforment en arè-
nes sanglantes, et l'édifice social ébranlé jusqu'en ses
fondements fait que les yeux paisibles se demandent si
le monde va finir !

Qui crée aux sociétés ces épouvantes ? Les causes en
sont multiples ; mais je dirai aux femmes mondaines :
Vos passions, votre luxe, votre vanité entraient pour
beaucoup dans ces fléaux, et pas plus que Pilate, vous
n'avez le droit de vous laver les mains.

Que toutes les femmes, comme la femme forte de
l'Évangile, sachent filer la laine ; que leur modestie ôte
tout espoir à la spéculation ; qu'elles mettent leur gloire
à élargir le cercle de leurs vertus, en diminuant celui de
leurs vêtements, et on verra s'accomplir la plus conso-
lante des révolutions. Les champs verront leur revenir,
pour les féconder, deux millions de travailleurs.

La vie étant moins difficile, il faudra moins de soldats
pour contenir les affamés. Les mœurs devenant plus
austères, les caractères seront moins affaissés. La luxure
n'aura plus le privilége de rendre des arrêts suprêmes

et des oracles tyranniques. La société sera mieux affermie, et Dieu nous bénira, parce que son jour sera moins profané.

R. P. V. MARCHAL.

Exercices

Rendez compte de ce que vous avez lu.

Expliquez le sens des mots : coup d'œil — France — contemporaine — dépeupler — impôts — grands centres — appât — futilités — centraliser — passions — événement — ateliers — crédit — poudre — magasins — spéculation — soldats — la bourse — oracle.

Que signifie jeter un coup d'œil? — affluer en masse? consument leurs forces? — les mauvaises passions bouillonnent? — les rois du commerce? les écus se cachent? — la vie se fait chère? — des femmes mondaines? — se laver les mains comme Pilate. Nommez les différentes organisations de la France — les diverses industries de la France et surtout celles de votre département.

Donnez la règle sur jeter — Indiquez tous les participes avec leurs règles renfermés dans le morceau. — Donnez les homonymes de chère. — Comment nommez-vous : un événement, une rumeur, un rien et donnez la règle. Quelle différence entre tout à coup et tout d'un coup.

Indiquez le sens du morceau et la morale qu'il renferme.

---

93. — Prière d'Esther.

O mon souverain roi,

Me voici donc tremblante et seule devant toi !
Mon père mille fois m'a dit dans mon enfance
Qu'avec nous tu juras une sainte alliance,
Quand, pour te faire un peuple agréable à tes yeux,
Il plut à ton amour de choisir nos aïeux ;
Même tu leur promis de ta bouche sacrée
Une postérité d'éternelle durée.
Hélas ! ce peuple ingrat a méprisé ta loi ;
La nation chérie a violé sa foi ;
Elle a répudié son époux et son père,
Pour rendre à d'autres dieux un honneur adultère ;
Maintenant elle sert sous un maître étranger.
Mais c'est peu d'être esclave, on la veut égorger ;
Nos superbes vainqueurs, insultant à nos larmes,
Imputent à leurs dieux le bonheur de leurs armes,

Et veulent, aujourd'hui, qu'un même coup mortel
Abolisse ton nom, ton peuple et ton autel.
Ainsi donc un perfide, après tant de miracles,
Pourrait anéantir la foi de tes oracles,
Ravirait aux mortels le plus cher de tes dons,
Le saint que tu promets et que nous attendons?
Non, non, ne souffre pas que ces peuples farouches,
Ivres de notre sang, ferment les seules bouches
Qui dans tout l'univers célèbrent tes bienfaits,
Et confonds tous ces dieux qui ne furent jamais.
Pour moi, que tu retiens parmi ces infidèles,
Tu sais combien je hais leurs fêtes criminelles,
Et que je mets au rang des profanations
Leur table, leurs festins et leurs libations;
Que même cette pompe où je suis condamnée,
Ce bandeau dont il faut que je paraisse ornée
Dans ces jours solennels à l'orgueil dédiés,
Seule et dans le secret je le foule à mes pieds;
Qu'à ces vains ornements je préfère la cendre,
Et n'ai de goût qu'aux pleurs que tu me vois répandre.
J'attendais le moment marqué dans ton arrêt,
Pour oser de ton peuple embrasser l'intérêt:
Ce moment est venu; ma prompte obéissance
Va d'un roi redoutable affronter la présence.
C'est pour toi que je marche: accompagne mes pas
Devant ce fier lion qui ne te connaît pas;
Commande, en me voyant, que son courroux s'apaise,
Et prête à mes discours un charme qui lui plaise;
Les orages, les vents, les cieux te sont soumis;
Tourne enfin sa fureur contre nos ennemis.

RACINE.

Exercices

Rendez compte de ce que vous avez lu.

Expliquez le sens des mots: enfance — alliance — aïeux — postérité — loi — nation — répudier — esclave — imputer — abolir—

oracle — dons — infidèles — profanations — libations — arrêt — courroux.

Que signifie : rendre honneur ? — superbe vainqueur ? — le bonheur des armes ? ivre de sang ? — préférer la cendre ? — De qui parle-t-on en disant le saint que nous attendons ? — ce fier lion ?

Qu'appelle-t-on périphrase ? — Indiquez celles qui se trouvent dans le morceau. — Quels sont les différents sens de alliance ? — Quelle différence entre chérir et aimer ? — Donnez les homonymes de cher. — Expliquez grammaticalement la phrase : cette pompe où je suis condamnée.

Indiquez le sens du morceau et la morale qu'il renferme.

---

94. — Les Domestiques.

Ne soyez jamais brusque avec les gens de service. La brusquerie provoque l'impolitesse, et ceux qui n'ont reçu que peu ou point d'éducation ne savent pas observer les nuances. L'attribut le plus ordinaire de la jeune fille est la douceur; c'est un travers que l'impatience. La qualité des personnes envers qui on se montre impatient n'y fait rien. Telle qui prendrait l'habitude de parler brusquement aux gens de service, perdrait bientôt celle d'être polie avec ses parents.

Qui méconnaît le trait de délicieuse condescendance que nous lisons dans la vie du saint évêque de Genève ?

Saint François de Sales avait un domestique qui désirait entrer dans une administration. Mais comment obtenir cet emploi? Voilà qui l'embarrassait. Si je me présente moi-même, se disait-il, pour exposer mes intentions, je m'embrouillerai; on me prendra pour un sot, et adieu mes belles espérances! Si j'écrivais une belle lettre bien réfléchie, bien tournée? Il se met donc à écrire. Tout à coup le saint prélat arrive dans la chambre, et le domestique s'empresse de cacher bien vite plume et papier. — François, dit le saint prélat, vous étiez bien absorbé? depuis si longtemps que je vous appelle et vous ne répondez pas! Mais, à propos, vous écriviez? Qu'écriviez-vous donc de si intéressant, pour que mon arrivée ici vous ai tant bouleversé?

Comme le pauvre domestique hésite à répondre, le saint évêque s'approche et jette un coup d'œil sur la fameuse lettre commencée. —Ah! je vous comprends, cher François, vous voulez vous établir? Mais ce n'est pas ainsi qu'on tourne les choses. Donnez-moi votre plume. Et le saint se met à écrire, séance tenante, une lettre qu'il remet à son domestique, en lui disant : Copiez-moi cela proprement, et je vous réponds du succès. C'est ce qui fut vrai. On trouva que le domestique ne s'exprimait pas mal, et bientôt ses vœux furent accomplis.

Voilà jusqu'où voulut bien descendre la charité d'un évêque tel que saint François de Sales, et nulle part il n'est dit que cette admirable condescendance ait été un obstacle à sa canonisation.   R. P. V. MARCHAL.

Exercices

Rendez compte de ce que vous avez lu.

Expliquez le sens des mots : brusquerie — impolitesse — éducation — travers — impatience — condescendance — évêque — administration — emploi — sot — lettre — prélat — absorbé — s'établir — domestique — charité.

Qu'est-ce que Genève? — Nommez d'autres villes de la même contrée. — Quelle différence entre un sot, un ignorant ? — Donnez les noms des dignitaires dans l'Eglise catholique? — Que signifie répondre du succès.

Quel sens indique la particule im placée au commencement d'un mot ; donnez des exemples. — Que signifie le travers, à travers, au travers ?

Indiquez le sens du morceau et la morale qu'il renferme.

---

95. — De la Politesse.

Il faut que le monde attache une bien grande importance à *la politesse*, puisqu'il applique aux personnes qui en manquent un arrêt sévère, et les déclare sans éducation. Une jeune fille *impolie* est, aux yeux de tous, une jeune fille *mal élevée*. C'est qu'en effet rien ne frappe plus vivement, rien ne saisit d'une manière plus importune que des signes extérieurs contraires à toutes les idées communes et aux conventions qui régissent la société. Manquer de politesse, c'est manquer d'égards pour les autres; c'est leur donner le droit de croire qu'on les méprise.

Les dehors semblent devoir être en harmonie avec les sentiments. Comment croire d'abord à la bienveillance, à la douceur d'une personne qui n'a ni des manières douces ni un langage bienveillant ? On se trompe quelquefois sans doute; une jeune fille sans politesse peut valoir mieux qu'elle ne semble; mais on est excusable d'en douter. Les plus belles, les plus pures qualités pourraient être méconnues, importunes même, si ceux qui les possèdent, confiants dans l'excellence du fonds, négligent la forme. Il n'est pas permis de parler sèchement en disant des choses justes, de faire du bien avec des manières blessantes. Une jeune fille surtout, qui, de bonne heure a besoin de se concilier l'opinion, et de qui l'on attend des preuves extérieures, des sentiments doux et bienveillants qu'on lui attribue, doit s'efforcer de conserver ce vernis précieux que le monde exige et qu'il a nommé *la politesse*. La vraie politesse ne consiste pas simplement dans un attachement strict aux formules cérémonieuses; elle consiste dans l'observation délicate des sentiments d'autrui, et dans les égards soigneusement accordés à ces sentiments.

Ainsi définie, elle s'allie à la bienveillance, et peut quelquefois fréquenter aussi légitimement les chaumières que les palais. La politesse est douce, ou doit être un moyen de comprimer l'esprit d'égoïsme. L'observation des petits devoirs qu'elle prescrit peut conduire à d'importantes améliorations morales, et, comprise de la sorte, elle mérite de prendre rang parmi les vertus.

Montrez-vous donc toujours polie et bienveillante. La bienveillance et la politesse sont deux vertus qui conviennent admirablement aux personnes à qui leur posi-

tion procure le rare privilége d'avoir des inférieurs.
C'est la bienveillance qui vient au secours de la fausse
honte, prête à la physionomie ce doux éclat, donne au
regard ce doux rayon sympathique, et empreint toutes
les manières de cette simplicité, de cette bonté, dont les
faibles, les ignorants et les malheureux connaissent les
charmes et l'influence bénie.

C'est la politesse qui dicte ces attentions exquises, ces
procédés délicats, ces paroles délicieuses qui rafraîchis-
sent l'âme, encouragent la timidité, gagnent la confiance, et dénouent l'un après l'autre tous les liens de
la contrainte ; c'est elle enfin qui, sans encourager la
présomption, et sans compromettre la dignité, fait dire
de celle qui s'en montre prodigue : Oh ! qu'elle est bonne!

✳✳✳

Exercices

Rendez compte de ce que vous avez lu.

Expliquez le sens des mots : monde — arrêt — importune —
conventions — les déclarer — bienveillance — méconnue — manières — vernis — strict — chaumières — palais — comprimer —
égoïsme — prodigue.

Que signifie — manquer d'égards ? — être en harmonie ? — parler sèchement ? — se concilier l'opinion ? — fréquenter les chaumières et les palais ?— prendre rang ?

Nommez les adjectifs qui se trouvent dans le morceau à partir
de : Montrez-vous doux..... — Conjuguez le verbe valoir. — Donnez les homonymes de fonds.

Indiquez le sens du morceau et les différents conseils qu'il renferme.

---

96. —La Jeune Femme et le Rossignol.

La terre se parait de fleurs et de verdure,
Et souriait au soleil du printemps ;
Tout bruissait, chantait dans la nature :
Tout était gai comme on l'est à quinze ans.
 Une femme, une jeune mère,
 Un peu frivole, un peu légère,

Se délassait, en prenant un brin d'air,
Des plaisirs du dernier hiver.
Elle écoutait, émerveillée,
Le rossignol chantant sous la feuillée,
Quand tout à coup le charme disparut :
Vainement en blanche mantille
Elle écoutait sous la verte charmille ;
Plus aucun chant ; l'oiseau se tut.
« Pourquoi ce silence ? dit-elle ;
Bon rossignol, naguère si joyeux,
Pourquoi toujours à tire-d'aile
Te vois-je maintenant voler silencieux ?
— C'est qu'une mère de famille
Ne peut pas s'amuser comme une jeune fille,
Lui dit le raisonnable oiseau ;
J'ai cinq enfants, c'est un bien lourd fardeau ;
Il faut veiller sur leur enfance,
Guider leur inexpérience,
Les réchauffer, les soigner, les nourrir,
Eh ! comment voulez-vous que je songe au plaisir ?
Je n'ai personne à mon service ;
Je dois pourvoir à tout, préparer les repas.
Chétif oiseau, je n'ai pas de nourrice,
Et j'en aurais que je n'en voudrais pas !
Quels pauvres soins que ceux d'une étrangère !
Ah ! quand on a le bonheur d'être mère,
Est-il et peut-il être un plus doux passe-temps
Que celui de soigner, de nourrir ses enfants ! »
Tout en causant, l'oiseau, plein de son rôle,
Continuait de s'occuper des siens,
Et la femme, pensive et déjà moins frivole,
Disait :—Mais si j'allais voir ce que font les miens ?

L'abbé Barthélemy de Beauregard.

Exercices.

Rendez compte de ce que vous avez lu.

Expliquez le sens des mots : rossignol — soleil — printemps — bruissait — frivole — légère — feuillée — mantille — charmille— fardeau — pourvoir — nourrice — étrangère — passe-temps — rôle.

Que signifie se parer de fleurs et de verdure? — quel est ici le sens de nature? — indiquez les autres. —Que signifie prendre un bain d'air? — à tire-d'aile? — raisonnable oiseau? — avoir à son service? — Indiquez les motifs pourquoi elle refuserait une nourrice.

Donnez les composés de prendre — la règle sur aucun.

Indiquez le sens du morceau et la morale qu'il renferme.

---

97. — La Bonté

La jeune fille qui est *bonne* n'ajoute pas seulement une grâce de plus à ses grâces naturelles, elle se donne celle qui, seule, conserve et fait aimer toutes les autres; elle attire vers elle la sympathie de tous, parce qu'elle est douce et obligeante envers tous; elle éprouve cette joie pure et intime que donne la conscience d'avoir plu, et d'avoir mérité de plaire. On pourrait presque lui adresser ces beaux vers d'une tragédie de Racine.

> Quel plaisir de penser et de dire en vous-même,
> Partout, en ce moment, on me bénit, on m'aime !
> Je vois voler partout les cœurs à mon passage!

Tel est, en effet, le privilége, telles sont les jouissances de la *bonté*. La jeune fille sera compatissante envers les pauvres et les malheureux, bonne avec les domestiques de la maison ; elle n'oubliera jamais que rien n'est plus naturel et plus touchant qu'une jeune fille douce et bonne : ce devront être un jour les vertus de la femme. Enfant, elle a besoin de s'y préparer, de les pratiquer, déjà dans la mesure que permet son âge. Quand le temps sera venu, combien il sera facile à celle qui aura été bonne dans son adolescence de remplir des devoirs résumés dans ces deux seul mots : *Aimer et se dévouer* ! La dureté serait un défaut inconnu dans l'éducation des jeunes filles, si toutes pouvaient deviner combien un jour la bonté leur assurera d'influence et de bonheur.

C'est le cœur qui leur indiquera que tous leurs trésors de bonté doivent être prodigués aux personnes qui leur sont chères. Un instant de causerie en tête à tête avec elles-mêmes leur révélera des secrets bien précieux : par exemple, il leur dira que leurs frères, leurs sœurs, réclament toute leur tendresse, et que cette tendresse ne doit pas être renfermée dans leur âme pour n'en sortir qu'aux grands jours des émotions exceptionnelles, mais qu'elle doit se manifester par des preuves permanentes d'affection. Or, quelles pourraient être ces preuves, sinon une douceur inaltérable, des manières polies et gracieuses, de l'empressement à renoncer à leur opinion, à leurs désirs, pour les plier joyeusement à leur propre volonté ? La vie doit être un perpétuel sacrifice de soi à autrui. Si elles veulent que cette abnégation à laquelle elles ne pourront d'ailleurs se dérober soit utile et profitable, qu'elles n'attendent pas qu'elles leur soit imposée par la force des choses, qu'elles les acceptent sans contrainte et avec une pieuse joie ; qu'elles aillent au-devant de ses exigences. Donner à ses manières une forme aimable, c'est assurément de la *bonté* du meilleur aloi.

Ce sentiment généreux devient la source de toutes les qualités qui distinguent les jeunes filles bien élevées ; c'est lui qui les rend ingénieuses à pressentir ce qui peut être favorable au prochain, et ce qu'il convient d'éviter pour ne pas lui causer du déplaisir ; c'est lui qui leur inspire, selon les circonstances, les paroles douces et affectueuses, fortes et persuasives, tendres et compatissantes, qui ont la vertu merveilleuse de relever les courages abattus, de calmer les douleurs de l'âme, et de guérir les blessures du cœur.

C'est un sentiment intérieur qui rejaillit dans toute leur conduite, qui se reflète sur tout leur visage, qui règle tous leurs mouvements; c'est lui qui inspire la confiance et fait naître la sympathie; c'est lui, en un mot, qui distingue les femmes aimables de celles qui ne le sont pas.   ****

Exercices

Rendez compte de ce que vous avez lu.

Expliquez le sens des mots : grâce — sympathie — obligeante — privilége — compatissante — adolescence — deviner — exceptionnelles — permanente — abnégations — contrainte — rejaillir — se refléter.

Que signifie se manifester?— du meilleur aloi?— voir voler les cœurs?— Qu'entendez-vous par des vers? — par la prose?— Qu'est-ce qu'une tragédie? — une comédie? — Nommez quelques auteurs qui ont écrit dans chacun de ces genres.

Rendez compte du sens du morceau et des conseils qu'il renferme.

98.— La Femme et le Malheur.

A vous de soulager le pauvre, à vous de secourir l'orphelin. Ces belles paroles que le prophète adressait à Dieu, une femme vraiment généreuse doit les revendiquer pour elle-même, et se considérer comme investie par le Très-Haut d'une mission sublime; celle qui consiste à se faire le gracieux intermédiaire de sa Providence, et l'incarnation vivante de sa miséricorde, en soulageant l'infortune et en consolant la douleur. En la prédestinant à ce labeur, Dieu a mis à son service trois choses que l'homme n'a point comme elle: je veux dire l'amour, le temps et la délicatesse.

Comme certaines fleurs ou comme certains vases fragiles, il est des douleurs et des infirmités qui demandent à n'être touchées qu'avec une exquise douceur, et la femme seule possède le secret de cette délicatesse. Seule, elle a le privilége de savoir tout manier sans rien briser; de prévoir ce qu'on n'aurait pas même désiré; de deviner et d'offrir ce qu'on n'ose demander ; de réjouir sans qu'on s'aperçoive même qu'elle veut consoler ; de guérir toutes les blessures, sans qu'on ait le temps de soupçonner le baume qu'elle y met. C'est pour rendre hommage à ce magique privilége que l'Esprit-Saint a dit : Malheur à l'infirme qui n'a que des cœurs d'hommes, et des mains d'hommes, autour de ses douleurs !

La femme charitable perpétuera le Sauveur, selon la mesure de ses forces, dans sa mission conciliatrice ; elle réconciliera le pauvre avec le riche, en ôtant tout prétexte à ses colères par le respect et l'affection qu'elle lui témoigne. La charité est belle en quiconque l'accomplit. Elle est belle dans l'homme mûr qui retranche une heure à ses propres affaires pour la donner aux affaires de la souffrance ; elle est belle dans le pauvre qui sait trouver encore un denier pour un plus pauvre que lui ; elle est belle dans le jeune homme qui dérobe un instant à ses plaisirs pour sécher une larme. Mais elle est belle surtout dans la femme qui s'éloigne un moment du bonheur d'être aimée, pour porter un peu d'amour à ceux qui n'en connaissent plus que le nom !

Savez-vous ce que se dit le pauvre en vous voyant venir ? Lorsque la femme du pauvre vous voit ouvrir la porte de sa mansarde, respirer l'odeur de son réduit et la saluer avec un sourire qui lui apporte l'espérance, à l'aspect de ce visage si digne et si doux de la femme de charité, en voyant ces lèvres d'où descend la consolation, ces mains où brille l'aumône, ce regard qui dit : je t'aime et je te plains, la pauvre femme se dit dans son cœur ému et ravi : Non, Dieu ne m'a point délaissée, puisqu'il m'envoie un ange pour me visiter dans ma détresse ; un ange qui pour moi a quitté le paradis de la famille, et s'éloigne des fêtes auxquelles le monde le convie ; un ange qui, pour moi, sait affronter l'hiver, mouiller ses pieds habitués à fouler la laine et la soie cette robe dont il ne s'est revêtu que pour mieux m'honorer dans mon abaissement.

Ainsi, la pauvre mère se console ; elle sent son âme qui reprend sa dignité, en voyant les sacrifices qu'impose à d'autres cœurs que le sien l'amour dont elle se voit l'objet ; elle cesse de maudire celles qu'elle ne haïssait que faute de les connaître, et se sent plus disposée à aimer Dieu, en bénissant, dans celle qui la secourt, la messagère de son intarissable charité. Heureux les riches qui savent ainsi comprendre leur belle mission et la remplir !

R. P. V. MARCHAL.

Exercices

Rendez compte de ce que vous avez lu.

Expliquez le sens des mots : pauvre — orphelin — prophète — généreux — revendiquer — investie — mission — intermédiaire — labeur — infirmités — secret — baume — mansarde — réduit — détresse — convier.

Donnez la règle sur même — sur le verbe soulager — sur certains — sur il est des douleurs — sur on — sur la préposition de entre deux substantifs — sur a délaissée — sur le verbe haïr — sur son, sa — sur beau et bel.

Nommez les homonymes de mûr — Indiquez dans le morceau les noms dont on désigne Dieu. — Quelle différence entre privilège et avantage ? — Quelle différence entre déchirer, rompre, casser, briser ? — Que signifie sécher une larme ? — Que signifie la porte, la Porte, les portes de l'enfer ? — Que signifie fouler la laine et la soie ? — Quelle différence entre honorer, vénérer, adorer ?

Indiquez le sens du morceau et la morale qu'il renferme.

---

99. — Le Rhume.

L'action directe d'un air froid, d'un air imprégné de gaz irritants, enflamme la membrane qui tapisse intérieurement les voies aériennes et occasionne ce que nous appelons *un rhume*. Ces causes n'agissent guère que sur le commencement de ce conduit, sur les fosses nasales et le larynx ; le plus ordinairement cette affection est due à l'action du froid sur la peau, principalement lorsque le corps est en sueur ; ce froid arrête la transpiration en crispant les vaisseaux ; la sueur ne rentre pas comme on le dit, mais le sang est repoussé et afflue vers cette membrane intérieure, qui se gonfle et devient malade.

Certaines organisations très-susceptibles sont disposées à ces sortes de rhumes : ce sont celles dont la peau est fine et délicate, qui, comme les femmes et les ouvriers de plusieurs professions spéciales, ont quelques parties du corps alternativement couvertes et découvertes.

Tout le monde le sait aussi combien de rhumes proviennent du refroidissement sur le corps du linge imbibé de sueur. Dans son état normal, la membrane qui tapisse les conduits par lesquels la respiration s'opère est humectée par un liquide qui sort de sa surface ; c'est une sueur interne presque insensible qui s'évapore et sort de nos poumons ; l'humidité de ces parties entretient leur souplesse et facilite les fonctions qu'elles sont destinées à remplir. Lorsqu'elles sont malades, le liquide qu'elles fournissent se trouve arrêté pendant quelque temps ; mais bientôt il augmente de quantité et prend une consistance telle qu'il ne peut plus être évaporé ; il reste dans les conduits et gêne la respiration ; le malaise qui en résulte provoque alors, à notre insu et dans l'intérêt de notre conservation, une convulsion des muscles, qui détermine ou la toux, quand l'affection a son siége dans les parties aériennes que l'on appelle larynx, trachée et bronches, ou l'éternuement, lorsque l'affection occupe les fosses nasales ; cette convulsion se répète chaque fois qu'il se trouve un liquide épais dans les conduits et jusqu'à ce qu'il soit expulsé par l'expectoration ou l'éternuement.

Les dangers des rhumes prolongés ou répétés sont bien connus. On sait qu'un rhume, mal soigné au début, dégénère quelquefois en fluxion de poitrine, dont le caractère et le danger sont beaucoup plus graves. Il y a donc nécessité d'éloigner toutes les causes qui peuvent occasionner un rhume, et, lorsqu'on n'a pu l'éviter, de bien le soigner dès le début.

Tant que cette indisposition n'ôte pas l'appétit et ne diminue pas les forces, on continue avec raison son travail; on serait blâmable et blâmé si l'on s'arrêtait pour si peu. Une si légère indisposition se calme en évitant les refroidissements, en mangeant un peu moins et en attirant la transpiration à la peau pendant la nuit au moyen d'une boisson chaude prise le soir, et par une ou deux couvertures de laine. Si, cependant, l'affection augmentait, si elle se compliquait d'un malaise général, de lassitude dans les membres, de maux de tête, d'altération, il faudrait alors garder la chambre et faire diète. C'est une fluxion de poitrine qui commence; si les symptômes caractéristiques : points de côté, sang dans les crachats et oppression se manifestent, il faut d'urgence appeler le médecin.

Pour prévenir de si graves maladies, tout rhume accompagné de fièvre doit déterminer le malade à rester au lit pour y transpirer. Il boira la tisane qu'il voudra, pourvu qu'elle soit douce et chaude; il fera diète ou il ne prendra que du bouillon ou des soupes légères; deux ou trois jours de ces soins suffiront pour convertir un rhume complet en un rhume léger, qui permet à l'homme de reprendre ses occupations, mais, toutefois, avec certaines précautions et certains ménagements. Si, au bout de ce temps, la fièvre continue, n'hésitez pas alors à consulter le médecin.   Dr DESCIEUX.

Exercices.

Rendez compte de ce que vous avez lu.

Expliquez le sens des mots : rhume — imprégné — gaz — membrane — tapisse — aériennes — fosses nasales — larynx — affection — crispant — transpiration — vaisseaux — imbibé — humecté — poumons — respiration — malaise — convulsion — trachée — bronches — point de côté.

Donnez les différentes sortes de verbes du morceau. — Donnez les règles des participes qui se trouvent dans le sujet.

Indiquez le sens du morceau et les conseils qu'il renferme.

---

100. — L'Estomac.

Le principal organe de la digestion est situé à la partie supérieure du ventre : c'est une espèce de poche qu'on appelle *estomac*. Avant d'y arriver, les substances alimentaires dont nous faisons usage, souvent trop dures et trop coriaces pour être digérées facilement (car nous n'avons pas sous ce rapport le privilége des oiseaux et des volailles de nos basses-cours, dont l'estomac peut broyer les grains les plus durs), sont coupées, déchirées et broyées par nos dents. Pendant que ce travail si indispensable, que l'on appelle la mastication, s'opère, il s'écoule, des glandes placées dans le voisinage de la bouche, un liquide, *la salive*, qui se mêle aux aliments et les imbibe ; il résulte de cette double action une pâte qui franchit le gosier, descend dans un conduit traversant la poitrine et arrive dans l'estomac. Là, les aliments s'accumulent pendant le repas et y séjournent plus ou moins longtemps, selon leur nature, pour y subir une seconde opération.

Cette nouvelle opération est bien importante : c'est la *digestion* proprement dite. La nourriture profite plus ou moins, selon que l'estomac digère bien ou mal.

Après le repas, l'estomac s'étant rempli, il sort de petites glandes placées dans ses parois un liquide qui pénètre les aliments et qui a la propriété de faciliter leur dissolution ; cette action est favorisée par le pouvoir qu'a l'estomac de se resserrer et de comprimer ce qu'il contient ; par les secousses et les ballottements provenant de la respiration et de chaque mouvement qu'exécute notre corps, il résulte de toutes ces causes que les matières alimentaires, quand rien ne vient troubler ce travail, sont converties en une substance homogène, c'est-à-dire que les aliments bien digérés ont perdu leur consistance, leur couleur, et ne forment plus qu'une pâte molle à laquelle on donne le nom de *chyme*. Arrivé à ce degré de préparation, ce chyme sort de l'estomac par une ouverture que l'on appelle le *pylore*; il est versé dans les intestins; à son entrée dans cette partie du tube digestif, la matière alimentaire est encore mêlée à deux liquides : celui qui provient du foie, et que vous connaissez de nom, c'est la *bile;* l'autre, qui ressemble à de la salive, s'appelle *fluide pancréatique.* Ces deux liquides sont encore nécessaires pour dissoudre et rendre assimilables, comme l'on dit, certains aliments.

Tous ces mélanges, toutes ces combinaisons qui se passent dans la première partie de cette portion du canal digestif, que l'on appelle *intestins grêles*, ont pour résultat de perfectionner la matière nourrissante : c'est, pour rendre ma pensée plus claire, un compost qui contient tout ce qui est nécessaire pour nourrir le corps et qui est prêt à être employé.

Cette composition descend dans ce conduit, parcourt son étendue, qui a chez l'homme dix-sept à dix-huit fois la hauteur de son corps, et, dans ce passage, elle rencontre de petits orifices, de petits suçoirs qui en saisissent toute la partie nourrissante, qui est alors à l'état liquide, d'une teinte blanchâtre et se nomme *chyle*. L'un est disposé le long des intestins, pour que la plus grande partie du liquide nourrissant soit absorbée; de sorte qu'il ne reste que le résidu de la matière alimentaire, qui prend le nom de matière *excrémentielle*, et vient s'amasser dans un sac susceptible de se dilater, qui termine les intestins, d'où elle est expulsée par un effort volontaire, quand il est rempli.   Dr DESCIEUX.

Exercices

Rendez compte de ce que vous avez lu.

Expliquez le sens des mots : organe — digestion — estomac —

alimentaires — coriace — dents — mastication — glandes — salive
— digestion — parois — ballottements — homogène — chyme —
pylore — intestins — foie — bile — fluide pancréatique — assimilables — compost — orifices — sucoirs — chyle.

Donnez la règle sur on et l'on — sur dont et d'où — sur si et
aussi — sur près de et prêt à — sur l'emploi de des et de en s'appliquant aux passages du morceau.

Indiquez le sens du morceau et les conséquences qu'on peut en
tirer.

---

101. — De la Fabrication des rubans.

Quoique l'on ne sache pas d'une manière bien précise
à quelle époque remonte la fabrication des rubans,
il est certain que leur usage a trouvé place dès la plus
haute antiquité. On les voit retenir les sandales des
dieux égyptiens et la mitre des Pharaons ceindre le
front des pontifes hébreux, se mêler aux tresses de la
chevelure des femmes juives, et orner la chaussure
des Juifs, des Grecs et des Romains.

Sous Louis XIV et sous Louis XV, on fabriqua de
magnifiques rubans brodés d'or et d'argent, fort en
vogue à cette époque. Aujourd'hui la consommation
qui se fait des rubans chez les fabricants, atteste du
haut degré dont ils jouissent.

La rubannerie de soie fut primitivement établie à
Lyon, puis transportée à Saint-Étienne et à Saint-
Chamond ; vers le milieu du seizième siècle, on con-
struisit dans cette dernière ville des moulins à soie,
lesquels se répandirent bientôt dans tout le Midi, où
déjà la culture du mûrier faisait de rapides progrès. En
1605, la ville de Saint-Étienne avait pris un grand
développement dans la fabrique de la rubanerie.
La révocation de l'édit de Nantes transporta cette
industrie en Angleterre, puis à Bâle. En 1786, la rubanerie française, et principalement celle de Saint-Étienne,
approvisionnait l'Europe et les colonies de toutes les
nations ; mais cette branche de commerce se ressentit,

comme toutes les autres, des perturbations de 1793, et ce ne fut qu'en 1800 qu'elle se releva avec une activité remarquable. A cette époque, les seuls ouvriers rubaniers de Saint-Étienne étaient au nombre de vingt-cinq mille.

Il y a environ deux siècles, l'on ne connaissait encore, pour la fabrication des rubans, que les métiers à haute lisse à une seule pièce. Aujourd'hui, il y a des métiers à haute et basse lisse, des métiers à la Jacquard, à la Vaucanson, des métiers à la barre, qui font à la fois dix, douze, vingt-cinq, et jusqu'à trente-six rubans, ce qui permet à un seul ouvrier d'accomplir l'ouvrage de vingt. Chacun de ces métiers confectionne différents genres de rubans.

Rien n'est plus curieux que la vue d'une de ces fabriques de rubans à Saint-Étienne. Dans une vaste salle, sont percées à droite et à gauche une multitude de fenêtres. Dans l'embrasure de chacune d'elles est un métier, machine lourde, compliquée, couverte de fer et de soie. Lorsque le métier est au repos, *la chaîne* du ruban semble descendre du plafond en long réseau transparent, nuancé comme l'arc-en-ciel. Douze chaînes, souvent davantage, sont tendues sur le même métier et apparaissent à l'œil surpris comme douze colonnes lumineuses.

Un petit fil de soie se croise et s'entrelace avec les fils de la chaîne sur le devant du métier, c'est ce que l'on appelle *la trame*. Lorsque le métier marche, il fait un bruit ressemblant assez à celui du marteau sur l'enclume, bruit régulier, monotone, qui est tellement assourdissant, lorsque vingt métiers sont en mouvement, que l'on se demande comment des appareils si formidables peuvent créer d'aussi délicats, d'aussi charmants colifichets. Les ouvriers accompagnent souvent le bruit du métier par quelques refrains dont la mesure est à l'unisson.

Au premier mouvement que fait l'ouvrier, les rouages s'agitent, tournent, la trame passe et repasse; bientôt, sur le fond de ce léger tissu, apparaissent, comme sous la baguette d'une fée, les dessins les plus gracieux. La tige s'élance de l'arbre, verte, fraîche, ainsi qu'on la voit au printemps, les feuilles s'échappent des rameaux, les boutons de fleurs éclosent et s'épanouissent, et, comme le pinceau du peintre habile, les couleurs viennent se fondre et s'harmoniser dans des teintes douces et vaporeuses. Chaque coup de barre allonge le ruban de l'épaisseur d'un fil. Et pourtant, à la fin de la journée, un seul métier a fabriqué plus de ruban qu'il ne s'en chiffonne dans un bal parisien des plus brillants, pendant une soirée d'hiver.

Lorsqu'un fil de soie vient à rompre, l'ouvrier s'en aperçoit à l'instant, et le métier s'arrête subitement. Il renoue avec une habileté inconcevable ce fil invisible, pour ainsi dire impalpable, et l'œuvre continue.

Jusqu'en 1817, les rubans de soie n'avaient pas été teints, en pièce, mais tissés avec des soies ayant déjà subi la teinture. A cette époque, fut monté à Saint-Chamond une nouvelle fabrication de rubans et d'autres tissus de soie, en deux *ouvraisons*, dans laquelle la teinture fut donnée après le premier et avant le dernier travail. Ce genre de tissus jouit aujourd'hui d'une grande vogue, qu'il doit surtout à l'emploi du système Jacquard.

La soie subit diverses fabrications avant de passer à la préparation des rubans, comme le tordage, la teinture, l'ourdissage, le dévidage; puis, en sortant des mains du passementier, le ruban passe encore chez la découpeuse, l'émoucheteuse, le gaufreur, le moireur.

Ce sont les femmes qui sont plus spécialement chargées de la préparation des soies et des perfectionnements des rubans. Voici à peu près comment sont classées les travailleuses : d'abord la plieuse, l'ourdissouse, la dévi-

deuse, l'émoucheteuse; puis la caneteuse qui tient le
dernier rang parmi toutes ces professions.   E. B.

Exercices.

Rendez compte de ce que vous avez lu.

Expliquez le sens des mots : antiquité — sandales — mitre —
pontifes — mûrier — colonies — perturbations — embrasure —
compliquée — chaîne — réseau — arc-en-ciel — lumineuses —
trame — monotone — assourdissant — colifichets — refrain —
fée — harmoniser — vaporeuses — impalpable — tordage—l'ourdissage — dévidage — passementier — émoucheteuse — gaufreur
— moireur — caneteuse.

Que signifie être en vogue?— jouir de la faveur?— Indiquez où
se trouvent les villes citées dans le morceau. — Donnez les colonies de la France. — Racontez la révocation de l'édit de Nantes.
—Que savez-vous sur Jacquard— sur Vaucanson?

Indiquez le sens du morceau et les réflexions qu'il vous a fournies.

---

102. — Les Morts.

J'étais au cimetière, et j'y rêvais un soir,
Regardant les tombeaux et les croix en bois noir,
Et tous les noms gravés, noms de cendres humaines!
Je marchais au milieu de deux files de morts,
Songeant que je sentais, seule entre tous ces corps,
Un cœur dans la poitrine et du sang dans les veines.

Je me disais : « Chacun a sous ces tertres verts
Quelque front qu'il baisait, et que rongent les vers,
Une perle, une fleur, qui parait sa demeure.
Quels yeux n'ont à leur tour versé des pleurs d'adieu?
Nous ne savons pas tous comme on rit ; mais, grand Dieu!
Nous savons bien tous comme on pleure!

C'est donc ici que vont les trésors des maisons :
Le père aux cheveux blancs, l'enfant aux cheveux blonds,
La jeune fille, belle et rose encor la veille!
Nous avons tous quelqu'un qui manque sous nos toits,
Un visage qui manque à nos yeux, une voix
Qui nous vibrait au cœur et manque à notre oreille.

« Que deviennent ces morts ? m'écriai-je ; beau ciel,
S'en vont-ils voir Jésus, Marie et Gabriel ?
Ont-ils l'habit de lin avec la pelisse verte ?
Sont-ils dans des cités de vapeurs et de feu ?
Montrez-moi ces cités !... Saints des Saints, Seigneur Dieu,
     Laissez-en la porte entr'ouverte ! »

. . . .

Mais la nuit était belle à ravir des poëtes,
Et ce n'était là-haut que brillants et paillettes ;
Mille étoiles luisaient, et, prophètes des cieux,
Annonçaient l'âme et Dieu dans leur langue de feux,
Et moi je regardais la nuit diamantée,

Et mes pleurs se séchaient, une voix enchantée
Chantait un hymne en moi qui montait au Seigneur.
Je dis : « Étoiles d'or, merci ! c'est du bonheur ;
» Je vous crois ; iriez-vous nous bercer de vains songes,
» Au chaste front du ciel écrire des mensonges ?

» Oh ! pour croire, faut-il voir la cité de Dieu,
» Voir les blonds séraphins à votre horizon bleu,
» Voir les mille échelons de l'échelle de flamme,
» Compter les saints, toucher de ses deux mains son âme,
» Et voir un Dieu de chair dans un ciel transparent ?
» J'en crois mon cœur, j'en crois la pensée, ô Dieu grand,
» Que tu plaças dans l'homme, et fis à ta mesure,
» Afin qu'à ton ouvrage on vît ta signature. »

. . . .

Et la voix de la foi me parlait dans le cœur,
La voix qui dit espoir, la voix qui dit bonheur.
« Mais où sont donc les morts ? » dis-je sans épouvante.
Jérusalem céleste, ô ville éblouissante,
Ma pensée aussitôt le vit aux cieux vermeils
Et j'allai voyager au pays des soleils.

Mme ANAÏS SÉGALAS.

Exercices

Rendez compte de ce que vous avez lu.

Expliquez le sens des mots : cimetière — croix — files — sang — veines — tertre — vers — perle — fleur — demeure — toits — vibrait — palme — cités — paillettes — brillants — prophètes — horizon.

Que signifie trésors des maisons? — langues de feux? — sous nos toits? — à ravir des poëtes? — nuit diamantée? — Que savez-vous sur pleurs?

Dites la règle sur hymen — les homonymes de vers. — Que savez-vous sur le tréma? — Dites les règles sur l'apostrophe.

Indiquez le sens du morceau et la morale qu'il renferme.

---

103. — Préparation des aliments — Assaisonnement.

La préparation des aliments n'a pas pour but seulement de flatter l'organe du goût : c'est une nécessité due à la délicatesse des autres organisations, délicatesse originelle, ou du moins acquise ; mais, en lui faisant aussi une loi de tout perfectionner pour l'approprier à ses besoins, la Providence a donné à l'homme l'intelligence qui lui en fournit les moyens.

L'assaisonnement consiste à ajouter aux aliments des substances qui les modifient de manière à en faciliter la digestion ; ces assaisonnements sont excitants ou adoucissants, selon qu'il est besoin de suppléer à l'insuffisance de la saveur naturelle des aliments, ou d'en atténuer la nature trop irritante ou astringente pour la délicatesse de notre estomac ; d'autres servent à ramollir les matières alimentaires. Parmi les excitants, le sel tient la première place ; il est le plus utile et le plus employé ; sa saveur styptique et mordante indique sa propriété ; mêlé à nos aliments, il les rend agréables au goût et stimule notre appétit ; arrivé dans l'estomac, son action augmente l'activité de cet organe, et, par suite, la sécrétion du suc digestif et ses contractions ; la digestion devient plus prompte, plus complète et plus profitable.

Après le sel, le vinaigre, dont l'emploi est très-répandu, a les mêmes propriétés; mêlé aux aliments fades et mucilagineux, il les rend plus rapides et favorise aussi leur digestion; mais l'abus du vinaigre a encore plus d'inconvénients que celui du sel; aussi combien de maladies excessivement graves le médecin n'est-il pas appelé à soigner chez les jeunes personnes qui en boivent pour se faire maigrir? Presque toujours elles dépassent le but qu'elles veulent atteindre, et finissent par succomber.

A la rigueur, le sel et le vinaigre pourraient suffire comme assaisonnement des aliments fades et dénués de force, mais nous avons l'usage d'en employer d'autres qui agissent de la même manière.

Le poivre, les épices, le persil, le cerfeuil, l'ail, la ciboule, l'oignon, l'estragon, la moutarde, etc., entrent journellement dans la composition des mets dont nous nous nourrissons; ils sont tous stimulants, mais à des degrés différents, et ils agissent sur l'organe du goût et sur l'estomac de manière à exciter l'appétit et à favoriser la digestion.

Prises dans les proportions convenables, ces substances ont la même utilité que le sel et le vinaigre; malheureusent l'abus que l'on en fait dépasse nos forces digestives et nos besoins réels, et finit par déterminer des maladies d'estomac qui compromettent la santé et la vie. L'usage inintelligent de ces condiments paraît, au contraire, indispensable dans certaines contrées où la température trop élevée affaiblit tous les organes.

Le sucre, ce principe que la nature a placé dans presque toutes les substances destinées à notre nourriture, sert quelquefois à la préparation de nos aliments; l convient de le mêler aux fruits trop acides pour les rendre plus agréables et moins irritants pour l'estomac; en y oignant la coction, il en fournit la conservation; c'est avec lui que l'on fait les gelées, les confitures et toutes les conserves : si elles n'ont pas une grande valeur nutritive, elles servent au moins à varier nos mets, ce qui n'a pas d'inconvénients pour la santé. Le sucre se joint encore à la farine, au lait, au beurre, aux œufs, et contribue à la confection des gâteaux et des crèmes.

Si quelques-unes de ces compositions sont d'une digestion difficile, elles ne le doivent pas à la présence du sucre ; car il est par lui-même très-facile à digérer, et il n'a pas, comme on l'a dit, l'inconvénient d'altérer les dents et d'échauffer. Le sucre, base de tous les produits des confiseurs, ne mérite pas d'être considéré comme aliment, et dans ces compositions si variées, il est souvent associé à des substances qui le rendent plus agréable, mais dont l'usage immodéré peut occasionner des accidents. Les matières employées pour le colorer de différentes nuances sont quelquefois aussi âcres, irritantes et vénéneuses, et, quoique la police surveille cette fabrication, nous ne devons néanmoins manger certains bonbons qu'avec une grande circonspection.

Les corps gras, tels que le beurre, l'huile et la graisse, si employés dans la cuisine, ramollissent le tissu des substances alimentaires et le rendent plus tendre, plus facile à digérer: la combinaison de ces corps avec les aliments en corrige l'aridité ou l'âpreté ; elle leur donne une saveur douce et une propriété relâchante pour l'estomac. La trop grande quantité de ces substances peut rendre leur digestion difficile et laborieuse; mais on prévient cet inconvénient en y joignant un autre assaisonnement excitant.   Dʳ DESCIEUX.

Exercices ·

Rendez compte de ce que vous avez lu.

Expliquez le sens des mots ; assaisonnement— excitants— adoucissants — saveur— astringente — sel — styptique — sécrétion — vinaigre — fades — mucilagineux — sapides — poivre — épices — persil — cerfeuil — ail — ciboule — oignon — estragon — moutarde — coction — [vénéneuses — beurre — huile — graisse — digestion laborieuse.

Donnez la règle sur tout. — Citez les pléonasmes qui sont dans le morceau ainsi que les ellipses. — Donnez la règle sur les adverbes de quantité qui se trouvent dans le morceau.

Indiquez le sens du morceau et les conseils qu'il renferme.

104. — L'Araignée.

Je viens défendre la cause d'un animal qui, j'en suis sûr d'avance, n'occupe pas une grande place dans vos sympathies, et pour lequel vous éprouvez, au contraire, une aversion et un dégoût profonds. Vous avez déjà deviné que je veux parler de l'araignée. Si l'on vous demandait les causes de cette aversion, de ce dégoût, vous répondriez bien vite que l'araignée est sale, velue, méchante et venimeuse ; peut-être même nous rapporteriez-vous quelqu'une de ces histoires terribles que vous avez entendu raconter à votre nourrice ou à votre bonne lorsque vous étiez enfant : celle du maréchal de Saxe, par exemple. Mais rassurez-vous : l'araignée n'est pas un vampire ; elle ne suce le sang de personne, si ce n'est celui des mouches et des moucherons dont elle fait sa nourriture.

L'araignée est laide, j'en conviens ; elle n'a ni les formes élégantes de la libellule, ni les brillantes couleurs du papillon ; mais elle n'est ni plus sale, ni plus velue, ni plus méchante que des animaux auxquels vous prodiguez tous les jours vos caresses.

Votre chat est bien autrement velu, griffu et méchant que l'araignée. L'araignée ne tue que par nécessité, pour vivre ; mais laissez ouverte un instant la cage de vos oiseaux, et vous verrez ce qu'en fera votre chat, non par faim, par nécessité, car il est bien nourri, mais purement par instinct sanguinaire, par plaisir.

L'araignée est laide ; sa tête incrustée dans la poitrine, ses formes ramassées et circulaires, avec ses huit longues pattes autour du corps, et surtout son énorme ventre, qu'elle semble avoir peine à porter, lui donnent un air

étrange et peu engageant. Mais elle a des qualités plus
solides que la beauté ; elle est industrieuse et laborieuse.
Son gros ventre ne dénote pas chez elle la gourmandise
et la gloutonnerie ; non, c'est son magasin, son atelier :
il renferme les matériaux du fil nécessaire à la fabrication de sa toile, de cette toile indispensable à son existence ; car, sans elle, elle ne mangerait pas, et comme
elle tire le fil de sa propre substance, il faut qu'elle
mange pour en renouveler les matériaux ; pour elle, pas
de chômage possible : pour manger, il faut filer, et pour
filer, il faut manger. Elle le sait, la pauvre bête ; aussi
est-elle toujours aux aguets pour saisir la proie qui
s'empêtre dans ses filets. La prudence et la patience
sont ses qualités dominantes, et elle a besoin de les tenir
en éveil ; car, outre la faim qui la menace sans cesse,
c'est l'hirondelle pendant le jour, la chauve-souris pendant la nuit qui la recherchent comme une friandise.

Les araignées ont-elles un venin ? oui, elles en possèdent un, mais qui n'a d'action que sur les petits animaux qu'elles attaquent. Une mouche piquée par une
araignée plus petite qu'elle périt en quelques instants ;
mais un homme piqué par une araignée, quelque grosse
qu'elle soit, n'en éprouve aucun mal, au moins dans nos
régions tempérées.

Serait-ce par hasard le sort des mouches et des cou-
sins, dont elle fait un si grand carnage, qui vous inté-
resserait ? Lui reprocheriez-vous d'appliquer la peine du
talion aux moustiques qui nous piquent si douloureuse-
ment et sucent notre sang ? Mais c'est justement pour
cela que Dieu l'a créée ; sa mission est de limiter le
nombre de ces insectes incommodes, déjà bien assez
nombreux, et elle la remplit de son mieux.

L'araignée ne tue pas les autres insectes par cruauté ;
elle obéit à la loi que lui a imposée son créateur ; si ses
mâchoires sont construites pour déchirer une proie, ses
griffes pour la saisir, son industrie pour la prendre, il

faut bien qu'elle ait également l'instinct particulier qui la pousse à se nourrir de proie vivante ; car, sans cela, elle ne pourrait subsister.

Tout animal cède aux penchants de ses organes ; il est l'esclave de sa constitution. Un pigeon mourrait de faim auprès d'un plat rempli des meilleures viandes, et un chat périrait d'inanition sur des morceaux de fruits et de grains, parce que l'un est organisé pour être granivore et l'autre pour être carnivore.

Ne sommes-nous pas plus blâmables de tuer des bœufs et des moutons, et une foule d'autres animaux, pour nous nourrir de leur chair, nous qui pourrions vivre autrement que l'araignée à qui toute autre nourriture que les insectes est impossible ?

Ce n'est pas que je ressente pour l'araignée l'affection que professe le poëte Victor Hugo, qui a dit :

> J'aime l'araignée, et j'aime l'ortie
> Parce qu'on la hait.

Non, ce n'est pas parce qu'on hait l'araignée que je la défends, mais parce que cette haine est injuste, et que je respecte en elle l'un des ouvriers de Dieu, l'un des rouages infinis du grand œuvre, et je lui suis en outre reconnaissant du bien qu'elle nous fait en nous délivrant d'une foule d'insectes incommodes ou nuisibles. Elle s'établit dans nos jardins, dans nos vergers, et devient la gardienne vigilante de nos fruits. Que de pêches, que de poires, que de raisins elle nous conserve ! que de piqûres elle nous épargne !

Et puis, si sa vie n'a rien de bien attrayant, ses mœurs ne méritent-elles pas de fixer notre attention, son industrie ne vaut-elle pas mieux qu'une belle figure ? Quelle femme, quelque hideuse que lui paraisse d'ailleurs l'araignée, ne sera émue de la sollicitude avec laquelle elle soigne ses petits : leur tissant une fine corbeille de soie, dans laquelle elle les transporte partout avec elle, chassant pour eux et les défendant au péril de sa vie ! Qui de vous n'admirerait l'habileté et la patience avec lesquelles elle tisse sa toile ou tend un fil d'un point à un autre pour traverser un endroit dangereux !

Fermez donc les yeux sur leur aspect peu agréable en faveur des services qu'elles vous rendent ; ne les redoutez pas, puisqu'elles ne peuvent faire aucun mal ; prêtez même votre attention à leurs actes et à leurs travaux, et vous en serez récompensées par l'intérêt qu'elles offrent.

Comme l'a dit le bon La Fontaine : Dieu fait bien ce qu'il fait ! Il n'a rien créé en vain, et dans notre orgueil nous jugeons comme mauvais ou inutile ce dont nous ne comprenons pas l'utilité.   JULES PIZZETTA.

Exercices

Rendez compte de ce que vous avez lu.

Expliquez le sens des mots : sympathies — aversion — araignée — velue — venimeuse — nourrice — la bonne — vampire — mouche — moucherons — libellule — cage — sanguinaire — circulaires — industrieuse — gourmandise — gloutonnerie — friandise — venin — granivore — carnivore.

Que signifie : être aux aguets ? — s'empêtrer ? — tenir en éveil ? — la peine du talion ? — périr d'inanition ?

Donnez la règle sur l'adjectif, se rapportant à des substantifs de différents genres — sur tout autre. — Quelle différence entre vénimeux et vénéneux ? — Pourquoi œuvre est au masculin dans le morceau ? — Que savez-vous sur La Fontaine ?

Indiquez le sens du morceau et la morale qu'il renferme.

---

103. — La Fille.

La gloire chez les femmes ne peut venir que du cœur ; *toute la beauté de la fille du roi*, dit la Sainte Écriture, *est à l'intérieur*, et c'est là ce qui les élève au-dessus de l'homme, qui peut être grand sans être bon, qui peut devenir illustre sans avoir été vertueux. César était-il bon ? Alexandre ne mêla-t-il pas des crimes à ses grandeurs, et les actions les plus barbares à quelques traits

touchants, où l'humanité se révèle ? Cependant, ni les
peuples immolés aux mânes d'Éphestion, ni le meurtre
de Clitus, ni les débauches, ni les festins prolongés au-
delà de cette modération chère aux Grecs, n'ont empê-
ché sa gloire, pas plus que les cruautés politiques du
froid Octave n'empêchèrent la renommée d'Auguste. Et
que d'autres on pourrait citer parmi les guerriers, les
hommes d'État, les poëtes, dont la vertu fut inférieure
au génie! Mais il n'en est pas ainsi des femmes; sauf
quelques reines qui ont pesé sur l'histoire du monde, la
coupable Sémiramis, la perfide Élisabeth, Catherine II,
intelligente et dure comme le peuple sur lequel elle régnait, les femmes ne sont arrivées à l'immortalité que
par la vertu, et c'est dans les douces affections domestiques, dans le dévouement au devoir, dans la résignation parmi les souffrances, dans la piété envers Dieu et
la tendresse fidèle envers leurs proches, que leur grandeur se déploie librement. Encore une fois, leur gloire
vient de l'âme, et, parmi elles, les noms qui ont survécu
à l'oubli sont les noms respectés des filles pieuses, des
sœurs dévouées, des épouses fidèles jusqu'à la mort, des
mères héroïques et tendres, Ruth et Antigone, Andromaque, Éponine, Élisabeth de Hongrie, Cornélie, la mère
des Machabées et Blanche de Castille.

Fille, sœur, épouse, ce sont, dit Plutarque, les noms
les plus doux qui soient en la bouche des hommes, et
celui de fille rappelle à la fois les qualités naïves de l'enfance, l'innocence, la soumission, le respect, et les vertus d'un âge plus avancé, le dévouement et le sacrifice.
A ce doux nom, on voit passer une cohorte de vierges,
les unes obéissantes jusqu'à la mort, les autres immolant toutes les joies de la vie, afin de réjouir ou de soutenir les vieux jours d'un père et d'une mère : Ruth, sur
les pas de sa mère, quitte son pays et ses dieux; Iphi-
génie donne son sang; Antigone soutient les pas du
vieillard aveugle; Cordélie erre dans la nuit et la tem-

pête pour retrouver son vieux père; les filles de Milton lui lisent la Bible, Virgile et Homère; Mlle de Sombreuil lutte avec les assassins et fait couler dans ses veines un horrible breuvage; la jeune Sibérienne marche à travers les neiges pour demander la grâce de son père, et des millions d'autres, obscures, ignorées, dont le ciel seul a connu les nuits de veille, les jours de travail, l'humble obéissance, le respect tendre et la filiale piété! Tous les poëtes ont aimé ce sujet, qui présente les oppositions les plus touchantes : Euripide, Sophocle, Shakspeare et leurs imitateurs ont peint sur le théâtre :

> Le plus saint des devoirs, celui qu'en traits de flamme
> La nature elle-même a gravé dans notre âme.

Et quoique de nos jours le sens moral ait baissé, quoiqu'une éducation molle ait diminué l'autorité paternelle et l'amour filial, les noms de Ruth et d'Antigone trouveraient encore le chemin des cœurs. Le devoir envers les parents, que Dieu a gravé dans les cœurs des hommes et sur les tables de la Loi, a inspiré les génies les plus nobles, soit qu'ils aient célébré les êtres qui ont existé, soit qu'ils aient créé un type idéal; c'est surtout la piété filiale de la femme, faible par sa nature, forte pour son devoir, qui les a touchés. Les auteurs anciens semblaient goûter, plus que les modernes, le charme de ces sentiments simples et purs; les grands poëtes de notre ère ont chanté de préférence les passions, et dans la femme ils ne voient qu'un seul sentiment, éphémère et passionné, qu'elle peut inspirer et ressentir. Le divin hommage, rendu à la simple vertu, se trouve rarement dans le Tasse, le Camoëns, Milton ou Klopstock; Racine et Corneille même ont fait de leurs héroïnes des amantes plutôt que des filles ou des épouses. Et cependant, quel magnifique langage n'auraient-ils pas tous les deux prêté à la plus sublime vertu!

Les institutions anciennes s'écroulent; mais la femme

est la gardienne de l'autel domestique. Pendant que les fils errent loin du foyer paternel, que les plaisirs ou l'ambition les empêchent de rendre à de vieux parents les soins que leur enfance a reçus, les filles restent, et les douces obligations filiales reposent sur elles. Qu'elles en soient heureuses et fières, qu'elles acceptent cette noble part d'héritage : consoler, réjouir les dernières années d'un père et d'une mère ; qu'elles acquittent la dette de la famille entière ; que, dans les soins délicats de tous les jours, elles portent la tendresse intime de Ruth et d'Antigone, aussi aimables, mais moins malheureuses, et plus d'un père pourra leur appliquer les vers de Ducis :

> Mes filles, c'est à vous, à vous, que j'ai recours,
> Pour jeter quelques fleurs sur la fin de mes jours.
> Oui, je rends grâce au ciel qui m'a donné des filles.
> Tous ces ingrats bientôt ont quitté leurs familles ;
> Vous, pour notre bonheur, vous restez près de nous.
>
> . . . .
>
> Le ciel vous fit exprès pour consoler les pères.

M. B.

Exercices.

Rendez compte de ce que vous avez lu.

Expliquez le sens des mots : illustré — l'humanité — mânes — festins — génie — cohorte — en traits de flamme — type — ère — éphémère — héroïnes — institutions — avoir recours — ingrat.

Que signifie : un homme d'État — un poète — le foyer paternel — l'autel domestique — jeter des fleurs sur la fin des jours ?

Dites ce que vous savez sur César — Alexandre — Octave — Ruth — Antigone — Andromaque — Éponine — Élisabeth de Hongrie — Cornélie — Blanche de Castille — Plutarque — Milton — Virgile — Homère — Euripide — Sophocle — Shakespeare — Le Tasse — Camoëns — Klopstock — Racine — Corneille — Ducis.

Indiquez le sens du morceau et la morale qu'il renferme.

106. — De l'Ennui.

L'ennui est la maladie de quelques jeunes filles : rien ne les touche, rien ne les émeut; elles ne se plaisent que dans les plaisirs bruyants, et n'aiment que l'agitation. Elles voudraient que leur vie fût un roman fait à leur guise; à les croire, elles s'élèveraient même jusqu'à l'héroïsme du malheur; cependant, il faudrait que le malheur portât les couleurs que leur imagination préférait hier, mais qu'elle repousse aujourd'hui. Il leur faut l'imprévu, le romanesque, j'allais dire l'impossible.

Dans l'ouvrage de Dieu, que pourrait admirer leur génie? quel poëte a jamais su tout ce que leur cœur a deviné? Il y en a même qui vont jusqu'à se faire une théorie de l'indifférence; pour elles, qu'est-ce que la vie? une suite monotone de jours et de nuits, une série de longues heures passées à attendre d'autres heures plus longues encore, et voilà tout. Si elles ne prennent pas en pitié les actives préoccupations de leur mère, c'est que le respect seul leur interdit cette pensée.

Eh bien! savez-vous ce que cache cet ennui déplorable, cette philosophie stérile? l'égoïsme et la paresse. Ouvrez les livres de la science, aimez vos semblables, et l'ennui vous fuira loin de vous; vous comprendrez votre destinée, vous la remplirez. Par la bonté et l'étude, vous vous créerez un monde nouveau. Il y a longtemps que je vois le soleil se lever et se coucher sur ma tête, et, chaque année j'admire, plus éprise et plus pieuse, les merveilles de ce mouvement éternel qui rajeunit tout autour de moi; chaque année m'apporte des lumières nouvelles avec un sentiment plus profond de ce que je dois à celui qui a créé l'ordre des mondes. J'ai vingt ans pour admirer son œuvre, et soixante pour bénir sa divine munificence.

Quel miracle voulez-vous qu'il fasse pour vous arracher à votre torpeur? N'en est-ce pas un constant, éternel, que le retour des saisons, que cette vie commune et distincte de chaque être, de chaque plante, concordant merveilleusement à l'ensemble du grand tout, au milieu duquel nous sommes placés? Notre existence, à ne considérer qu'elle, ne nous doit-elle pas être un perpétuel étonnement? Songez-y. Un rayon du ciel repose dans notre cœur, une faible étincelle de l'esprit divin s'allume dans votre cerveau, et voilà que nous pesons les mondes, que nous composons et décomposons tous les corps, que nous domptons la foudre, que nous franchissons les mers et que nous mesurons l'infini. Nous avons fait plus encore : la pensée si mobile, si fugitive, nous l'avons, pour ainsi dire, rendue impérissable.

Vous pouvez toucher du doigt toutes ces merveilles ; vous pouvez étudier toutes ces choses, suivre la marche de tous les génies dont l'humanité s'honore : pour vous, les poëtes chantent d'éternels concerts ; tout, autour de vous, est science, découvertes, harmonie, et vous vous ennuieriez ! De quelle nature seriez-vous donc?

Par ces belles nuits, levez donc les yeux vers le firmament étoilé, et réfléchissez une minute en le contemplant... Ah ! il faudrait être dépourvu de toute puissance de sentir pour que cette contemplation ne remplît pas un jeune cœur d'un religieux étonnement. Pour moi, je l'avoue, la vue de tous ces mondes roulant au-dessus de ma tête, de toutes ces douces lumières venant de plusieurs millions de lieues blanchir le gazon que foulent nos pieds, remplit mon cœur d'admiration ; je baisse les yeux, je m'incline et m'en vais silencieuse, étonnée tout à la fois de la grandeur et de la petitesse de l'homme.

Mais soit, je le veux bien ; quelques esprits ne sont point touchés par ces grands aspects de la science, par ces vastes horizons de la nature ; je me place pour ceux-là à un autre point de vue : je défends, contre eux-mêmes, leur propre bonheur. Connaissez-vous quelque

chose qui repousse davantage qu'un visage maussade et
ennuyé? Regardez cette jeune fille; elle se lève sans
savoir pourquoi, elle ouvre un livre, elle le referme
aussitôt; elle regarde autour d'elle, elle arrange ses
cheveux, chiffonne son manteau, prend son aiguille,
et va broder : la broderie est bientôt rejetée dans un
coin; silence... elle se prépare à écrire; sa plume ne
va pas; elle la change; son papier n'est point assez frais;
vite un autre cahier... Écrira-t-elle à son amie?... Oui...
non... elle va faire ses devoirs... Mais pourquoi se
hâterait-elle? Que ferait-elle des heures qui vont suivre?
Elle s'arrête, promène autour d'elle un morne regard...
elle s'ennuie. L'heure du plaisir vient à sonner; elle
s'élance... Quel jeu choisir? Celui-ci demande du mouvement; le mouvement lui déplaît : cet autre exige le
repos; le repos lui fait horreur. Elle causera ; mais,
hélas! de quoi pourrait-elle parler : elle ne sait rien,
et ne prend de plaisir à rien; elle s'ennuie; par conséquent, elle ennuie tout le monde.

Sa mère a vu avec douleur le vide qui se fait autour
d'elle, et elle lui dit : Mon enfant, le grand secret pour
être heureuse, c'est de répandre le bonheur autour de
soi; l'instruction que tu reçois n'a pas d'autre but. Je
veux que ta vie soit fraîche et souriante; ton visage est
doux, mais pourquoi est-il toujours couvert d'un triste
voile? tu ne le sais pas; car, si tu le sais, tu n'oses le
dire? Je vais faire pour toi cet aveu. Tu t'ennuies,
tu marches dans la solitude de ton esprit et de ton
cœur vers une solitude plus profonde encore; sans
connaissances, sans instruction, sans attachement, sans
prévision des devoirs que la société te réserve, tu te
prépares les heures les plus funestes. Quand je ne serai
plus là, qui voudra te supporter, qui voudra appeler
l'ennui à ses foyers? Quelle maison deviendra la tienne?
Qui saurait sans imprudence s'attacher à toi, à toi que
tout devoir ennuie et dont la jeune intelligence va s'é-

teindre sans retour? Une fois que ce céleste flambeau ne brillera plus, c'en sera fait de la meilleure partie de toi-même! Travaille donc. Quoi! l'enfant de ma tendresse pourrait être malheureuse par sa faute, et n'aurait pas le courage de devenir spirituelle, aimable et bonne? Un peu d'énergie, ma fille! le travail chasse l'ennui; il en est temps, tout peut être encore réparé.

Cette jeune fille a embrassé sa mère; elle a pris une ferme résolution, et, à présent, elle est devenue une excellente compagne; elle est devenue si laborieuse et si gaie, si instruite et si aimable, si modeste et si vive, que je lui promets dé beaux jours.

Mme DE WATTEVILLE.

Exercices

Rendez compte de ce que vous avez lu.

Expliquez le sens des mots : roman — héroïsme — imprévu — romanesque — poëte — monotone — égoïsme — destinée — torpeur — chiffonner — aveu — foyer — harmonie.

Que signifie: à leur guise — à les croire — prendre en pitié — faire horreur — faire le vide — promettre de beaux jours?

Donnez la règle de l'emploi des temps du subjonctif. — Quelle est la différence entre autour et alentour. — Donnez la règle du participe présent avec les exemples qui se trouvent dans le morceau.

Indiquez le sens du morceau et la morale qu'il renferme.

---

107. — La Grande Petite Fille.

Maman! comme on grandit vite!
Je suis grande, j'ai cinq ans!
Eh bien! quand j'étais petite,
J'enviais toujours les grands.

Toujours, toujours à mon frère,
S'il venait me secourir,
Même quand j'étais par terre,
Je disais : « Je veux courir! »

Ah ! c'était si souhaitable
De gravir les escaliers !
A présent, je dîne à table ;
Je danse avec mes souliers.

Et ma cousine Cignonne,
A qui j'apprends à parler,
Du haut des bras de sa bonne
Boude en me voyant aller.

Pauvre enfant ! Qu'elle est gentille
Quand elle pleure après moi !
J'en fais ma petite fille ;
Je la baise comme toi.

Lorsque, me voyant méchante,
Tu chantais pour me calmer,
Je la calme aussi ; je chante
Pour la forcer de m'aimer.

Et puis, maman, je suis forte,
Bon papa te le dira.
Son grand fauteuil à la porte,
Sais-tu qui le roulera ?

Mais c'est sur moi qu'il s'appuie,
Quand son pied le fait souffrir ;
C'est moi qui le désennuie
Quand il dit : « Viens me guérir. »

O maman, je te regarde
Pour apprendre mon devoir,
Et c'est doux d'y prendre garde,
Puisque je n'ai qu'à te voir.

Quand j'aurai de la mémoire,
C'est moi qui tiendrai la clé,
Veux-tu ? de la grande armoire
Où le linge est empilé.

Nous la polirons nous-mêmes
De cire à la bonne odeur ;
O maman, puisque tu m'aimes,
Je suis sage avec ardeur.

Nous ferons l'aumône ensemble,
Quand tes chers pauvres viendront,
Un jour, si je te ressemble,
Maman, comme ils m'aimeront !

Je sais ce que tu vas dire ;
Tous tes mots, je m'en souviens ;
Là, j'entends que ton sourire
Dit : « Viens m'embrasser. » Je viens !

Mme DESBORDES VALMORE.

Exercices.

Rendez compte de ce que vous avez lu.

Expliquez le sens des mots : envier — escalier — bouder — fauteuil — d'ennuyer — mémoire — clef — armoire — linge — empilé — cire — aumône.

Nommez tous les pronoms en indiquant leurs fonctions dans le morceau.

Donnez la règle du pronom ce devant le verbe être — de l'adverbe où.

Indiquez le sens du morceau et la morale qu'il renferme.

---

108. — Du Mensonge.

La vérité est notre premier devoir, et c'est aussi notre premier besoin. S'il y a une loi morale que l'espèce humaine ne puisse méconnaître, et dont la violation cause des remords longtemps avant de devenir une habitude plus tranquille, c'est assurément la loi de la vérité. S'il y a un motif de sécurité dans les relations de la vie, quelque chose qui entretienne la confiance, et rende possible la société entre les hommes, c'est l'amour de la vérité.

Aussi le mensonge, qui viole cette loi et trahit ce chemin, est-il aux yeux de tout le monde un défaut à la fois honteux et funeste. *Un menteur, une menteuse,* signalés comme tels, sont craints et méprisés; on les fuit parce que leur compagnie peut nuire, parce qu'elle déshonore.

Le front de la jeune fille adolescente est naturellement le siége de la candeur. Son âge, son sexe, les grâces de l'un et l'autre s'accordent mal dans notre esprit avec une ignominieuse duplicité.

Nous nous résignons à rencontrer des *menteurs* parmi ceux que des épreuves au-dessus de leur faiblesse, des travers d'esprit accrus par le malheur et par l'âge, l'influence des mauvaises habitudes et des mauvais conseils, ont jetés hors du droit chemin. Mais une jeune fille! mais cette enfant qui grandit sous l'œil de la mère, qui ne peut avoir été corrompue par le monde, par ses vils intérêts, par ses tyranniques passions, l'entendre *mentir*, la voir faire d'abord un essai, puis un jeu du *mensonge*, c'est quelque chose d'invraisemblable en présence même de la réalité; c'est un fait qui semble contre nature, tant il contredit nos prévisions raisonnables et notre légitime espoir. Eh bien! ce défaut honteux est possible cependant, et plût à Dieu qu'il fût seulement possible! Disóns-le avec douleur, il existe, il est fréquent, il l'est surtout chez les jeunes filles, et celles qui ont contracté cette détestable habitude ne se bornent pas à mentir. D'autres défauts analogues à ce défaut capital s'y rattacheront et produiront à leur tour des conséquences nouvelles.

Elles deviendront *dissimulées;* elles se composeront un extérieur impossible, afin que l'émotion n'aille pas, en se trahissant sur leur visage, livrer le secret de leur mauvaise foi; elles ont beaucoup à cacher: il faut donc qu'elles dissimulent; il faut qu'elles cessent d'être elles-mêmes les vives et candides jeunes filles, pour faire un masque de leur visage et un piége de leur esprit.

De la dissimulation, qui prépare l'œuvre de la *ruse* et qui, poussée jusqu'à l'audace, prend le titre honteux *d'hypocrisie*, elles passent à la ruse elle-même mise en action. Dès lors, elles ne mentent plus seulement, elles trompent ; elles ne sont plus sur la défense, elles attaquent. La pratique du mal leur devient déjà familière. Elles ne s'effrayent plus de la pensée que leurs actions ou leurs paroles feront tort à leur prochain.

Dire de quelqu'un ce qui n'est pas vrai, et ce qui blesse son honneur, cette habitude odieuse, qu'on appelle *la calomnie*, n'a plus le même caractère qu'autrefois pour l'aveugle jeune fille, qui s'est blasée sur le mensonge. Elle ne donne plus à ce vice son véritable nom, et selon que son intérêt la conseille, ou que sa légèreté l'emporte, elle fait bon marché dans ses actes, comme dans son langage, du respect de la vérité ; enfin le mensonge, comme tous les autres défauts, s'invétère et se fortifie par la durée. S'il n'a été combattu avec force et succès dans son origine, elle aura une peine inouïe à le détruire.

L'amour de la vérité, la franchise, sont ce qu'il peut y avoir de plus beau et de plus aimable dans l'âme d'une jeune fille ; si elle possède ces qualités, elle se fera pardonner d'autres défauts. Il n'y a point de faute commise qui ne perde une grande partie de sa gravité dès qu'elle est avouée avec candeur. Quand on dit d'une jeune fille qu'elle est *vraie*, ces paroles sont bien simples, et cependant elles expriment le plus décisif de tous les éloges. Si vous méritez qu'on vous l'adresse, vous donneriez à votre mère l'espoir de développer facilement en vous toutes les autres qualités qui conviennent à votre sexe, et qui assureront votre bonheur. Vous ferez la joie de votre mère, et vous posséderez toute sa confiance. Voyez si une telle perspective ne vaut pas bien

la peine qu'on y songe et qu'on s'efforce d'y parvenir.
Répétez donc, mon enfant, et pratiquez sans relâche
cette maxime : Honte au mensonge ! honneur à la vérité !

A. THÉRY.

Exercices

Rendez compte de ce que vous avez lu.

Expliquez le sens des mots : besoin — remords — habitude — sécurité — relations — trahir — funeste — front — candeur —
épreuves — passions tyranniques — prévisions — armes — ruse —
dissimulation — réticences. — Qu'entend-on par : être le siége ? —
se résigner ? — des travers d'esprit ? — jeter hors du droit chemin ?
grandir sous l'œil de la mère ? — faire un essai ? — se faire une
diplomatie ? — faire bon marché d'une chose ?

Quelle différence entre à terre et par terre ? — servir de rien,
servir à rien ? — entre pis et pire ? — entre fond et fonds ? —
entre imposer et en imposer ?

Indiquez le sens du morceau et les conseils qu'il renferme.

109. — De la négligence.

Quelle est cette chambre d'un aspect désagréable, où
l'œil ne rencontre aucun objet à sa place, où la poussière
couvre les meubles, où l'araignée suspend ses toiles,
sans crainte d'être jamais troublée? c'est la chambre
d'une jeune fille *négligente*. Si, de temps en temps, sa
mère ne fait pas une sévère inspection des lieux, et ne
visite pas tous les coins et recoins, dans l'intérêt de la
propreté et de l'ordre, la confusion s'accroît chaque jour
sans être remarquée. Seulement, quand elle devient trop
gênante, une autre combinaison, brusquement établie,
la remplace par une confusion d'un nouveau genre : les
effets d'habillement traînent sur les chaises, qui elles-
mêmes, tournées dans tous les sens, encombrent le passage ou ferment l'accès des portes et des fenêtres ; le
linge, les vêtements qu'on a quittés, au lieu d'être mis à
l'écart, sont dispersés au grand jour.

Le matin, les soins les plus vulgaires de la propreté

sont omis, ou ne sont pris que sur l'invitation de la mère et par son ordre. La toilette est mal faite ; toutes les pièces de l'habillement sont placées de travers et sans goût. Lorsque le temps de l'école arrive, elle retrouve avec quelque peine ses papiers épars. Ses plumes sont égarées, son écritoire est sans encre depuis la veille, et elle n'a pas songé à la remplir ; enfin elle se met à l'œuvre, vainement peut-être.

Elle prend en main ses cahiers ; ils sont décousus, tachés d'encre ; les coins sont roulés et noircis, les couvertures arrachées ou froissées. Il en est de même de ses livres si sa mère l'a autorisée à en garder quelques-uns entre ses mains. Elle écrit, mais son écriture est irrégulière ; ses lettres ne sont pas formées ; les accents, la ponctuation, tout ce qui rend l'écriture lisible et le sens de ce qu'on a écrit intelligible, l'inquiètent fort peu. Elle ne fait pas attention que les meilleures rédactions sont mauvaises pour ceux qui ne peuvent les déchiffrer.

D'ailleurs, sa négligence s'étend plus loin que la forme ; elle ne se soucie guère plus du fond. Elle rédige ses leçons comme chose indifférente pour elle. C'est une tâche à remplir ; elle s'en acquitte par obéissance ; mais, pour y mettre du soin, il faudrait qu'elle en comprît l'utilité. Or, c'est ce qui n'est pas clairement saisi par elle, ou du moins ce qu'elle ne prend pas la peine de concevoir.

Les sentiments s'altèrent aussi par la négligence ; les devoirs sont oubliés et méconnus. La pauvre enfant qui a ce malheureux défaut aime sa mère, nous devons le croire, et cependant elle oublie, le matin et le soir, l'aimable salutation filiale, hommage rendu par la faiblesse soumise à la tendresse qui protége. *Ce bonjour, ce bonsoir*, chers aux parents, nécessaires au cœur de la mère de famille, cette politesse qui renferme un devoir, elle les oublie, et il faut que sa mère les lui rappelle avec douleur! Elle ne connaît pas le secret de ces douces prévenances, naturelles pourtant aux jeunes filles, qui portent à deviner ce qui peut plaire, à éloigner attentivement ce qui pourrait blesser.

Ce défaut constituera pour l'avenir des fautes et l'exposeront à bien des malheurs. La jeune fille négligente sera un jour une femme négligente, une mère de famille oublieuse. Elle compromettra les intérêts de sa maison; elle en rendra le séjour importun, et ses enfants, à leur tour, ses enfants qu'elle ne saura pas élever, lui rendront en embarras et en peines de tout genre ce qu'elle aura fait souffrir à sa mère.　　　　　　　A. Théry.

Exercices

Rendez compte de ce que vous avez lu.

Expliquez le sens des mots : exclure — mal à propos — indolence — redresser — trait — toilette — ménage — meubles — inspection — coins — recoins — encombrée — l'accès — vulgaires — épars — encre — roulé — rédactions — hommage — prévenance — deviner.

Que signifie : laisser de côté? — être tout enfin? — avoir trouvé grâce? — mettre à l'écart? — mettre sans goût?

Indiquez les signes et les règles de la ponctuation. — Donnez la composition de l'encre et les différentes espèces. — Donnez la composition de l'œil.

Indiquez le sens du morceau et les conseils qu'il renferme.

---

110. — Une Gravure.

C'est un jour de fête à Madrid, un beau jour dont le soleil passera trop vite sur cette cité royale, au gré de sa population joyeuse. Oh! qui reconnaîtrait dans cette Madrid si vivante et si belle, dans cette Madrid jonchée de fleurs et retentissant du bruit des instruments et des chansons harmonieuses, la fille sombre et triste de l'austère Philippe? Personne, personne. Une foule élégante et impatiente de plaisir inonde la rue d'Alcala, depuis la Puerta del Sol, que le peuple affectionne, et où il s'agite et bourdonne comme un essaim d'abeilles jusqu'au Prado, dont les allées verdoyantes sont peuplées maintenant de senoras en basquines élégantes, en mantilles de dentelle, et de jeunes nobles qui, montés sur de fringants andalous, s'étudient avec fierté à montrer la grâce et l'habileté que sait déployer un cavalier espagnol. Le roi lui-même, avec la reine, avec les grands au titre de Castille, doit venir au Prado ; les carrosses dorés de la cour traverseront ces belles promenades, et se mêleront aux équipages non moins brillants de la noblesse. Ce sera un beau coup d'œil, et, en effet, le soleil de ce jour passera trop vite sur cette royale cité.

Mais la douleur n'a-t-elle pas toujours une part dans les fêtes humaines? Parmi tant de cœurs joyeux ou indifférents, n'y a-t-il pas toujours un cœur triste et souffrant? Parmi tant de voix qui jettent au loin d'inutiles et mondaines paroles, n'y a-t-il pas une voix suppliante qui s'élève vers le Ciel pour lui demander une grâce?... Voilà une jeune fille pâle, agitée, qui descend la rue d'Atocha : « Place, place! dit-elle d'une voix étouffée par les sanglots, mon père se meurt! » Mais la foule qui s'éloigne d'elle un instant, la foule qui court vers le Prado, se jette bientôt sur ses pas en flots plus pressés, plus compactes, et ces paroles déchirantes : « Mon père se meurt! » ne sortent plus qu'avec peine de sa poitrine haletante.

Encore quelques instants, et la religion viendra au secours de la piété filiale; car la religion est plus puissante sur le peuple de Madrid que le plaisir et la joie des fêtes. La religion imposera silence à cette foule, qui ouvrira respectueusement, devant ses ministres, ses rangs pressés et confus, quoique ce jour soit beau et que le roi et la cour doivent venir au Prado dans les carrosses dorés.

Cependant la fille, haletante, le front inondé de sueur, est parvenue jusqu'à l'entrée de Notre-Dame d'Atocha. A peine sa main tremblante a-t-elle pu toucher les

marbres sacrés du portique, qu'une force nouvelle descend dans son cœur, et que l'espérance ranime son courage épuisé. Un prêtre traverse en ce moment la nef de
l'église; elle court à lui, elle tombe à ses pieds. Le prêtre
se penche vers elle pour l'aider à se relever; elle profite de cet instant pour se nommer, pour faire connaître
son malheur, indiquer la demeure de sa famille. Le prêtre
la rassure et la bénit.

La pauvre jeune fille est venue demander le viatique
pour son père; en peu d'instants tout est prêt pour l'accomplissement de cette œuvre de charité et de foi. La
religion va s'asseoir au chevet du chrétien mourant; un
de ses ministres porte l'ostensoir qui renferme le pain
de la vie éternelle, l'huile consacrée par de saintes paroles. Il marche sous un dais et précédé d'un officier de
l'église, qui, de temps en temps, frappe les airs du bruit
d'une sonnette.

« Place, place! mon père se meurt! » La foule est
encore une fois insensible à ces déchirantes paroles de
la jeune fille, qui maintenant voudrait arriver à la maison
paternelle avant le saint cortége... Mais le bruit de la
sonnette retentit tout à coup dans la grande rue d'Alcala, et soudain la foule s'arrête et s'agenouille avec
respect; elle s'écarte de tous côtés pour faire place au
ministre du Seigneur, et la foule qui prie oublie un moment les plaisirs qui l'attendent au Prado.

« O mon Dieu! voici les hallebardiers et les gardes du
corps! voici les carrosses dorés de la cour!... N'est-ce
pas le roi, notre seigneur, qui traverse la rue d'Alcala et
qui sort de son palais? Le prêtre n'arrivera pas à temps,
et Dieu apparaîtra trop tard dans notre demeure... Il ne
descendra pas comme un dernier rayon de soleil sur les
lèvres pâles de mon père. »

Et elle se désolait, elle pleurait, elle meurtrissait son
sein... « Va, ne crains rien, jeune fille, le roi, ton sei-

gneur, avec ses hallebardiers et ses gardes du corps, est dans ce moment l'égal de ton père mourant. »

C'est, en effet, le roi des Espagnes, accompagné d'une suite brillante, et dont le carrosse peut à peine avancer au milieu de la foule ivre de sa présence, et qui fait retentir l'air de ses cris de joie.

Mais, au premier bruit de la sonnette, les cavaliers s'arrêtent et mettent pied à terre ; la portière du carrosse s'ouvre, et le roi catholique descend et s'agenouille dans la rue. Puis il fait monter le prêtre dans sa voiture, et le conduit lui-même vers le malade qui attend les derniers sacrements.

Cet hommage rendu à Dieu par un roi puissant, au milieu d'un peuple animé des mêmes convictions, est le sujet d'une très-belle gravure hollandaise. Ramyn de Hooghe, auteur de cette gravure, était né à la Haye vers 1640. Le roi d'Espagne, dont il est question dans cet article, est Charles II.

***

Exercices

Rendez compte de ce que vous avez lu.

Expliquez le sens des mots : au gré — essaims — allées — basquines — mantilles — carrosse — cour — équipages — mondaines — flots — ministres — portique — nef — viatique — chevet — ostensoir — dais — sonnette — hallebardiers — palais — suite — portière — gravure.

Que signifie : jonchée de fleurs ? — inonde la rue ? — de fringants andalous ? — Le roi des Espagnes ? — ivre de sa présence ?

Quelle est la différence entre pencher, plier, ployer, courber ? — Donnez la règle sur le collectif foule — les différents sens du mot cour. — Ajoutez la terminaison ette de clochette à d'autres substantifs, et indiquez le sens.

Indiquez le sens du morceau et la morale qu'il renferme.

---

111. — Ma Voisine.

S'il plaît à Dieu, je vais bientôt la revoir.

Après les mois lentement écoulés, me voilà enfin parvenu à compter les aurores qui nous séparent. Elle va revenir... et, avec elle, la vie, la gaieté vont bientôt renaître en mon logis... Mais... je m'aperçois que dans l'expansion de ma joie, à l'approche de ce retour, je parle comme si tout le monde connaissait celle qui en est l'objet, et ce commencement de confidence fait étourdiment au papier m'oblige à un aveu. Hésiterai-je à le faire? non; m'entretenir d'elle, c'est abréger mon attente. Mais comment le dire? Je me suis épris d'une vive amitié pour une de mes voisines, et j'avoue cette faiblesse, convaincu que vous ne me blâmerez pas lorsque j'aurai esquissé le portrait de celle qui me l'a fait commettre. Elle est si gentille!... si gentille!... si gracieuse, que je suis pardonnable. Il est aussi difficile de rester indifférent à son égard qu'à elle de ne point plaire.

Depuis trois ans, le même toit nous abrite. Les premiers temps, se montrant farouche, elle fuyait à mon approche. Petit à petit nous nous sommes familiarisés; aujourd'hui, loin de me fuir, elle semble me communiquer sa gaieté.

Elle me distrait de mille tracas de l'existence; elle élève mes pensées et affermit mon courage. Cette aimable créature est légère sans être inconséquente — chose qu'on ne rencontre que bien rarement.

Par exemple, je n'en puis pas dire autant de ceci, pardonnez-moi ma franchise, elle est babillarde... on ne peut plus babillarde, mais loin d'être en elle un défaut, c'est un charme de plus!... Je vous entends dire :

L'homme voit par les yeux de l'affection. Eh bien! non, en vérité, son langage est charmant, son babillage est inoffensif. Jamais la plus légère calomnie, la plus petite médisance n'a pu lui être reprochée ; jamais elle n'a commis la moindre indiscrétion.

Dédaignant le luxe effréné de l'époque, tout en joignant l'élégance à la simplicité, sa mise se compose invariablement d'une robe soyeuse de la couleur de l'ébène, et d'un fichu de la blancheur de la neige. Cet exemple de constance n'est pas le seul qu'elle me donne. Malheureusement la force de caractère, la vertu me manquent pour mettre en pratique ses excellentes leçons.

Matineuse comme le coq, elle se couche comme lui, quand le soleil se lève... aux Antipodes.

Bien souvent je me suis dit :— Elle a raison, pourquoi ne pas faire comme elle ?... Agir autrement, c'est enfeindre les lois de la nature. C'est une hérésie de faire du jour la nuit et de la nuit le jour, en se levant quand le lustre de l'univers brille déjà depuis cinq ou six heures, en anticipant ensuite, aux dépens de sa santé et de sa bourse, sur le temps consacré au repos; j'ai eu beau me raisonner, beau m'armer, le soir, de fermes résolutions, je n'ai pu jusqu'à présent contracter la bonne habitude de ma vigilante voisine. Peut-être y parviendrai-je plus tard ; mais ce à quoi je ne parviendrai jamais, ma vie fût-elle prolongée d'un siècle, c'est à acquérir sa philosophie.

Ce n'est ni celle de Socrate, ni celle d'Aristote, ni celle d'Épicure ; c'est une philosophie naturelle, ressemblant à celle que l'on puise dans la foi la plus profonde.

Je ne puis me lasser de l'admirer.

C'est la confiance sans limite, l'abandon sans réserve à la Providence, en un mot, c'est le bonheur que nous cherchons en vain.

Toujours joyeuse, elle ne s'inquiète jamais du lendemain, tandis que nous, prétendus philosophes, ou enfants heureux, nous empoisonnons notre présent par les incessantes préoccupations d'un avenir qui nous échappe. Les amis importuns nous poursuivent jusque dans le sommeil, et s'ils accordent un instant de trêve à notre âme, ils sont là veillant à notre chevet pour la saisir au réveil.

Son sommeil, à elle, est calme, heureux; son réveil est gai ; à peine les premiers rayons du soleil dorent-ils l'horizon, elle fait entendre des cris d'allégresse et s'élance folâtrer avec ses compagnes, ses sœurs. Cependant, le matin elle ignore encore comment elle pourvoira aux besoins de la journée pour elle et son intéressante famille qu'elle comble d'amour comme toutes les mères. Mais c'est qu'il existe en elle un sentiment n'existant pas en nous, un sentiment ne pouvant se définir et qu'on ne saurait qualifier. Quelque chose de mystérieux lui dit : une sollicitude infinie veille sur la nature et assure l'existence de tous les êtres ; aussi, exempte des maux enfantés par l'humanité elle-même, elle se livre du matin au soir à de joyeux ébats sans que la plus légère inquiétude vienne la troubler une seconde, et lorsque, dans ses courses vagabondes, elle trouve la manne que Dieu a semée sur son passage, doublant la rapidité de son vol, elle se dirige vers sa demeure, pour apporter à ses petits le pain du ciel.

Vous avez deviné déjà depuis longtemps que ma voisine est une gentille hirondelle. N'avais-je pas raison de vous dire que, lorsque vous la connaîtriez, vous ne me blâmeriez point ?

N'est-elle pas, en effet, digne d'un tendre intérêt ?

Seule, la mission qu'elle semble avoir de nous annoncer les beaux jours, ne vous fait-elle pas attendre son retour aussi impatiemment que je l'attends ?

A son arrivée se dissipent les sombres vapeurs qui retardent l'aurore ; la nature se réveille souriante, et sous les baisers d'un soleil radieux, revêt sa parure printanière : la campagne se couvre d'un tapis d'émeraude sur lequel la marguerite étale son bouton d'or, ses rayons argentés ; l'aubépine fleurit, et les premiers boutons de rose s'entr'ouvent comme des cassolettes pour exhaler leur délicieux parfum.

Alors, nous, enfermés dans les murs de la Babylone moderne, nous nous écrions :

Heureux, cent fois heureux l'habitant des hameaux!
Qui dort, s'éveille, chante à l'ombre des berceaux.

VICTOR BASTON.

Exercices

Rendez compte de ce que vous avez lu.

Expliquez le sens des mots : logis — expansion — confidence — papier — aveu — attente — gracieuse — toit — tracas — babillarde — babillage — calomnie — médisance — indiscrétion — luxe — élégance — ébène — Antipodes — anticiper — manne — cassolettes.

Que signifie compter les aurores? — fait étourdiment? — être épris? — esquisser un portrait? — se familiariser? — matineux comme le coq? — le lustre de l'univers? — aux dépens de la santé et de la bourse? — empoisonner le présent? — se livrer à de joyeux ébats?

Quelle différence entre gentil, gentillette? — Donnez des exemples. — Donnez les différents sens de époque — de mise. — Quelle différence entre matinal et matineux? — Racontez l'histoire de la manne. — Que signifie l'homme voit par les yeux de son affection?

Indiquez le sens du morceau et la morale qu'il renferme.

---

112. — Histoire de quatre cris-cris.

« Mon ami Jacques entra un jour chez un boulanger pour y acheter un tout petit pain qui lui avait fait envie en passant. Il destinait ce pain à un enfant qui avait perdu l'appétit, et qu'on ne parvenait à faire manger un peu qu'en l'amusant; il lui avait paru qu'un pain si joli devait tenter même un malade.

» Pendant qu'il attendait sa monnaie, un petit garçon de six ou sept ans, pauvrement mais proprement vêtu, entra dans la boutique du boulanger.

» — Madame, dit-il à la boulangère, maman m'envoie chercher un pain.

» La boulangère tira, de la case aux miches de quatre livres, le plus beau pain qu'elle put trouver, et le mit dans les bras du petit garçon.

» Mon ami Jacques remarqua alors la figure amaigrie et comme pensive du petit acheteur. Elle faisait contraste avec la mine ouverte et rebondie du gros pain, dont il semblait avoir toute sa charge.

» — As-tu de l'argent? dit la boulangère à l'enfant.

» Les yeux du petit garçon s'attristèrent.

» — Non, madame, dit-il en serrant plus fort sa miche contre sa blouse; mais maman m'a dit qu'elle viendrait vous parler demain.

» — Allons, dit la bonne boulangère, emporte ton pain, mon enfant.

» — Merci, madame, dit le pauvre petit.

» Mon ami Jacques venait de recevoir sa monnaie; il s'apprêtait à sortir, quand il retrouva, immobile derrière lui, l'enfant au gros pain, qu'il croyait déjà bien loin.

» — Qu'est-ce que tu fais là? dit la boulangère au petit garçon. Est-ce que tu n'es pas content de ton pain?

» — Oh! si, madame, il est très-beau.

» — Eh bien! alors, va le porter à ta maman, mon ami; si tu tardes, elle croira que tu t'es amusé en chemin, et tu seras grondé.

» L'enfant ne parut pas avoir entendu. La boulangère s'approcha de lui, et lui donna amicalement une petite tape sur la joue.

» — A quoi penses-tu, au lieu de te dépêcher? lui dit-elle.

» — Madame, dit le petit garçon, qu'est-ce qui chante ici?

» — On ne chante pas, répondit la boulangère.

» — Si, dit le petit. Entendez-vous : Cuic, cuic, cuic? C'est-il un petit oiseau, ou bien le pain qui chante en cuisant, comme les pommes?

» — Mais non, petit nigaud, lui dit la boulangère; ce sont les grillons. Ils chantent dans le fournil, parce qu'on vient d'allumer le four, et que la vue de la flamme les réjouit.

» — Les grillons! dit le petit garçon; c'est-il ça qu'on appelle des cris-cris?

» — Oui, dit complaisamment la boulangère.

» Le visage du petit garçon s'anima.

» — Madame, dit-il en rougissant de la hardiesse de sa demande, je serais bien content si vous vouliez me donner un cri cri.

» — Un cri-cri! Qu'est-ce que tu veux faire d'un cri-cri, mon cher petit? Va, si je pouvais te donner tous ceux qui courent dans ma maison, ce serait bientôt fait.

» — Oh! madame, donnez-m'en un, rien qu'un seul, si vous voulez! dit l'enfant en joignant ses petites mains pâles au-dessous de son gros pain. On m'a dit que les cris-cris, ça portait bonheur aux maisons, et peut-être que, s'il y en avait un chez nous, maman, qui a tant de chagrins, ne pleurerait plus jamais.

» Mon ami Jacques regarda la boulangère; elle s'essuyait les yeux avec le revers de son tablier. Si mon ami Jacques avait eu un tablier, il en aurait bien fait autant.

» — Et pourquoi pleure-t-elle, ta pauvre maman? dit mon ami Jacques, qui ne put se retenir davantage de se mêler à la conversation.

» — A cause des notes, monsieur, dit le petit. Mon papa est mort; maman a beau travailler, nous ne pouvons pas toutes les payer.

» Mon ami Jacques prit l'enfant dans ses bras, et avec l'enfant, le pain, et je crois qu'il les embrassa tous les deux.

» Cependant la boulangère, qui n'osait toucher elle-même les grillons, était descendue dans son fournil. Elle en fit attraper quatre par son mari, qui les mit dans une boîte avec des trous sur le couvercle, pour qu'ils pussent respirer; puis elle donna la boîte au petit garçon, qui s'en alla tout joyeux.

» Quand il fut parti, la boulangère et mon ami Jacques se donnèrent une bonne poignée de main.

» — Pauvre bon petit! dirent-ils ensemble.

» La boulangère prit alors son livre de comptes; elle l'ouvrit à la page où était celui de la maman du petit garçon, fit une grande barre sur cette page, parce que le compte était long, et écrivit au bas : Payé.

» Pendant ce temps, mon ami Jacques avait mis dans un papier tout l'argent de ses poches, où heureusement il s'en trouvait beaucoup ce jour-là, et avait prié la boulangère de l'envoyer bien vite à la maman de l'enfant aux cris-cris, avec sa note acquittée, et un billet où on lui disait qu'elle avait un enfant qui serait un jour sa joie et sa consolation. On donna le tout à un garçon boulanger, en lui recommandant d'aller vite. L'enfant, avec son gros pain, ses quatre grillons et ses petites jambes, n'alla pas vite, de sorte que, quand il rentra, il trouva sa mère les yeux, pour la première fois depuis bien longtemps, levés de dessus son ouvrage, et un sourire de repos et de joie sur ses lèvres.

» Il crut que c'était l'arrivée de ses quatre petites bêtes noires qui avait fait ce miracle; et mon avis est qu'il n'eut pas tort. Est-ce que sans les cris-cris et son bon cœur, cet heureux changement serait survenu dans l'humble fortune de sa mère? »   J. STAHL.

Exercices

Rendez compte de ce que vous avez lu.

Expliquez le sens des mots : cris-cris — boulanger — pain — tenter — malade — monnaie — boutique — case — miches — acheteur — charge — argent — blouse — tasse — fournil — le four — revers — tablier — notes — livre de comptes — barre — miracle.

Que signifie : faire envie ? — expliquez ces deux adverbes joints à vêtu. — Que veut dire: faire contraste ? — petit nigaud ? — elle a beau travailler? — donner une poignée de main? — un garçon boulanger?

Expliquer faire envie, porter envie, à l'envi — au-dessus et au-dessous, dessus, dessous — davantage et plus — tous deux, tous les deux.

Faites le tableau de la boulangère et de sa conduite à l'égard de ce petit garçon, ainsi que celui de Jacques.

Indiquez le sens du morceau et la morale qu'il renferme.

8.

113. — Le Cœur d'une mère.

Le cœur d'une mère est un abîme d'amour pour ses enfants : il brûle de la tendresse la plus forte, la plus pure, la plus désintéressée, de celle qui donne toujours et ne reçoit presque jamais ; d'une tendresse que rien n'épuise, ni les fatigues, ni les sacrifices, ni l'ingratitude même dont elle est souvent payée ; d'une tendresse qu'aucun dévouement n'a jamais effrayée, et qui, lorsqu'elle est trempée aux sources du Christianisme, prend un essor si élevé qu'elle peut se comparer à la charité divine, enfantant et nourrissant des âmes pour le ciel.

Les saintes Écritures nous offrent des types sans nombre de ces mères admirables. C'est la Séphora, la mère des Machabées, celle qui a su exhorter ses sept fils à résister au tyran Antiochus et à braver l'horreur des tourments. Elle était, dit l'Écriture, une mère admirable et digne de vivre dans la mémoire des bons ; d'autres en grand nombre sont célébrées dans la sainte Écriture, chez qui la tendresse maternelle est ennoblie par la fidélité à la loi divine. Chez les Romains, Cornélie, la fille de Scipion, passait pour le type de l'amour maternel. Ses fils, les deux Gracques, étaient, comme elle le disait elle-même, sa gloire et ses insignes joyaux.

L'Évangile, à son tour, nous offre le type le plus admirable et le plus vénéré de la mère, Marie, au berceau de son divin fils, gardant toutes ces choses dans son cœur. Rien n'est plus doux, rien n'est plus grand que cette figure céleste qui sourit aux mères heureuses, et qui, le cœur percé par le glaive prophétique, encourage dans leur voie douloureuse les mères désolées.

Ce fut aussi dans les larmes que sainte Monique montra son amour... Que de pleurs lui coûta ce fils si cher, ce fils si égaré ! Saint Augustin l'a avoué lui-même : Elle a plus souffert, dit-il, pour m'engendrer à la vérité et à

la vertu que pour me mettre au monde. Ce mot seul
renferme une éloquente leçon pour toutes les mères ; elles
ne sont mères que pour *élever* l'enfant, pour le faire arriver à la vérité, à la vertu. Monique pleura pendant vingt
ans ; elle obtint non-seulement la conversion, mais la
sainteté d'Augustin. C'est là le triomphe de l'amour
maternel et de la confiance en Dieu. Saint-Jean Chry-
sostôme, cet admirable génie, devait également à sa
mère et la culture de son esprit et celle de son cœur.
Cette sainte et noble femme était admirée des païens
mêmes, et le philosophe Libanius, la voyant dans sa
jeunesse si belle, si chaste, si dévouée, s'écriait :
« Quelles femmes il y a parmi les chrétiens ! »

Saint Basile, saint Grégoire de Naziance, devaient
aussi à leurs mères la perfection de leurs vertus. On
peut assurer qu'il n'est pas dans le christianisme une
grande âme, un beau génie, qui n'ait eu une bonne et
sainte mère. Blanche de Castille n'a-t-elle pas formé
l'âme de saint Louis, et n'est-ce pas à Alèthe que l'Église
et la France doivent saint Bernard? Aussi que le nom
de mère réveille en chacun de nous des souvenirs profonds et doux !

Citons ces beaux vers où le poëte des *Méditations* a
célébré la mémoire sainte de sa digne mère :

Voici la place vide où ma mère, à toute heure,
Au plus léger soupir sortait de sa demeure,
Et, nous faisant porter ou la laine ou le pain,
Revêtait l'indigence et nourrissait la faim ;
Voilà les toits de chaume où sa main attentive
Versait sur la blessure ou le miel ou l'olive,
Ouvrait, près du chevet des vieillards expirants,
Ce livre où l'espérance est permise aux mourants,
Recueillait les soupirs sur leur bouche oppressée,
Faisant tourner vers Dieu leur dernière pensée,
Et, tenant par la main les plus jeunes de nous,
A la veuve, à l'enfant qui tombaient à genoux,

Disait, en essuyant les pleurs de leurs paupières :
« Je vous donne un peu d'or, rendez-leur vos prières. »
Voilà le seuil, à l'ombre, où son pied nous berçait,
La branche du figuier que sa main abaissait ;
Voici l'étroit sentier où, quand l'airain sonore
Dans le temple lointain vibrait avec l'aurore,
Nous montions sur sa trace à l'autel du Seigneur
Offrir deux purs encens, innocence et bonheur !
C'est ici que sa voix pieuse et solennelle
Nous expliquait un Dieu que nous sentions en elle !
Heureux l'homme à qui Dieu donne une sainte mère !
En vain la vie est dure et la mort est amère,
     Qui peut douter sur son tombeau ?

                              ***

Exercices

Rendez compte de ce que vous avez lu.

Expliquez le sens des mots : désintéressé — types — glaive — conversion — génie — païens — christianisme — soupir — seuil — ambre — sentier — tombeau.

Que signifie : un abîme d'amour ? — être trempé aux sources du christianisme ? — prendre son essor ? — vivre dans la mémoire ? — porter le lin ou le pain ? revêtir l'indigence ? — verser le miel ou l'olive ? — recueillir les soupirs.

Indiquez les degrés de comparaisons des adjectifs qui se trouvent dans le morceau avec les règles à l'appui — les adjectifs verbaux avec la règle.

Indiquez le sens du morceau et la morale qu'il renferme.

---

114. — L'Enfant et le Pauvre.

« Mère ! faut-il donner quand le pauvre est bien laid,
Qu'il ne fait pas sa barbe et qu'elle est toute noire,
    Et qu'il ne dit pas s'il vous plaît ?
Faut-il donner ?

          — Ma fille, tu n'as pas de mémoire :
Le pauvre qui demande est l'envoyé de Dieu ;
Qu'importe s'il a fait sa barbe et sa parure ?
Il est beau du malheur écrit sur sa figure ;
C'est là son passe-port trop lisible en tout lieu.

— Mais s'il est malhonnête?

                    — Il ne l'est pas s'il pleure,
      Si son regard te dit : J'ai faim !
Veux-tu qu'il se prosterne en te tendant la main ?
C'est l'envoyé de Dieu qui nous guette à toute heure ;
Que ses lambeaux sacrés ne te fassent pas peur ;
Il vient sonder ton âme avec son infortune ;
Le mépris pour le pauvre est la seule laideur
      Qui m'épouvante ou m'importune.

      Dieu sur toi lui donne un pouvoir
      Bien au-dessus de la parole !
      Le jour où l'enfant le console,
      Par une colombe qui vole,
      Dieu le sait bien avant le soir !
      Lui qui dit aux heureux du monde :
      « Donnez pour qu'il vous soit remis ;
      » Et plus votre voie est profonde,
      » Pour que partout on vous réponde,
      » Prenez les pauvres pour amis ! »

Juge quand un enfant verse sa fraîche aumône
Au chercheur d'eau vive, et qu'il lui dit : Bonjour !
Comme un Christ altéré sous son âpre couronne,
Du ciel, dont il a soif, tu lui rends le séjour.

— Le Christ est beau ! je l'aime et je joue au calvaire,
Où j'ai fait un jardin tout bleu de primevère !
Mais les pauvres font peur. Mère ! si j'étais roi,
Mes pauvres aux enfants ne feraient point d'effroi ;
Ils n'auraient jamais faim de cette faim qui pleure,
Et ma colombe à Dieu l'irait dire à toute heure ;
L'hiver, ils n'auraient point un âtre sans charbon,
De longs jours sans manteaux, de longs soirs sans lumières ;
Je leur ferais des lits dans de tièdes chaumières,
      Et des habits qui sentent bon !

— Cher petit perroquet! comme tu parles vide!
Leur roi, c'est Dieu; la terre est leur froide maison.
Dieu regarde d'en haut si le plus fort, avide,
Ne prend pas au plus faible un grain de sa moisson.
Un jour il pèse, il juge! Autour de sa balance,
Les semeurs dépouillés se rangent en silence;
Le pauvre a recouvré le grain qu'il a perdu;
       Et le plus fort est confondu!

N'ai-je pas lu cela dans tes leçons apprises?
— Oui! Mais ne gronde pas; j'ai donné tout mon pain,
       Et la moitié de mes cerises!

— Viens donc que je te baise! Alors, sur le chemin,
N'as-tu pas vu passer des ailes de colombe?
Toi si pur! tu soutiens un homme qui succombe!
— J'ai dit : Bonjour.
            —Tu fais ce que nous avons lu;
Dieu dit : « Puisez l'aumône à votre superflu. »
— Du superflu, ma mère! en-ai-je?
            —C'est possible;
Au bord de l'indigence on se sent riche, hélas!
Le superflu, tu vois : c'est, pour l'être sensible,
       Tout ce que les pauvres n'ont pas!

Mme DESBORDES VALMORE.

Exercices

Rendez compte de ce que vous avez lu.

Expliquez le sens des mots : laid — barbe — mémoire — envoyé — parure — passe-port — se prosterner — guetter — lambeaux — sonder — colombe — voie — calvaire — primevère — être — balance — semeurs — superflu — indigence + sensible.

Pourquoi primevère, charbon au singulier et manteaux et lumières au pluriel?

Analysez logiquement : Cher petit perroquet! comme tu parles vide!

Indiquez le sens du morceau et les bons conseils qu'il renferme.

115 — Les Pauvres honteux.

Que de pauvres gens autour de nous ! Artisans sans ouvrage, ouvriers sans grand talent, dont le salaire ne suffit pas à couvrir la dépense, malades, convalescents plus à plaindre peut-être que les malades, parce qu'ils souffrent des résultats terribles de leur inaction forcée, veuves chargées de famille, orphelins sans maison, sans appui et sans affections : voilà bien des misères et bien des angoisses ; mais au moins elles sont connues, et par conséquent secourues. Dans tous les pays chrétiens, des œuvres nombreuses sont instituées pour les soulager ; mais la pauvreté cachée, la misère qui rougit d'elle même, la détresse que personne ne visite et ne console, les haillons sous l'habit noir, l'âme navrée derrière un visage résigné et quelquefois fier, qui s'en occupe ? qui les cherche ? qui les soulage ?

Ce sont des pauvres honteux, donc ils se cachent. Mais qu'est-ce que les *pauvres honteux ?* Ce sont les grandes et petites épaves des tempêtes par lesquelles la société est secouée ; employés que les révolutions ont mis sur le pavé, rentiers ruinés par des banqueroutes, plaideurs ruinés par des procès, inventeurs ruinés par leurs inventions, artistes que la vogue a abandonnés... Quelle est la caste qui n'a pas fourni son contingent au pauvre honteux ? Au dernier siècle, Théodore roi de Corse, mourait en secret de misère à Londres ! Pauvre honteux ! Chatterton, mourant de faim sans oser le dire, pauvre honteux ! et combien d'autres !

On trouve parmi les pauvres honteux des noms historiques, des noms qui sont la gloire de la patrie : deux petits-fils du grand Sully n'étaient-ils pas, il y a peu d'années, élevés et nourris par un pauvre domestique ? J'ai connu, réduites à la pauvreté la plus étroite, les nièces d'un artiste qui avait doté sa ville natale d'un musée d'objets d'art d'un prix inestimable, et les der-

niers neveux d'un industriel dont le génie inventif avait
enrichi sa province.

Personne ne songeait à leur donner du pain ; mais on
parlait fort d'élever la statue de deux oncles sur la place
publique.

Les pauvres honteux : c'est un professeur qui n'a pas
réussi, ce qui ne l'empêche pas d'être savant; il cherche
des leçons, il enseignera grec, latin, mathématiques ;
nul ne s'adresse à lui, et il meurt de faim sous son habit
râpé; c'est une pauvre fille qui a consacré à son père sa
jeunesse et son âge mûr : le père est mort, la petite
pension qui les faisait vivre est défunte avec lui ; que
fera-t-elle? elle n'a pas de profession, et sa pauvre
aiguille n'est ni alerte ni adroite.

C'est une institutrice vieille et dont on ne recherche
plus les talents; jadis elle donnait à sa famille le produit
de ses labeurs ; elle n'a rien gardé pour elle, et aujour-
d'hui vainement elle frappe à toutes les portes. C'est
une habile ouvrière en broderie ou en tapisserie; mais
elle est seule : la maladie a dévoré ses économies; une
ophthalmie l'a empêchée de tirer cette laborieuse aiguille ; elle manque de tout, elle doit payer son loyer...
L'inquiétude lui ôte le sommeil : si elle ne paye pas, on
vendra ses meubles, elle devra se loger en garni, et
alors elle descendra vite dans le gouffre de la misère.

Que n'ont pas vu ceux qui s'occupent des pauvres
honteux? Ici c'est une famille étrangère : elle porte un
beau nom, elle a connu de meilleurs jours; une faillite
l'a précipitée dans l'abîme, et un homme, ancien officier,
passe la journée et une partie des nuits à écrire des rôles
de contribution pour faire vivre sa femme, son enfant,
sa mère et un frère en démence. Là ce sont deux sœurs,
malades toutes deux, se soignant l'une l'autre : elles ne
possèdent rien ; leur père les a ruinées, et pourtant elles
n'en parlent qu'avec un respect touchant : comment
ces bonnes créatures vivent-elles? que de larmes sous

cette physionomie sereine, que de miracles de frugalité
et d'économie ! Là c'est une veuve ruinée par ses enfants ; elle ne les maudit pas, elle les plaint, elle, si à
plaindre elle-même, et qui à soixante ans est tombée
d'une large aisance dans une indescriptible pauvreté !
La fierté la retient chez elle et l'empêche de tendre la
main ; mais qu'il est sombre et nu ce *chez elle*, et qu'on
y devine de secrètes angoisses !

Mais comment les connaître les pauvres honteux ? en
s'informant auprès d'un bon ecclésiastique, ancien dans
la paroisse et qui la connaît tout entière, ou bien auprès
d'une de ces âmes charitables qui sont le port des infortunés ; ou bien, vous rirez peut-être, en demandant
quelques renseignements à un directeur de contributions, si vous en connaissez un. Ces chefs de service
sont assiégés de demandes : d'anciens professeurs, des
artistes, des veuves, des demoiselles viennent demander
des rôles et même des *patentes de chiens*. C'est une
triste besogne ; mais elle se fait chez soi et elle donne
du pain.

Comment secourir les pauvres honteux ? de toutes les
manières, pourvu qu'en y mettant de la délicatesse, on
ménage cette honte, cette pudeur que la plus extrême
souffrance n'a pu leur faire abdiquer. Secourez-les, en
leur cherchant du travail d'abord, en employant leurs
petits talents et en faisant de votre mieux pour leur
créer une clientèle. Secourez-les en leur offrant des vêtements décents, et en tâchant de deviner ce qui peut leur
manquer ; songez bien que l'extérieur, maintenu propre
et convenable, cache souvent une profonde indigence.

Secourez-les en les visitant, en causant avec eux ;
qui dira le bien qu'une parole aimable et douce peut
faire à une âme flétrie ? On se croyait abandonné, on ne
l'est pas ; une jeune fille, une jeune femme vous porte
intérêt, s'occupe de vous ; tout n'est donc pas perdu,
puisque la Providence a envoyé dans cette pauvre

chambre, témoin de tant de pleurs, un gracieux messager! Que dirai-je? on peut secourir les pauvres honteux de toutes les manières, en se servant de son argent, de son crédit et de l'influence de ses amis. On raconte qu'une jeune fille avait pris en pitié une honnête famille de son voisinage qui gagnait du pain à laver des cartes de géographie. La jeune fille n'était pas riche; mais elle avait du temps et du cœur; elle aussi se mit à laver des cartes, et son travail mit ses protégés dans une aisance relative. Voilà un joli exemple. Essayez; vous vous attacherez à la pauvre demoiselle, à la pauvre veuve, au vieillard délaissé que vous secourez; vous deviendrez habile et ingénieuse pour les aider : ce ne sera pas une œuvre bruyante; mais Dieu, qui voit ce qui se fait dans ce secret, vous en donnera la récompense. Et puis, jeunes filles,

> Il est beau de prévoir des retours dangereux,
> Et d'être bienfaisant alors qu'on est heureux.

****

Exercices.

Rendez compte de ce que vous avez lu.

Expliquez le sens des mots: artisans — ouvriers — talent — salaire — convalescents — haillons — épaves — employés — révolutions — rentiers — banqueroutes — plaideurs — procès — artistes — carte — musée — pension — labeurs — ophthalmie — loyer — faillite — contributions — angoisse — clientèle.

Que signifie mettre sur le pavé?— fournir son contingent? — un habit râpé? — une aiguille adroite? — frapper aux portes? — loger en garni? — être le port des infortunés? — l'âme navrée? — pauvres honteux?

Donnez la règle sur la répétition de l'article et l'application aux exemples renfermés dans le morceau. — Indiquez la règle des adjectifs placés avant ou après le nom, en s'appuyant sur des exemples pris dans le sujet. — Donnez la règle sur nul — sur personne — sur témoin.

Indiquez le sens du morceau et la morale qu'il renferme.

116. — A l'Aiguille.

Tant que petits nourrissons,
Comme fleurs dans les parterres,
Près des femmes escloront ;
Tant que de gentilles mères
Leurs marmots pomponneront ;
Tant que les jeunes fillettes,
Belles, accortes, proprettes,
A plaisir se pareront ;
Tant que blanches brebiettes
Fines laines donneront ;
Tant que chanvres fourniront
De toisons les quenouillettes ;
Tant que l'hôte du mûrier
Filera, pour t'octroyer
De ses entrailles la soie ;
Tant que le soleil poudroie,
Tant que la terre verdoie,
Aiguille, on t'honorera,
Et ta grâce on chantera.
Si du sol on te retire,
Du feu qui te fait reluire,
Tu sors dans ta pureté.
Cœur d'acier, petite aiguille,
Qui de points en points sautille,
Pourchassant l'oisiveté,
Par ton effort sont bannies,
Médisances, calomnies.
Ah ! puisse le genre humain,
Et surtout le féminin,
Ne plus connaître d'autre arme
Que ta pointe, dont le charme
Orne l'esprit et la main !

A. DE MONTGOLFIER.

Exercices

Rendez compte de ce que vous avez lu.

Expliquez le sens des mots : parterre — marmots — pomponner — accortes — chanvre — toisons — quenouillettes — mûrier — octroyer — poudroyer — verdoyer — sautiller — pourchasser — médisances — calomnies — arme — charme.

Nommez les temps primitifs des verbes : éclore — fournir — octroyer — poudroyer — reluire — sautiller — connaître.

Indiquez les mots du morceau qui sont en diminutifs, — Donnez toutes les inversions que vous trouvez dans le morceau.

Citez toutes les épithètes contenues dans le morceau.

Indiquez le sens du morceau et les conseils qu'il renferme.

---

117. — Devoirs de la Garde-Malade.

La première règle à suivre, dans les soins qu'on rend au malade, la première et la dernière chose sur laquelle l'attention de la garde-malade doit être fixée, la plus essentielle pour celui qui souffre, celle sans laquelle toutes les autres ne sont rien, et avec laquelle j'oserais presque dire que vous pouvez laisser de côté toutes les autres, la voici : Entretenir l'air qu'il respire aussi pur que l'air extérieur, en évitant de le refroidir. Cependant, y a-t-il une chose à laquelle on accorde en général moins d'attention? et même lorsqu'on en tient compte, quelles fausses applications n'en fait-on pas? — Même en admettant l'air dans la chambre du malade ou dans les salles d'hôpitaux, peu de gens se demandent d'où vient cet air? Il peut venir d'un corridor sur lequel d'autres dortoirs sont ouverts, d'une salle qui n'est jamais aérée, toujours remplie de la fumée du gaz, de l'odeur des mets, de toutes sortes d'émanations humides, d'une cuisine souterraine, d'un évier, d'une buanderie, d'une garde-robe, ou encore, comme j'en ai fait moi-même la triste expérience, d'un égout comblé d'immondices.

C'est ainsi que la chambre du malade ou les salles sont aérées, ou pour mieux dire, empoisonnées. Ce qu'il faut toujours, c'est de l'air, de l'air extérieur qui entre par les fenêtres, au travers desquelles il puisse pénétrer et se renouveler. L'air qu'on reçoit d'une cour fermée, surtout si le vent ne souffle pas de ce côté, peut être aussi stagnant que celui d'une salle ou d'un corridor.

Avec des fenêtres bien disposées, avec un feu suffisant dans les cheminées bien construites, il est aisé de renouveler sans danger pour votre malade ou pour vos malades l'air de la pièce où ils sont couchés. On ne prend pas froid dans son lit. L'opinion contraire est un préjugé populaire. Avec des couvertures convenables, des bouteilles d'eau chaude, s'il est nécessaire, vous pouvez toujours maintenir à un malade dans son lit une chaleur suffisante, et en même temps aérer sa chambre.

Et maintenant, vous croyez que nous vous recommandons des choses inutiles, ou que nous les exagérons. Il n'est pas question de ce que vous croyez ou de ce que je pense. Tandis que nous pensons, Dieu nous donne de sévères leçons. J'ai vu la pourriture d'hôpital sévir aussi cruellement dans de riches maisons que dans les hôpitaux les plus mal tenus, et cela par la même cause, c'est-à-dire le mauvais air. C'était par un égout placé de manière à répandre ses émanations corrompues dans toutes les chambres dont les portes étaient habituellement ouvertes, et les fenêtres toujours fermées ; c'était par les exhalaisons des eaux sales vidées dans les bains de pieds, par des ustensiles à peine rincés.

Dans cette maison, les poteries des chambres étaient lavées dans de l'eau malpropre ; la literie n'était jamais convenablement mise à l'air, secouée, nettoyée ou renouvelée ; les tapis et les rideaux sentaient le renfermé ; les meubles étaient couverts de poussière, les papiers de tenture imprégnés de saleté ; les planchers n'étaient jamais balayés ; les chambres inhabitées, sans soleil, sans air, n'étaient jamais nettoyées ; les buffets semblaient le réceptacle des mauvaises odeurs... tout ceci n'est pas inventé, mais réel. Dans cette opulente maison, pendant un seul été, il y a eu trois cas de pourriture d'hôpital, un de phlébite, deux de phthisie, tous ces maux produits directs du mauvais air.

La seule manière de bien soigner un véritable malade est d'avoir un lit de fer avec un sommier à ressort qui laisse pénétrer l'air jusqu'au matelas supérieur ; point de rideaux à draperies ; le matelas doit être de crin et assez mince ; le lit ne doit pas avoir plus de trois pieds et demi de largeur. Si le malade est entièrement retenu au lit, il faut avoir deux lits semblables, chacun d'eux pourvu de matelas, drap, couvertures, etc;, etc. Le malade passera douze heures dans chacun de ces lits, sans que vous déplaciez ses draps en même temps que lui ; le coucher tout entier doit être exposé à l'air pendant chaque intervalle de douze heures.

Ne vous servez jamais que de couvertures de laine légère pour recouvrir le malade. Les lourdes couvertures de coton piquées sont malsaines, par la raison qu'elles conservent les émanations de la personne malade, tandis que la couverture de laine légère les laisse évaporer. Les malades affaiblis éprouvent toujours de l'angoisse par le poids des couvertures, qui suffit souvent pour les priver de sommeil.

L'influence sur les malades de la beauté, de la variété des objets, de l'éclat des couleurs, n'a peut-être jamais été suffisamment appréciée. Les ardents désirs qu'excitent ces choses sont ordinairement appelés fantaisies de malades ; il n'y a nul doute qu'ils ne soient sujets aux fantaisies, comme par exemple, lorsqu'ils désirent deux choses contradictoires ; mais le plus souvent, ce qu'on appelle leurs fantaisies, ce sont des indications significatives de ce qui est nécessaire à leur rétablissement,

et il serait à désirer que leurs gardes-malades fissent
une étude attentive de ces fantaisies.

J'ai vu souvent, et j'ai senti moi-même, lorsque
j'avais la fièvre, la souffrance la plus aiguë s'emparer
du malade enfermé dans une baraque d'où il ne pouvait
rien apercevoir du dehors, n'ayant pour toute perspective que les nœuds du bois avec lequel sa baraque était
construite. Je n'oublierai jamais le ravissement d'un
malade atteint de la fièvre à la vue d'un faisceau de
fleurs éclatantes. Il me souvient pour moi-même d'avoir
reçu avec joie un bouquet de fleurs sauvages, et qu'à
dater de ce moment ma convalescence avança rapidement.

La variété des formes et l'éclat des couleurs dans les
objets présentés au malade sont donc des moyens réels
de guérison.   Florence Nichtingale.

Exercices

Rendez compte de ce que vous avez lu.

Expliquez le sens des mots : garde-malade — corridor — dortoir
— aérée — gaz — mets — émanations — évier — buanderie —
garde-robe — immondices — stagnant — cheminées — sévir —
égout — phlébite — phthisie — matelas — crin — fantaisie — la
fièvre — convalescence.

Que signifie : tenir comp'e? — pourriture d'hôpital? — être le
réceptacle? — sommier à ressort? — avoir pour perspective? —
maison opulente? — faire l'expérience?

Donnez la règle sur tous les participes passés renfermés dans le
morceau — sur à travers et au travers. — Qu'est-ce que l'air ? —
Indiquez son importance et son influence. — Qu'est-ce qu'un gaz ?
— Nommez-en quelques-uns, avec leurs dangers.

Indiquez le sens du morceau avec les conseils qu'il renferme.

---

118. — L'Étoile.

Il y avait une fois un grand enfant qui s'agitait beaucoup, songeant à mille choses diverses; il avait une
sœur, enfant comme lui, et sa compagne fidèle. Ils
admiraient la beauté des fleurs; ils admiraient l'éléva-

tion et la couleur du ciel ; ils admiraient la profondeur des eaux argentées, ils admiraient la pusisance et la bonté de Dieu qui avait fait ce monde charmant.

Parfois ils se disaient : Si tous les enfants de la terre mouraient, les fleurs, les eaux et les nuages auraient-ils du chagrin? Et ils croyaient qu'en effet ils auraient de la douleur ; car, ajoutaient-ils, les boutons ne sont-ils pas les enfants des fleurs? les ruisseaux vagabonds qui descendent la colline ne sont-ils pas les enfants des eaux? les lueurs qui brillent au firmament ne sont-elles pas les enfants des planètes ?

Il était évident que ces nouveau-nés de la création auraient de l'ennui de ne plus voir leurs compagnons de création, les enfants de la terre.

Il y avait surtout une belle étoile brillante qui avait coutume d'illuminer les cieux avant toutes les autres, — près du clocher de l'église, au-dessus du cimetière. Elle était plus grande et plus étincelante que ses sœurs ; — et chaque soir ils la guettaient, tandis qu'ils s'accoudaient à la même fenêtre. — Le premier des deux enfants qui l'apercevait s'écriait : — Je vois l'étoile ! et, le plus souvent, ils criaient ensemble, tant ils connaissaient bien l'heure de son arrivée.

C'est ainsi qu'ils devinrent amis. Ils la regardaient toujours une fois encore quand ils se mettaient dans leurs lits, afin de lui souhaiter une bonne nuit; et quand ils sentaient le sommeil venir, ils s'endormaient en disant : Gentille étoile, Dieu te bénisse !

Et, hélas ! il vint trop vite le temps où un seul enfant la regarda au lieu de deux ! alors qu'il n'y avait qu'un visage dans ces deux lits, tandis qu'une petite tombe qui n'y avait jamais paru auparavant était creusée parmi les tombes, pierre mignonné sur laquelle l'étoile dardait ses plus doux rayons.

Ces rayons étaient si brillants, ils semblaient indiquer un chemin si étincelant de la terre au ciel, que, lorsque l'en-

fant survivant se couchait dans son lit solitaire, il rêvait
de l'étoile, et voyait dans son rêve un grand nombre
de personnes que l'étoile attirait sur cette route des
élus. — Puis l'étoile s'entr'ouvrait et lui montrait un
monde éblouissant de lumière où d'autres anges plus
nombreux attendaient pour les recevoir.

Mais ces anges hospitaliers tournaient leurs regards
de feu vers les nouveaux venus dans l'étoile, et quelques-uns d'entre eux suivaient les longs rayons dans
lesquels ils se tenaient et venaient s'enlacer autour de
leur cou; ils les embrassaient tendrement et les emme-
naient au festin de lumières; et tous semblaient si heureux, que l'enfant endormi pleurait de joie dans son
berceau.

Parmi les bienheureux, l'enfant aperçut sa sœur,
cette petite figure malade dont son oreiller avait reçu
si longtemps les soupirs. Toutefois, l'ange de la sœur
restait à l'entrée de l'étoile et demandait aux arrivants :

— Mon frère est-il ici?

— Non, lui répondait-on.

Et alors le rêveur étendit les bras et s'éveilla en
s'écriant : « Sœur, je suis ici, prends-moi. »

Et éveillé, il vit à travers ses pleurs l'étoile qui illu-
minait sa chambre et formait de longues raies de feu au
milieu de ses larmes.

De ce moment l'enfant considéra l'étoile comme une
future patrie où il irait quand son heure serait sonnée ;
car il songea qu'il n'appartenait pas seulement à la terre,
mais aussi à cet astre brillant vers lequel l'ange de sa
sœur était allé.

Il survint à l'enfant un frère nouveau-né, un petit
chérubin souriant dans ses langes; et il était petit à
n'avoir pas pu dire une parole quand il étendit son
corps frêle dans les angoisses d'une mort prématurée.

Une fois encore l'enfant rêva de l'étoile ouverte, de
la légion des élus, de l'immense quantité d'arrivants

avec les rayons des anges aux yeux lumineux éclairant leurs faces.

Et l'ange de la sœur dit aux nouveau venus comme la première fois :

— Mon frère est-il venu?

Et il lui fut répondu :

—Pas celui-là... un autre.

Et pendant qu'il voyait l'ange du nouveau-né défunt dans les bras de l'ange de la sœur, il s'écria encore :

— O sœur! je suis ici, prends-moi.

Et elle sembla se tourner vers lui et sourire.

Et l'étoile brillait à son réveil.

L'enfant grandit, il étudia, chercha la science dans les livres; quand un vieux serviteur vint à lui et lui dit :

— Ta mère n'est plus; j'apporte sa bénédiction à son enfant bien-aimé.

Cette nuit encore il vit l'étoile et sa glorieuse population; — et l'ange de la sœur défunte demanda une dernière fois :

— Mon frère est-il venu?

—Non, répliqua-t-on, c'est ta mère.

Un cri puissant d'allégresse fit retentir l'étoile; car une mère était réunie à ses deux enfants. Et le pauvre rêveur, étendant ses bras, s'écriait en s'éveillant :

—O mère! ô sœur! ô frère! me voici prenez-moi.

Et tous trois lui répondirent :

— Frère pas encore.

Et l'étoile brillait comme par le passé.

C'est ainsi que l'enfant devint homme, puis vieillard; son visage si uni se rida, ses pas chancelèrent, son dos se courba; — et une nuit qu'il était étendu sur son lit entouré des enfants qui lui étaient nés à son tour, il s'écria ce qu'il avait crié longtemps auparavant :

Je vois l'étoile.

— Il se meurt, chuchotèrent ses fils.

Oui, répond-il, je me meurs; ma vieillesse se dé-

tache de moi comme un haillon, et je me sens monter
vers l'étoile jeune comme un enfant. — Et maintenant,
ô Père tout-puissant ! je te remercie d'y avoir reçu les
êtres chéris qui m'y attendent.

Et l'étoile brillait !

Elle brille aujourd'hui sur son tombeau.

CHARLES DIKENS.

Exercices

Rendez compte de ce que vous avez lu.

Expliquez le sens des mots : contempler — nuages — cimetière
— guetter — accouder — chemin — rêve — festin — raies — astre
— langes — légion — chuchoter — haillon.

Quelle différence entrevoir, regarder, observer, épier, guetter ? —
Quelle différence entre chemin, route, sentier ? — Donnez les différentes significations de raie — de tour. — Quelle différence entre serait sonné et aurait sonné ?

Qu'appelle-t-on ellipse ? — Indiquez celles énoncées dans le morceau. — Quelle différence entre au travers et à travers ? — Donnez
la règle des noms collectifs, en indiquant ceux que vous venez de
lire.

Indiquez le sens du morceau et la morale qu'il renferme.

---

119. — Promenade nocturne.

Le soir d'un beau jour d'été, fatigué de la chaleur,
je sortis pour aller respirer le frais ; le soleil tout en feu,
quittait l'horizon, et les ombres, descendant des montagnes, s'étendaient déjà dans la plaine.

Les bergers ramenaient de tous côtés leurs troupeaux
nombreux, en jouant de la flûte et du chalumeau ; les
bœufs revenaient du labeur à pas tardifs. J'errai dans la
campagne ; insensiblement j'avançais et m'éloignais
toujours. Il est si doux de se trouver seul dans les lieux
qu'on aime, et de s'abandonner à ses rêveries ! Je pro-
longeai ainsi ma promenade, sans m'apercevoir que la
nuit régnait déjà depuis longtemps ; mais, loin de m'ef-
frayer, qu'elle me parut intéressante, et qu'il est délicieux de jouir du spectacle d'une belle nuit.

L'air était pur, le ciel n'était obcurci d'aucun nuage, de brillantes étoiles embellissaient sa voûte d'azur ; un beau clair de lune partout répandu donnait aux objets champêtres un charme nouveau. Ce demi-jour, cette lumière incertaine, mêlés au loin à l'ombre des bois et des coteaux, inspiraient une douce mélancolie.

Tout reposait dans la nature ; à peine on entendait murmurer dans la prairie le faible ruisseau qui l'arrose.

Combien ce calme universel, ce vaste silence attendrissait mon âme et la pénétrait de sentiments augustes et religieux !

Je m'arrêtai devant un lac superbe, uni comme une glace et bordé de saules et de peupliers, entre lesquels on aperçoit quelques chaumières isolées. Avec quel ravissement, à la faveur des rayons argentés du flambeau de la nuit, je contemplais la magnifique voûte des cieux, renversée et reproduite tout entière dans ce vaste bassin, et les arbres qui semblaient s'allonger et fuir, et leurs feuillages qu'agitait un vent frais, balancés et flottants dans le miroir de l'onde tranquille !

J'allai m'asseoir dans un bosquet voisin pour considérer à loisir tant de merveilles, et là je me livrais à toutes les réflexions que peut inspirer un spectacle si doux, lorsque le son d'une voix vint tirer mon âme de l'enchantement où elle était plongée. Cette voix me paraissait peu éloignée ; j'écartai sans bruit les branches épaisses, qui me laissèrent entrevoir non loin de moi un homme d'un grand âge. Sa tête presque chauve, son visage noble et.serein, sa barbe ondoyante et blanche imprimaient le respect ; il était à genoux sous un chêne dont le tronc vaincu du temps, produisait encore des jets vigoureux. Les yeux élevés vers le ciel, il parlait vivement. J'écoutai en silence, et j'entendis cette prière majestueuse et touchante, qui partait d'un cœur tout plein de la Divinité qu'il invoquait !

« O vous dont la nature entière manifeste avec tant
de grandeur l'existence et le pouvoir infini, père des
hommes ! du haut de ce trône sublime qu'environnent
des chœurs innombrables d'esprits purs qui vivent de
votre amour, qui brûlent de vos feux, et célèbrent sans
cesse sur des harpes ravissantes vos louanges divines,
daignez un moment écouter un faible mortel et recevoir
son hommage.

» Au milieu du silence de la nuit j'élève ma voix, et
je viens adorer cette intelligence éternelle qui m'a tiré
du néant.

» L'univers, grand Dieu ! c'est votre temple. Éclairés
le jour par le soleil éblouissant, et parsemés pendant la
nuit d'étoiles étincelantes, les cieux immenses sont la
voûte de ce temple magnifique, et l'homme innocent et
pur en est le prêtre.

» Oh ! comment d'insensés mortels ont-ils pu méconnaître cette sagesse visible, universelle, qui gouverne
le monde avec tant d'éclat ? Comment, à l'aspect de ces
globes rayonnants qui roulent au-dessus des nues, de
ces mers profondes qui embrassent la terre et rapprochent les nations, de ces trésors répandus avec tant de
profusion sur la surface et dans ses entrailles, comment
donc, environnés de tant de prodiges, en ont-ils oublié
l'auteur ?

» Je vous bénis, Dieu suprême ! de m'avoir fait naître
d'une famille honnête et sage, et d'avoir éloigné de mon
cœur l'orgueil et l'ambition. Grâce à votre bonté paternelle, je jouis depuis quatre-vingts ans des seuls vrais
biens de la vie, la paix de l'âme et l'heureuse médio-
crité.

» Jamais vous n'avez cessé de me prodiguer les dons
de votre amour. Mes derniers jours encore sont tous
marqués par vos bienfaits. D'abondantes moissons rem-
plissent mes greniers ; vous arrosez mes prairies ; vous
donnez la fécondité à mes troupeaux ; vous fertilisez

mes vignobles ; votre main couvre mes arbres de fleurs et de fruits.

» Pour comble de félicité, vous m'avez conservé ma chère compagne et nos aimables enfants, dont la tendresse fait le charme de nos vieux jours. Mon Dieu ! je n'ai plus rien à désirer que de mourir avant eux.

» Je le sens, je touche au terme de ma carrière ; bientôt j'irai mêler ma cendre à celle de mes pères, et mon âme, pleine d'espoir en votre miséricorde, comparaîtra devant votre trône éternel. Alors, ô protecteur de ma longue vie, je vous recommande mes enfants ! Prenez pitié de leur tendre mère ! Veillez, du haut des cieux, sur des têtes si chères ; ô mon Dieu ! ne les abandonnez jamais ! »

En achevant ces mots, ses yeux s'emplirent de larmes ; de profonds soupirs s'exhalaient de son cœur ; il respirait à peine. Je crus voir alors je ne sais quoi de divin briller sur le front de ce vieillard vénérable. Il se leva, et d'un pas tranquille se retira dans sa demeure.

Cependant, l'aurore éclatante se disposait a ouvrir les portes du ciel. Les oiseaux voltigeant dans les arbres touffus, commençaient à gazouiller. Déjà les lapins, s'élançant de leurs terriers, couraient dans les vastes prairies blanchies par la rosée, et broutaient le serpolet, tandis que le renard glapissant, poursuivait dans les bois le lièvre épouvanté.

Déjà le diligent laboureur attelait à la charrue ses bœufs mugissants ; déjà les brebis, s'échappant en foule de l'étable, se répandaient en bêlant dans la campagne, suivies des chiens qui aboyaient et des bergères chantant des airs rustiques.

Le front couronné de rubis et de rayons d'or, le soleil sortait du sein de l'onde et lançait ses premiers feux. L'âme émue et ravie de ce que j'avais vu, de ce que je venais d'entendre, je me levai et regagnai tranquillement mon réduit champêtre.   Reyrac.

Exercices

Rendez compte de ce que vous avez lu.

Expliquez le sens des mots : horizon — bergers — flûte — chalumeau — rêverie — nuages — étoile — ruisseau — contempler — bassin — miroir — bosquet — harpes — globes — vignobles — terriers — rosée — charrue — champêtre.

Que signifie : respirer le frais ? — le soleil en feu ? — le flambeau de la nuit ? — la voûte des cieux ? — considérer à loisir ? — toucher au terme ?

Nommez les participes présents et les adjectifs verbaux que vous avez dans le morceau en indiquant la règle.

Donnez la règle de l'adjectif se rapportant à deux substantifs de genre différent en citant les exemples qui se trouvent dans le morceau. — Donnez la règle de l'accord du verbe en l'appliquant à cette phrase du sujet : Combien ce calme, etc. — Dites ce que produit le mouvement de la terre autour du soleil et sur elle-même.

Indiquez le sens du morceau et la morale qu'il renferme.

---

120. — La Sœur de charité.

Il est cependant des anges adonnées
A l'univers souffrant, qui veulent être nées
    Pour entendre couler des pleurs ;
Des femmes d'entre nous, de célestes colombes,
Qui s'envolent au loin pour vivre sur des tombes
    Comme y croissent de pâles fleurs !

Celles-là mieux que nous ont droit à la gloire,
Qui sans bruit, sans éclat, sans rêves de mémoire,
    Sans vaines caresses d'orgueil,
Aux rires de la vie ont préféré les larmes,
Aux plaisirs les travaux, au repos les alarmes,
    Aux sofas dorés le cercueil !

Telles dont l'existence est comme l'onde pure
Qui glisse obscurément dans la vallée obscure,
    Où nul arbre ne peut fleurir ;
Qui voilent leur beauté d'une bure grossière ;
Dont les pieds délicats blanchissent de poussière
    A force d'aller secourir.

Celles qui ne seront jamais épouses, mères,
Qui fuyant l'égoïsme et cherchant des misères,
      Épousent les moindres douleurs !
Celles que saint Vincent adopte pour ses filles,
Qui chez les indigents se forment des familles,
      Divine charité, les sœurs !

Les sœurs que la piété guide dans les hospices,
Où l'aurore en naissant ramène les supplices
      De l'agonie et de la mort ;
Surmontant le dégoût de leurs salles impures,
Leur blanche et douce main verse dans les blessures
      Un sain baume qui les endort.

Tous leurs jours sont jetés en proie à la souffrance.
Au désespoir qui doute apportant l'espérance
      Qui berce et promet de guérir,
Elles parlent de Dieu, dont la bonté dispense
Les maux de cette vie, et qui fait récompense
      A celui qu'il a fait souffrir.

Et comme Jésus-Christ d'un seul mot de sa bouche
Ressuscitait les morts, une voix d'ange touche
      Le pauvre malade abattu !
Il rouvre à cet accent sa pesante paupière,
Il redemande à vivre, et mêle sa prière
      Aux prières de la vertu.

Puis à ces orphelins qui, même au plus jeune âge,
N'ont jamais d'une mère entrevu le visage
      Ni senti les tendres baisers,
Elles portent leurs soins, et chastes bienfaitrices,
Dans ce monde perdu sont les seules nourrices
      De ces cœurs sourdement brisés.

Puis encore aux prisons, dans cet enfer du crime,
Où l'homme condamné n'est plus qu'une victime

Qu'il faut plaindre et secourir,
A l'exemple puissant de leur divin courage,
Dans ces cœurs pervertis vient, au lieu de la rage,
Le remords avant de mourir.

Vous dites au méchant qui n'a plus de cœur : Frère,
Il est un Dieu pour tous, attends, espère, espère !
Vers sa bonté tourne tes pas.
Puis ils pensent à vous, à vous, ô saintes femmes,
Qui les avez guéris, à vous, si belles d'âmes !
A vous qui ne maudissez pas !

Oh ! mais aussi ce Dieu vous voit et vous contemple,
Près de ses saints martyrs il vous réserve un temple,
Un temple au séjour éternel !
Car il sait toute chose ! et ceux qu'avec mystère
Vous secourez ici, se taisent sur la terre
Mais vont tout raconter au ciel.

Hermance Sandrin.

Exercices

Rendez compte de ce que vous avez lu.

Expliquez le sens des mots : — univers — colombe — tombes — mémoire — orgueil — sofa — bure — égoïsme — indigents — hospices — agonie — paupière — prisons — remords — martyrs.

Que signifie : avoir des droits ? — aux rires de la vie ? — épouser les moindres douleurs ? — se former des familles ? — la piété guide ? des salles impures ? — Dieu dispense les maux ? — Être si belles d'âmes ?

Donnez la règle sur quelque chose, autre chose, toute chose, toutes les choses. — Sur mémoire.

Indiquez les ellipses dans le second verset. — Indiquez dans la même strophe les antithèses. — Donnez quelques métaphores qui se trouvent dans le morceau.

Indiquez le sens du morceau et la morale qu'il renferme.

————

121. — De la Discrétion.

Rien de plus aimable que la jeune fille *discrète*. Sa raison précoce lui fait sentir le prix d'une telle vertu. Elle n'a pas besoin qu'on lui recommande de taire ce qu'elle ne doit pas dire. Complaisante dans une juste mesure, assez entreprenante pour n'avoir pas de gaucherie, mais réservée dans ses vœux et dans ses demandes, elle se garantit du double écueil des deux sortes d'importunité. Elle garde une allure franche, un visage ouvert, mais elle n'étourdit personne par le bruit de ses paroles, et sait toujours s'arrêter avant que la fatigue commence.

Judicieuse, pleine de tact, et possédant l'instinct des convenances, elle se fait heureusement remarquer par ce qu'elle évite, plutôt que par ce qu'elle exécute. C'est qu'elle sent à merveille que son sexe a le plus grand besoin de pratiquer la *discrétion* ; qu'entouré de liens, de devoirs, de gênes, il faut le dire, il ne peut simplifier sa tâche qu'en y travaillant avec une modeste obscurité, incompatible avec les imprudences de la jeune fille *indiscrète.*

Sans doute il n'est pas facile, à l'âge mobile de l'adolescence, il n'est pas ordinaire d'arriver à la perfection de cette qualité ; mais celle qui s'évertue de bonne foi à l'acquérir est assurée d'obtenir par là seulement de grands et solides avantages. Ceux qui la connaissent et qui peuvent l'apprécier éprouvent pour elle plus que de l'intérêt ; ils lui paient un tribut de considération et d'estime : la confiance les attire vers elle ; la satisfaction les retient près d'elle ; son éloge est dans toutes les bouches ; mais, comme la *discrétion* est sœur de la *modestie,* on lui fait l'honneur de ne pas la louer en face. Sa mère ne rencontre pas en elle seulement une fille, mais une amie, une auxiliaire, et, autant qu'il convient, une confidente. Elles comptent l'une sur l'autre, sans

aucun sentiment de contrainte, sans une ombre d'appréhension.

Les premiers bijoux qu'Éliézer offrit à Rébecca
furent des pendants d'oreilles d'or : c'était afin d'apprendre à la vierge, dit un pieux auteur, que, pour être
bonne épouse, elle devait penser à la parure de ses
oreilles, et se disposer à écouter, par conséquent à se
taire à propos. L'intempérance de la langue rend impossible la vie intérieure. Une femme qui parle toujours
n'entend jamais la voix de sa conscience et la voix de
Dieu. Ne réfléchissant pas, elle ne saurait se connaître ;
ne se connaissant pas, comment pourrait-elle s'amender,
et, ne s'amendant pas, la perfection devient pour elle
un sommet qu'elle ne saurait atteindre. Le silence, au
contraire, tout en humiliant l'esprit, produit naturellement la réflexion, favorise les colloques intimes de
l'âme avec Dieu, facilite l'exercice de sa divine présence, et Jésus, la voyant attentive, entre dans son cœur
comme il entra jadis dans le monde, à minuit, quand
tout faisait silence autour de son berceau.

L'intempérance de la langue nous entraîne à beaucoup de fautes. Celui, dit l'Esprit-Saint, qui ne pèche
pas par la langue est parfait ; et Notre Seigneur nous
avertit que nous rendrons compte même d'une parole
oiseuse. Il a voulu nous faire entendre que Dieu, pour
nous juger, scruterait jusqu'à nos conversations, en apparence les plus innocentes, parce qu'elles sont rarement
pures de tout péché, afin de nous prémunir, par cet
avertissement, contre l'intempérance du langage. Quand
on parle beaucoup, en effet, il est bien difficile de rester
dans les bornes de la convenance et de la charité. A force
de dépenser, on finit par s'appauvrir. Alors il est facile
de commettre des *indiscrétions*, dont on a souvent sujet
de se repentir. Et puis, quand on est long dans ses
discours, c'est ordinairement en parlant de soi ; or, il
est plus difficile de bien parler de soi-même, dit saint

François de Sales, que de danser sur la corde. Il est rare que Dieu n'en soit point offensé ; car la plus grande menteuse est celle qui parle le plus d'elle.

Eussions-nous d'ailleurs le rare bonheur de toujours bien parler, ce serait là encore un moyen peu sûr de nous faire aimer. Chacun a son amour-propre, qui aime bien d'avoir de l'esprit à son tour, et qui hait ceux qui l'empêchent de le montrer. Voulez-vous que chacun soit enchanté de vous? soyez assez réservée, assez modeste ou assez habile pour qu'en sortant d'avec vous, chacun soit enchanté de soi. Le monde est ainsi fait. Il suffit qu'on paraisse solliciter ses louanges pour qu'il les refuse.

La modestie sera toujours le plus court chemin pour arriver à la gloire ; et toujours on pourra dire d'une femme qui sait se taire à propos ce qu'un chevalier disait du bouton de rose qu'il avait pris pour emblème : Plus elle se cache ! plus elle est belle !

****

Exercices

Rendez compte de ce que vous avez lu.

Expliquez le sens des mots : précoce — gaucherie — réveil — importunité — étourdir — judicieux — convenances — liens — perfection — s'évertuer — éloge — auxiliaire — appréhension — conscience — s'accorder — colloque.

Que signifie : dans une juste mesure? — avoir une allure franche? — un visage ouvert? — avoir du tact? — simplifier sa tâche? — sentir à merveille? — Dans une modeste obscurité? — payer un tribut d'estime? — être dans toutes les bouches?

Donnez la règle sur avant — sur personne — sur il s'en faut beaucoup ou de beaucoup — sur du, de la, des, devant les noms pris dans un sens partitif.

Indiquez le sens du morceau, les conseils qu'il renferme et la morale que vous en tirez.

122. — Être seule.

La lumière du jour a pâli; on n'a pas encore allumé la petite lampe dans la mansarde. Madeleine, assise devant sa table à ouvrage, se repose un moment. Ce repos, en ce moment où la nuit tombe, est une méditation. Mieux qu'autrefois dans son adolescence, elle regarde le passé, le présent, et se recueille; c'est à Dieu qu'elle s'adresse. Écoutons les paroles, qui dans le calme, s'échappent de ses lèvres.

Gardons-nous de troubler cette communication intime de la créature avec son Dieu.

« L'homme ne lit pas en lui-même à la lumière du soleil; c'est vous qui l'éclairez pour visiter son cœur, lueur sans terme, mon principe et ma foi. Ma vie s'avance; elle a passé vite comme ces arbres que sur une route on voit fuir quand, soi, on court au but. »

Il y a des jours que je voudrais revoir; mais chaque instant glisse de mes mains dans l'éternité; vous ne nous le rendez pas; il a servi une fois : c'est assez pour que nous en ayons fait bon ou mauvais usage.

Je suis vieille, c'est-à-dire que la partie visible de mon être s'affaisse; mes yeux sont affaiblis; tous mes sens ont gardé du voyage une lassitude qui n'a pas atteint le fond de mon âme; sous vos yeux seulement, je puis avouer sa jeunesse, cette jeunesse que vous aimez. Quand le mal, grâce à vous, ne nous a pas touchés, nous conservons la chaleur. N'ayant point trouvé le bonheur ici au printemps, nous ne l'y cherchons pas au temps où le fruit va tomber.

Merci, mon Dieu, d'avoir éloigné tout prestige; quand on a beaucoup souffert, on voit le terme sans appréhension. Tous les liens sont rompus; on s'élève facilement. Qu'ai-je dit? Est-ce une plainte? Ingrate! Vous aurais-je offensé? Non, je ne vous reproche rien ; ce que vous faites est bon. Si le labeur a été rude, il n'y a pas eu de détresse sans raison d'espérance. Quand j'ai eu soif, vous m'avez donné toujours cette goutte d'eau qui suffit au pèlerin pour attendre une source. Il n'est pas vrai qu'il y ait des ténèbres où l'homme s'agite sans secours. Lumière, vous pénétrez toujours dans sa prison obscure ; il ne faut qu'une fente, à peine visible, pour qu'un de vos rayons tombe au regard du prisonnier, et le réconforte en secret.

J'ai été jeune, et quoique pauvre, ma part de bonheur était bonne au temps où je m'en contentais. Ce qui nous fait mal, c'est beaucoup moins la privation que le désir. Devinant une joie quelconque, notre sourire est le même, et bien souvent les joies qu'on n'a pas achetées à grands frais valent plus que les autres.

J'ai été belle ; tous les yeux me l'ont dit. Ma beauté, c'était ma richesse, et de tous mes sacrifices, celui-là n'est pas le moindre. Et pourtant, cette perte n'a pas été non plus sans avantage. Devenue laide, j'ai mieux discerné ceux qui m'aimaient. J'ai connu une sympathie nouvelle, celle qui, sans passer par le regard, va directement d'une âme à une autre, et s'y repose plus pure et plus délicate. Oui, quand rien de physique n'a prévenu, quand le cœur n'a subi aucune influence extérieure, il naît en l'homme un sentiment plus élevé dont l'estime seule est la base, et ce genre d'affection nous repose comme tout ce qui est immatériel.

Où donc, Seigneur, où donc est la plaie vive? Où est ce déchirement sans pareil qui m'a laissée toute saignante? Élise!... c'est elle que vous aviez étendue sur ma douleur comme un baume bienfaisant ; c'est elle qui m'a suffi jusqu'à l'heure sévère où vous m'avez montré que vous seul suffisez.

J'ai lu dans un beau livre cette pensée d'un saint : « L'âme humaine est la capacité de Dieu, et tout ce qui est plus petit que Dieu ne peut pas la remplir. » On oublie sa propre puissance quand on croit qu'une affec-

tion profonde peut nourrir le cœur. Souvent je me suis
surprise à penser que je ne pourrais pas vivre sans
Élise; que son regard était mon refuge; que, privée
de ce secours, je me trouverais dénuée de force, écrasée
sous le poids que nous portions à deux. Vous me l'avez
ôtée : de nos âmes collées ensemble, l'une a été prise,
l'autre laissée... Soyez béni, ô mon Dieu; les vides que
la créature avait creusés en moi, c'est vous qui les avez
remplis. Vous vous êtes infiltré comme une eau silencieuse qui s'empare de toutes les issues, s'en va dans les
bas-fonds, et monte, monte jusqu'au faîte. Je suis toute
seule, et j'en ai cru mourir : je vous l'ai dit tout bas, je
ne l'ai dit qu'à vous.

Dans un seul jour, le monde entier est devenu pour
ainsi dire un cachot; mais vous saviez que ma plainte
était sans malice; vous l'avez excusée comme un murmure d'enfant; vous êtes venu revêtu de douceur, vous
vous êtes approché, je vous ai reconnu au calme de vos
pas. Quel respect pour la liberté de l'homme! vous
l'avez dit vous-même : Je me tiens à la porte, et je
frappe. Non, je ne vous ai connu que très-imparfaite-
ment, tant que j'ai vécu appuyé sur une autre; maintenant, je sais mieux qui vous êtes. En vous, je trouve ce
que j'ai trouvé dans Élise, et je trouve encore ce qui
lui manquait; car la créature finie a des bords contre lesquels nous nous brisons, et vous n'en avez point, océan
sans rivage.

Que l'homme, remué par ses passions, soit écrasé par
la solitude, je le comprends; se rencontrer lui-même
l'effraye, et vous rencontrer, vous, l'épouvante; mais
pour l'âme de bonne volonté qui vous cherche, le mot
seule n'enferme pas des douleurs sans espoir ; elle
souffre, mais elle se fortifie, parce que, manquant de
tout, c'est de vous qu'elle emprunte ce qu'il lui faut
pour vivre.

Recevez donc, Seigneur, l'hommage d'un cœur vrai :

ce que vous m'avez donné m'a suffi ; ce que vous m'avez ôté, je le croyais nécessaire, et il ne l'était pas. Descendue au plus bas échelon du malheur, quand je lève les yeux, je ne vois plus que vous. Je compte en votre présence mes douleurs et mes joies, et je dis au fond de mon cœur : Toute vie malheureuse a ses compensations. Merci, mon Dieu !

Mme DE STOLTZ.

Exercices

Rendez compte de ce que vous venez de lire.

Expliquez le sens des mots : lampe — méditation — prestige — labeur — détresse — réconforter — sympathie — baume — s'infiltrer — bas-fonds — cachot — échelon — compensations.

Dites ce que c'est qu'un pléonasme, et relevez ceux du morceau — qu'une ellipse, et relevez-les dans le morceau. — Analysez logiquement les phrases à partir de : Qu'ai-je dit, jusque : Si le labeur.

Indiquez le sens du morceau et la morale qu'il renferme.

---

123. — Les Petites industries.

Voici l'hiver, l'hiver et ses longues nuits, l'hiver et ses tristes jours, l'hiver et le froid, l'hiver et la souffrance, non pour vous, jeunes filles heureuses, mais pour les ouvriers, les pauvres, les faibles, qui redoutent cette saison que vos vœux appellent peut-être. Pour vous, qu'est-ce que l'hiver? des soirées passées auprès d'un bon feu ; vous, tirant l'aiguille ou faisant courir la navette pendant que votre père lit à haute voix. Tantôt vous ferez un peu de musique, et puis vous prendrez une tasse de thé. A mesure que l'hiver s'avance, les fêtes arrivent et vous attendent, et le frileux vieillard vous apparaît entouré de fleurs et de parures. Avec l'hiver, les bals, les concerts, les dîners, les présents de Noël et de la nouvelle année, une vie plus intime avec la famille et les amis : voilà l'hiver pour ceux qui ont une grande fortune, ou même, dans de moindres proportions, qui ont quelque aisance, comme l'été n'est pour eux qu'une saison de voyages et de villégiature.

Mais les pauvres gens! mais ceux qui ont besoin de tout et qui ne possèdent rien! pensez donc à ce qu'est l'hiver pour eux! Et encore laissons de côté le pauvre officiel, celui qu'on inscrit sur la liste des indigents que secourent les bonnes sœurs, les sociétés de bienfaisance et les âmes charitables du quartier; prenons non pas même l'ouvrier, ses bras vigoureux nourrissent son corps, mais étudions l'ouvrière, la femme, la jeune fille, qui, sans soutien sur la terre, doit demander à son industrie le pain de chaque jour.

Son industrie! en a-t-elle une? Si un père et une mère aimants et prudents n'y ont pas pourvu, elle arrivera à vingt ans sans avoir d'état, et alors il faudra qu'elle entre en fabrique. Triste sort! il en est peu d'aussi dignes de compassion. Songez donc : elle a vingt ans, elle est faible, car elle a été mal et peu nourrie ; c'est égal, il faut qu'elle se lève entre quatre et cinq heures du matin, et qu'après un frugal déjeuner de pain et de lait coupé, elle s'en aille dans les ténèbres, par la boue, la neige ou le verglas, gagner son atelier. Là, elle dépouille ses habits ordinaires, et revêt une jupe grossière, puis, toute la journée, elle restera debout, circulant à grand'peine entre des machines pressées les unes contre les autres, respirant un air chaud, humide, épais, chargé de poussière et de détritus de lin ou de coton, surveillant son métier sans pouvoir le quitter des yeux, et obligée à une vigilance incessante si elle ne veut pas être saisie et emportée par un des bras de ce Briarée qui agite tout autour d'elle. Ce travail pourrait passer pour un supplice : il dure douze heures, il recommence tous les jours. Telle est l'ouvrière de fabrique de Rouen, de Reims, de Lille, de Roubaix, de Saint-Quentin, de Mulhouse.

L'ouvrière lyonnaise ne travaille pas en fabrique ; c'est dans sa chambre qu'elle tisse ces magnifiques ru-

bans qui parent si bien les femmes. Mais que ce travail
est dur et fatigant ! Elle n'est pas assise ; elle est suspendue sur une courroie ; ses pieds meuvent les leviers,
sa main lance la navette, et cela sans repos du matin au
soir, et pour un salaire qui suffit à peine aux besoins du
jour. Cependant, le gain des ouvriers qu'emploie la
grande industrie des tissus (laine, coton, fil et soie),
quoiqu'il soit peu proportionné avec les immenses
fatigues qu'elles endurent, leur donne du pain, et en
général, la charité ne doit penser à elles que dans les
temps de maladie et de chômage (fréquents, hélas !) Mais
la petite industrie est bien la plus triste chose du monde ;
car elle est presque toujours insuffisante pour les besoins de celles qui y cherchent une ressource.

Connaissez-vous un mot plus triste que celui de petite
industrie ? On voit, on devine une pauvre fille sans état,
peut-être sans forces, peut-être sans talent, allant offrir
de maison en maison son chétif savoir-faire, *s'indus-
triant* pour vivre, sans que personne se préoccupe si
elle réussit... Comparez votre sort et le sien, vous à qui
est si facile ce chemin que tout lui rend fatigant et douloureux ! Que vous demande-t-on à vous ? de vivre et d'être
heureux. Que vous impose-t-on ? les plus doux devoirs,
des travaux qui sont des plaisirs ; et un peu de reconnaissance, d'affection, paye, et au delà, les dettes de
cœur que vous contractez. Comparez encore et voyez
ce que coûte votre vie matérielle, et ce que rapporte ce
labeur incessant des femmes employées dans les petites
industries.

La plupart des ouvrières n'arrivent à gagner, en dépit
d'un labeur assidu, qu'une somme de 1 fr. 50 cent. ou
de 2 fr. Maintenant, faites leur budget : loyer, — nourriture, — blanchissage, — toilette, — chauffage, —
éclairage, — réduisez-le tant que vous pourrez, réfléchissez aux dimanches et aux chômages, et voyez si

une pauvre fille n'a pas besoin qu'on s'intéresse à elle,
qu'on vienne à son aide d'une manière efficace.

Comment lui venir en aide, me direz-vous? En veillant sur celles que vous connaissez, en les faisant travailler, en les recommandant à de bonnes et honnêtes
maisons, en leur faisant à l'occasion, une petite offrande
motivée par une fête, par la nouvelle année, par exemple ; car il faut ménager l'honnête fierté des pauvres.
Un vêtement de laine, un vieux manteau, des chaussures, un peu de linge sont des présents utiles, et qui
seront bien reçus, et il vaut mieux donner à l'ouvrière
indigente qu'à la domestique qui gagne de gros gages.
Quand vous aurez acquis la confiance d'une jeune ouvrière, votre voisine peut-être, vous pourrez l'engager
à aller au patronage établi maintenant dans chaque
paroisse de Paris et de toutes les grandes villes; là,
elle passera doucement son dimanche, loin des plaisirs
dangereux et des fréquentations mauvaises ; elle y sera
amusée et guidée tout à la fois, et prendra dans ce jour
de repos force et courage pour six jours de travail.

Engagez-la aussi à se faire inscrire dans une société
de secours mutuels qui fonctionne à Paris spécialement
pour les ouvrières, sous le vocable de Sainte-Marie ;
elle y trouvera les secours de l'association en cas de
maladie et en cas de chômage. Mais faites mieux ; encou-
ragez ces institutions par vos aumônes et vos exemples ;
versez une petite somme dans la caisse des secours ;
protégez les patronages en envoyant des livres pour
leurs bibliothèques, des petits lots pour leurs loteries,
des jeux même pour amuser les jeunes filles ; car il faut
un but à la réunion de cette jeunesse, et proposez-vous
quand vous serez plus âgée, d'être dame de patronage
de votre paroisse, et d'aller fréquemment au milieu
de ces enfants, les visiter, les égayer par de bonnes
paroles, des dons, des conseils pratiques que l'habitude
de la vie vous inspirera. Tout cela demande de la bonne

volonté ; mais n'en trouve-t-on pas toujours pour les plaisirs, pour la toilette ?

Pensez-donc aux ouvrières qui travaillent tant, qui sont si peu rétribuées, à qui la vie est si dure ; tâchez de leur faire du bien par une aumône intelligente, une protection qui ne se borne pas à des paroles, une vigilance amie ; vous serez récompensée, car s'il y a de terribles châtiments pour les riches sans entrailles, il y a de douces, d'immortelles récompenses pour ceux qui *ont eu l'intelligence sur le pauvre et qui lui ont tendu les bras.*   M. B.

Exercices

Rendez compte de ce que vous avez lu.

Expliquez le sens des mots : redouter — saison — thé — frileux — concert — villégiature — compassion — verglas — atelier — détritus — supplice — courroie — leviers — navette — salaire — chômage — labeur — vocable.

Que signifie : ce frileux vieillard — une jupe grossière — n'avoir pas d'entrailles — la vie matérielle — Briarée — une société de patronage — de secours mutuels ?

Donnez la règle sur aide — sur le verbe être — sur comme — — du, de la, des, devant les noms pris dans un sens partitif.

Indiquez les différentes espèces de thés. Nommez ce qui est fabriqué dans les villes citées dans le morceau.

Indiquez le sens du morceau, la morale qu'il renferme et les conseils qu'on donne.

---

124. — Bérangère d'Auvergne.

En allant de Moulins à Clermont-Ferrand, entre le Bourbonnais et l'Auvergne, le voyageur aperçoit un petit château à toiture d'ardoises, dont l'architecture naïve remonte à près de dix siècles. Dans les dépendances de ce manoir, fort vénéré de toute la contrée, on prend surtout plaisir à visiter une petite chapelle de style gothique, pleine de sculptures et de devises.

Deux statues en pierre ont survécu à toutes les grandes commotions qui remuent le sol de la France depuis tant d'années. Ces deux statues, qui font l'une et l'autre d'une excessive délicatesse et d'une forme irréprochable, représentent l'une sainte Cécile, la harpiste des anges, son instrument divin à la main ; l'autre, la Vierge Marie, au moment où elle allaite l'enfant Jésus.

Au bas de deux images, on lit ces mots enroulés dans des banderoles de marbre :

Bérangère, dauphine d'Auvergne.

En 1816, pendant les vacances, un jour que j'allais faire un tour à travers les paysages si pittoresques du Puy-de-Dôme, un vieux prêtre me donna la clef de cette légende.

« Ces quatre mots que vous voyez si bien sculptés dans le mur, me dit-il, sont toute une douce et charmante histoire de jeune fille. Le temps qui n'épargne rien, pourra bien un jour voir tomber à terre le château à toiture d'ardoises et cette petite chapelle que je dessers ; mais, dans la suite des âges, on se rappellera toujours par ici le nom de la petite dauphine d'Auvergne. »

Cette entrée en matière piquait vivement ma curiosité de touriste. Je pressais l'excellent prêtre de me dire ce qu'avait fait la jeune princesse durant sa vie pour être bénie si longtemps encore après qu'elle avait cessé d'être.

« Il y a un peu plus de dix siècles, reprit le chapelain, c'est-à-dire en huit cent et tant que le ciel envoya au duc Aimery d'Auvergne une charmante enfant, blanche et rose, et belle comme le jour. Un chevalier, son parrain, qui revenait de la guerre contre les Sarrasins, lui donna le nom de Bérangère, qui était en usage dans la famille ; puis la petite fille fut placée sous le patronage de la Mère du Christ. »

Les bonnes œuvres de la princesse ne sauraient pas plus se compter que les étoiles du ciel. Il en est deux cependant que tout le monde vous redira dans ce pays. Ce sont les deux actions auxquelles font allusion les deux statues que vous venez de voir. Bérangère n'était encore qu'une jeune fille. Un jour, une disette cruelle se manifesta dans toute la Provence. La faim décimait les populations; on ne voyait partout que des mourants, et l'on n'entendait que des voix lamentables.

Si ce terrible fléau continue, disait le dauphin Aimery d'Auvergne, il ne restera plus un seul homme dans mon duché.

On avait envoyé dans les provinces avoisinantes des députations chargées d'apporter du grain en Auvergne; mais, comme l'année avait été mauvaise un peu partout, ni le Bourbonnais, ni la Marche, ni le Berri ne consentirent à échanger leurs récoltes contre de l'argent.

Des prières publiques furent ordonnées; on fit des processions et des pèlerinages : la disette néanmoins durait toujours.

Dans une telle extrémité, Bérangère pensa à intervenir auprès de celui qui peut tout. Elle était excellente musicienne, et toutes les fois qu'elle touchait les cordes de sa harpe, le ciel s'entr'ouvrait, disait-on, afin d'écouter les mélodies qui s'échappaient de ses doigts inspirés.

Un matin du mois d'août, elle se rendit à la cathédrale de Clermont, dans la chapelle consacrée à sainte Cécile; après s'être agenouillée pieusement devant l'autel, elle s'écria : « Harpiste des anges, accordez-moi un peu de votre talent! aidez-moi à donner du pain aux pauvres gens de ce duché! »

Puis, rentrant au manoir, elle alla trouver le chapelain et lui dit : « Mon père, j'ai un projet, le voici : Nous allons monter à cheval, et nous faire suivre d'un chariot, derrière lequel marcheront quelques-uns de nos pâles vassaux.

— Que prétendez-vous faire, demoiselle? demanda le vieillard.

— Je veux aller, sous la protection de sainte Cécile, quéter du pain pour nos pauvres vassaux.

— Attendez au moins le retour de monseigneur votre père, reprit le chapelain.

— Nenni, nenni : la mort n'attend pas, messire. Partons ! »

» Ils se rendirent à Moulins. Arrivés sur la place de l'église, ils descendirent de leurs montures et les laissèrent à la garde des hommes qui les avaient suivis ; c'était un jour de dimanche, et la grand'messe sonnait. Bérangère, suivie du chapelain, entra dans l'église, pria dévotement, et, au sortir du saint lieu, comme tous les habitants s'étaient arrêtés sur la place pour regarder avec admiration la belle inconnue, Bérangère accordant sa harpe se mit à chanter les souffrances de ses sujets affamés. Ses accents touchèrent de pitié les habitants de ce pays plus favorisé du ciel, et chacun courant à sa grange, à sa may, revint apportant, qui un pain, qui un boisseau de blé, qui deux boisseaux, selon sa fortune. Ce que voyant Bérangère, les larmes lui en vinrent aux yeux, et, reprenant sa harpe, elle chanta sa reconnaissance avec une si douce voix, que le chariot se trouva rempli jusqu'au faîte.

» Il se mit en marche, traîné péniblement par les bœufs, et précédé par la dauphine d'Auvergne et le bon aumônier.

» A peine arrivée parmi ses pauvres sujets, Bérangère, en distribuant ses pains et son blé sur la route, rendit la vie aux mourants, l'Auvergne fut sauvée, et l'honneur d'un si grand bienfait demeura acquis tout entier à la jeune dauphine. »

L'autre trait n'est pas moins beau, reprit le narrateur. Veuillez me prêter encore un instant d'attention.

« Quelques années après, Bérangère avait accepté la

main de Roger, comte de la Marche. De leur mariage était né un fils fort comme son père, beau comme sa mère.

» Une fois, au commencement du mois d'avril, la comtesse se promenait dans la campagne avec sa dame d'honneur. Les arbres se couvraient d'une riche mantille de feuilles vertes; il y avait déjà des fleurs à chaque buisson, et tout respirait la joie. Cependant, sur le bord du chemin, Bérangère aperçut une pauvre femme, misérable et souffrante, tenant un jeune enfant dans ses bras amaigris. La comtesse s'arrêta devant la pauvre femme, et lui dit avec intérêt:

— Votre enfant serait-il malade?

— Non, répondit la mère; mais les temps sont durs, l'hiver a été rude, et mon petit souffre de la faim. Le lait s'est tari dans mon sein, parce que, depuis deux jours, je n'ai mangé qu'un morceau de pain noir.

Sur l'ordre de la comtesse, la dame d'honneur laissa tomber aussitôt une pièce d'or dans le tablier de la malheureuse mère; celle-ci se mit à pleurer de bonheur, et dit en forme de remercîment :

— Madame, soyez bénie! Cet or est sans doute beaucoup pour moi; mais si Dieu veut m'exaucer, il changera cet or en lait pour mon enfant. »

Bérangère était aussi mère : elle nourrissait son fils. Ces paroles pénétrèrent aisément dans son âme ouverte à tous les sentiments que fait naître l'amour maternel. Elle pensa à son propre enfant, nourri dans l'abondance ; elle s'assit sur le bord du chemin, à côté de la femme pauvre, prit l'enfant dans ses bras et l'allaita de son sein.

Or, dit en terminant le bon prêtre, ce sont ces deux miracles de charité que retracent les deux statues de la chapelle. »

Je remerciai vivement le digne prêtre en me pro-

mettant de répandre son récit le plus que je pourrais,
et c'est ce que je fais aujourd'hui.

PHILIBERT AUDEBRAND.

Exercices

Rendez compte de ce que vous avez lu.

Expliquez le sens des mots : dépendances — manoir — chapelle
— devises — statue — légende — dessers — chapelain — chevalier — disette — fléau — députations — échanger — pèlerinages
— processions — chariot — vassaux — affamés — may — faîte—
aumônier — bord — miracle.

Qu'est-ce que le Bourbonnais ? — Nommez d'autres provinces de
la France. — Indiquez toutes les mesures de temps. — Que signifie en donner la clef? — Piquer ma curiosité? — Qui un pain,
qui un boisseau? — Les temps sont durs? — Quelle différence
entre temple, église, chapelle, oratoire, cathédrale?— Entre char,
chariot, char-à-bancs, voiture, tombereau ?

Donnez la règle sur tout — sur bénie — sur œuvre. — Indiquez
les ellipses qui se trouvent dans le morceau.

Indiquez le sens du morceau et la morale qu'il renferme.

---

125. — De la Lecture.

La lecture est un des plus sûrs moyens de perfectionner l'éducation et de développer dans le cœur d'une
jeune fille les plus précieuses qualités; mais on com-
prendra facilement que par le fait de l'influence qu'elles
exercent sur son esprit, les lectures peuvent devenir
l'élément le plus actif de sa perte. On ne saurait donc
prendre trop de précautions, non-seulement pour écarter
d'elle les livres dangereux, mais encore pour fixer son
choix parmi les ouvrages bons et utiles; en effet, si
la lecture peut être considérée, à juste titre, comme la
nourriture de l'esprit, elle doit évidemment être appro-
priée aux forces et aux besoins de chacun.

Dans toute lecture, il y a à considérer la pensée et la
forme. Toutes deux méritent l'attention de la jeune
fille. La pensée enrichira son esprit, élèvera son cœur;
la forme, en lui offrant de bons modèles, épurera son
langage et lui assurera cette distinction, cette grâce

parfaite qui donnent de l'intérêt aux sujets les plus futiles, qui prêtent des charmes aux questions les plus sérieuses, de la force et de l'éloquence aux enseignements du devoir et de la vertu.

Étudiez donc les grands maîtres de notre littérature. Lisez et relisez les auteurs chrétiens du dix-septième siècle, les belles et sublimes pages de Fénelon, celles de Bossuet, les solides traités de Bourdaloue, de Massillon, et de tant d'autres auteurs dont la saine doctrine serait si capable d'éclairer votre esprit et la douce morale de diriger votre cœur.

Admirez la poésie française dans les chefs-d'œuvre de Racine, le génie du bon sens et de l'histoire dans Rollin, les règles du bon goût et de la littérature dans l'*Art poétique*, où Boileau s'est élevé à la hauteur de son maître, s'il ne l'a surpassé. Vous affermirez ainsi vos connaissances en nourrissant votre esprit des beautés les plus magnifiques de notre langue.

Mais méfiez-vous des ouvrages d'imagination, autrement appelés *romans*. Prenez garde, le choix est difficile, le danger imminent. Vous êtes trop jeune et trop inexpérimentée pour vous hasarder dans une voie aussi périlleuse. Prenez donc un guide sûr, un conseil éclairé, et suivez son avis sans hésitation et sans vaine curiosité. De toutes les lectures, celle des romans est, sans contredit, la plus dangereuse pour les femmes, parce qu'elle est la plus propre à égarer l'imagination et à corrompre le cœur. Un roman, en effet, n'est ni une histoire, ni un apologue, ni une fable : c'est le récit d'aventures, d'événements inventés à plaisir, et dans lequel on met en scène les passions les plus violentes, afin de remuer et d'exciter celles des lecteurs.

Il ne faut donc point chercher dans ces écrits la moindre trace de vérité historique : ils ne sont que le fruit de l'imagination ; et si quelquefois ils empruntent à l'histoire le nom et le caractère de leurs personnages, ce n'est que pour mieux faire illusion, et donner plus sûrement le change sur la réalité. Ces compositions sont également dénuées de toute vérité humaine ; non-seulement les événements et les caractères qu'ils retracent n'ont jamais existé, mais ils ne sont même pour la plupart ni vraisemblables ni possibles ; or, tandis que dans la vie humaine, tout est marqué au coin de l'imperfection, dans ce monde des chimères tout est présenté sous l'aspect le plus séduisant. Outre qu'on n'y parle jamais le langage de la raison, on y hasarde encore les maximes les plus fausses et les conseils les plus pernicieux. Les croyances religieuses les plus sacrées y sont attaquées, contestées, méconnues. Les vices les plus honteux s'y étalent effrontément dans des récits scandaleux, ou s'y cachent perfidement sous quelque intrigue voluptueuse, la plus propre à tenir l'imagination et le cœur en suspens.

Mais quel danger plus grand encore présentent les romans où la passion érigée en souveraine ne respecte plus ni devoir, ni pudeur, ni lois sociales et divines ! où la fanfaronnade et l'émulation du vice excitent l'écrivain aux plus cyniques tableaux, où le sensualisme s'érige en professeur, et, pour faire preuve d'art et de savoir-faire, ne recule devant l'expression d'aucune turpitude ! Si l'esprit mûr et éclairé sur les passions humaines sait tirer de ce dévergondage littéraire une lumière qui lui rend plus visibles le dégoût et le dé-enchantement qu'amènent ces passions folles, il n'en est pas de même pour l'âme novice que de telles révélations flétrissent dans sa fleur ou corrompent dans son germe.

O poétique auréole de virginité qui brillez au front des jeunes filles pures encore d'esprit et de cœur, si votre éclat mystérieux et indéfinissable ne rayonne plus sur quelques têtes, c'est que l'attrait du mal s'introduit comme un larron dans le sanctuaire le plus sacré de la famille et de la société, dans la chambre de la jeune fille! Lorsqu'elle accomplit en secret cet assassinat de sa pureté morale, ce suicide de sa splendide et immatérielle beauté, elle ne sait pas, la pauvre enfant, qu'elle attache des rides à son âme, qu'elle coupe les ailes radieuses de son esprit, qu'elle s'inocule une lèpre repoussante dont elle-même aura bientôt horreur, et que les images honteuses que sa curiosité coupable a surprises, d'abord avec un sentiment de répulsion naturelle, lui reviendront longtemps, malgré elle, à toute heure, comme l'aspect d'une difformité monstrueuse qui rappelle avec persistance nos regards, malgré le sentiment pénible qu'elle nous cause. Malheur à une jeune fille qui porte imprudemment la main sur un livre qu'elle ne connaît pas, et dont elle ne peut lire le titre sans trembler et sans rougir !

La présence d'un mauvais livre dans la chambre d'une femme est un signe presque certain que la piété est absente de son cœur, et que sa vertu pourrait être facilement ébranlée.

La mère de famille qui laisse subsister un mauvais livre dans sa maison y entretient un germe de corruption, qui, tôt ou tard, atteindra ses enfants, et qui peut infester le cœur de ses petits-enfants jusqu'à la génération la plus reculée.

La mère qui, soit négligence, soit faiblesse, laisse lire de mauvais livre à sa fille, est une marâtre qui n'a donné la vie temporelle à son enfant que pour la vouer à une mort éternelle... Monstrueuse affection, affreuse tendresse, qui, sous prétexte d'embellir l'esprit, porte une atteinte mortelle au cœur, en y étouffant la foi et la piété qui en étaient le trésor et le plus précieux ornement !

***

Exercices

Rendez compte de ce que vous avez lu.

Expliquez le sens des mots : perfectionner — élément — épurer futiles — auteurs — bon sens — danger — imminent — mettre

en scène — vraisemblable — chimères — fanfaronnade — novice
— auréole — larron — infester.

Que signifie : par le fait de fixer son choix — à juste titre —
sans contredit — se faire illusion — donner le change — être
marqué au coin — tenir en suspens?

Dites la règle sur chacun — sur tout — sur les comparatifs —
sur la suppression de pas.

Qu'est-ce qu'un roman — une histoire — un conte — un apologue — une fable — une parabole?

Qu'est-ce que la littérature? — la poésie? — Dites ce que vous
savez sur Fénelon, sur Bossuet, sur Bourdaloue, sur Massillon, sur
Racine, sur Rollin, sur Boileau? Citez d'autres auteurs français,
en indiquant le genre dans lequel ils ont écrit avec les noms de
leurs œuvres.

Indiquez le sens du morceau avec la morale qu'il renferme.

---

126. — Fleurs et Papillons.

Seigneur le vent, poussé peut-être par le malin esprit,
qui prend toute forme, hélas! s'amusait un jour à tourmenter les fleurs d'un beau jardin.

« Je ne comprends pas, leur murmurait-il, votre
résignation à souffrir les traitements que vous inflige
votre maître le jardinier; ne voyez-vous pas qu'il ré-
prime vos jolis instincts, vous ôte vos grâces naturelles,
et vous prive du peu de liberté dont vous pourriez
jouir? Le bel instituteur que vous avez là, vraiment! »

Les fleurs restèrent muettes d'étonnement à ces paroles, mais un volubilis, très-expansif par nature, ne
put retenir son indignation.

« Nous serions bien ingrates, seigneur, si nous n'ai-
mions pas celui qui nous élève avec tant de zèle et d'affection.

» Si vous saviez à quel point il vous rend ridicule, sur
cette tenaille autour de laquelle il vous contraint à tourner, honnête et simple volubilis, vous ne le défendriez
pas avec tant de chaleur, repartit le vent; prend-il le
moindre souci de vos volontés? il vous tire d'un côté,
vous rogne de l'autre. Est-ce là vivre? J'ai rencontré ce
matin votre cousin le liseron; c'est lui qui est heureux!

Il va selon ses caprices, fait un bout de chemin à terre, s'enroule par ici, se détord par là, entre dans une haie, grimpe sous sa verdure, sort par le faîte, la dégringole par sauts et par bonds en s'étalant et en la couvrant de ses belles fleurs, qui sourient au soleil et aux oiseaux, avec lesquels elles semblent jouer à cache-cache. Comparez donc sa joyeuse existence à la vôtre? »

Un gros œillet voisin du volubilis, donna raison au vent, de l'éventail sur lequel il était solidement attaché.

« Il est certain, dit-il au volubilis, que vous n'êtes à l'aise que par les chemins, vous autres rustiques; il n'en est pas ainsi de nous : fleurs délicates, nous ne pouvons vivre que dans les jardins, et grâce aux plus grands soins, vos têtes légères n'ont pas besoin d'appui; les nôtres, surchargées d'ornements, briseraient leur tige si elles n'étaient soutenues.

— Vous appelez soutien cette corde qu'on vous met au col? vous êtes philosophe, ami œillet, reprit le vent; mais pourquoi trancher du grand seigneur avec le volubilis? vous descendez de paysans comme lui, ne vous déplaise; vos ancêtres, simples comme les liserons, n'habitaient pas les champs, mais les forêts, où je vois tous les jours vos parents; vous pouvez ne pas les renier toutefois, car ils sont charmants dans leur sauvagere. L'éducation vous a enrichis, je n'en disconviens pas; elle a quintuplé votre corolle, l'a dotée de couleurs et de parfums ; mais pardonnez à ma franchise, vous n'avez pas la grâce délicate de vos aïeux, et, pour tout vous avouer, vous êtes bien un peu roide, ainsi étalés sur vos claies et la tête prise dans vos carcans. »

Le volubilis ne fut pas fâché de voir humilier l'œillet; il avait subi mainte fois les dédains de cet enrichi, qui le traitait de plante de petit état, vivant de peu, s'accommodant de tout, et poussant comme l'herbe qui est la piétaille des végétations, comme chacun sait.

Mais unis ou désunis, le vent avait touché juste, et fait de deux voisins deux ennemis au jardinier. Volubilis et œillet s'agitaient avec colère, essayant d'échapper à leurs liens; ce que voyant le vent, il fit une pirouette et courut attaquer des lis qu'il aborda en les saluant jusqu'à terre.

« Qui osez-vous enchaîner à ces rudes tuteurs qui ressemblent à des piloris, seigneurs, leur dit-il en mugissant? vos tiges puissantes ont-elles besoin de secours? la nature, en vous créant, a-t-elle oublié un seul de ses dons? Elle vous a donné la noblesse qui vous fait rois, la vigueur et la force qui maintient votre royauté, et la grâce irrésistible qui vous assure le sceptre de la beauté. Attenter à la liberté du lis, c'est plus qu'un outrage : c'est un crime de lèse-majesté. »

Les lis sont fiers; ils frémirent d'indignation, et comme le volubilis et l'œillet, cherchèrent à se séparer de ces rudes et grossiers bâtons qui les étreignaient de la tête aux pieds; le vent, pendant leurs vains efforts, agitait méchamment les feuilles de leur base pour leur faire mieux sentir l'immobilité de leur tige. Sûr de leur avoir aussi soufflé l'esprit de révolte, il se tourna vers des rosiers réunis devant les lis, et leur dit, avec l'accent de la plus tendre compassion :

« Chers rosiers, votre triste sort m'attendrit. Qu'avez-vous fait à votre maître pour qu'il vous condamnât à vivre sur le squelette de vos pères les églantiers, et à prendre cette sotte figure de boule si contraire à vos mœurs? Ainsi posés sur votre pied grêle, vous ressemblez à ces grotesques à grosse tête : pourquoi ce maître a-t-il changé votre nature exubérante? N'eussiez-vous pas été plus beaux encore si l'on eût laissé vos branches s'élever ou retomber autour de vous avec leur gracieuse élégance? Qui se fût plaint du trop grand nombre de vos fleurs, joie des yeux et délices de l'odorat? Je ne puis, sans gémir, entendre le cri aigre de la serpette qui vous

mutile, et voir la brouette emporter vos branches coupées dans la fraîcheur de la jeunesse. »

Les rosiers, à ces dernières paroles, sentirent par souvenir les nombreuses blessures que le jardinier leur
avait faites, et le nommèrent leur bourreau.

Le vent, les voyant suffisamment courroucés, vola
vers des chèvrefeuilles qui tapissaient un vieux mur; le
jardinier lui avait fait beau jeu; il ne permettait pas à
ces échevelés d'obstruer l'étroit sentier tracé le long de
la muraille, et attachait toutes les branches qui s'échappaient et pendaient dans l'air.

« Que vois-je ! fit le vent en sifflant et s'adressant au
chèvrefeuille, vous, né pour folâtrer comme ces jolis
animaux dont vous avez reçu le nom, on arrête vos
élans vers la liberté avec des clous et à coups de marteau ? Vous deviez courir d'arbre en arbre et les parer
de vos belles girandoles d'or, d'argent et de rubis ; quel
traître a changé ainsi votre sort? Je ne vois ici qu'escla-
vage et contrainte: c'est indigne ! indigne en vérité ! »

Il en avait assez dit; se baissant alors sur des bor-
dures de buis :

« Pauvres nains, leur dit-il, vous seriez de magnifiques arbustes si l'on ne vous rognait pas impitoyablement. »

Les buis n'ont pas beaucoup d'amour-propre ; les
murmures coururent néanmoins dans leurs rangs. Ils se
disaient les uns les autres : « De quel droit nous fait-on
petits quand nous étions nés pour être grands?...

Ce n'était pas mal raisonner pour des buis.

Le vent, continuant sa ronde de sabbat, alla rire au
nez des touffes de pois de senteur attachés en bottes.

« Votre maître vous a-t-il abrutis à ce point que vous
ne sentez plus le désir de voltiger dans l'air, mes mi-
gnons parfumés? Oubliez-vous que vous êtes les papillons des fleurs? »

Aucune plante vêtue, taillée, rognée, élaguée ou attachée, n'échappa à ses sarcasmes ou à ses flatteries dangereuses, qui allaient au même but ; les révolutions enflant alors sa voix, il décocha à toutes les fleurs cette dernière raillerie :

« Continuez à vous laisser enlaidir et torturer, mes chères dupes, et bon courage... »

Ce dernier trait exaspéra les fleurs, elles crièrent en chœur : « Délivrez-nous !... »

C'était ce qu'attendait le vent ; car, par une loi imposée à tout tentateur, il lui fallait, pour pouvoir faire le mal, le consentement de ses victimes ; ce consentement obtenu, il ne perdit pas de temps : s'élevant aussitôt dans un gros nuage noir qui flottait à l'horizon, il le transforma en ouragan, poussa le nuage sur le jardin, où il mena lestement la délivrance des fleurs, grondant, sifflant, mugissant ; il brisa tous les liens, arracha grillages, éventails, tuteurs, renversa le vieux mur ; le nuage creva après la bourrasque, et une pluie torrentielle détrempa la terre et la réduisit en boue.

Les fleurs, fouettées et tordues par la tempête, trouvèrent bientôt qu'elles avaient trop de liberté ; leurs feuilles, séparées violemment de leurs tiges, tournoyaient dans les tourbillons de la rafale ; leurs têtes brisées tombaient dans la boue ; volubilis, œillets, lis, rosiers, pois de senteur étaient couchés à terre ; le chèvrefeuille gémissait étouffé sous la muraille ; toutes regrettaient à cette heure d'avoir appelé l'orage. Le jardinier accourut, et son désespoir, en voyant le désastre, apprit aux blessés et aux mourants combien il les aimait.

« Hélas ! disait-il, je les avais préservées jusqu'ici de tout danger ; faut-il les voir victimes de ce sinistre imprévu ? Des fleurs dans la boue sont des fleurs mortes ; je ne pourrai les sauver, » continuait-il tout en essayant de les relever et de les secourir.

Vains efforts, elles mouraient flétries !

Que semble-t-il de ces fleurs ? Ne représentent-elles

pas la folle jeunesse, avide de liberté, qui s'affranchissant de tous liens et de tous devoirs, n'obéit plus qu'à ses passions, ces orages de l'âme, qui la flétrissent avant le temps, et l'engloutissent quelquefois dans les boues de ce monde ?

Mme SOPHIE MELLET-SURVILLE.

Exercices

Rendez compte de ce que vous avez lu.

Expliquez le sens des mots : vent — malin esprit — résignation — instincts — volubilis — tenaille — liseron — cousin — haie — dégringole — bonds — œillet — éventail — ancêtres — corolle — aïeux — claies — carcans — piétaille — pirouette — lis — tuteur — pivori — sceptre — squelette — églantiers — serpette — bourreau — chèvrefeuilles — buis — nains — dupes — tentateur — rafale.

Que signifie prendre souci — jouer à cache-cache — trancher du grand seigneur — ne vous déplaise — tapisser un mur — faire b au jeu — une ronde de sabbat — rire au nez — le nuage creva ? — Donnez la règle sur le peu. — Nommez les participes présents qui se trouvent dans le morceau avec la règle. — Analysez logiquement : Le bel instituteur que vous avez là ? Vraiment !

Faites connaître la différence de langage adressée à chaque fleur par le vent.

Indiquez le sens du morceau et la morale qu'il renferme.

---

127. — Des Domestiques.

Parmi les reproches que je me crois en droit d'adresser aux écrivains comiques de la scène française, il en est un bien grave, qui porte exclusivement sur le rôle et le caractère général qu'ils ont donnés aux domestiques. Vos domestiques s'agenouillent devant le même Dieu que vous ; ils sont vos égaux devant celui qui lit dans les cœurs, et si l'éducation, la fortune, le hasard, ont mis une distance entre eux et vous, il est de votre devoir, devant le Seigneur et devant les hommes, de ne rien faire pour aggraver une position toujours pénible. La religion et l'humanité vous défendent de verser l'humiliation sur des têtes que le sort a courbées.

Évitez donc autant que faire se peut, de réprimander un domestique devant des étrangers; pour ma part, j'éprouve un véritable sentiment de gêne lorsque j'assiste à des scènes de cette nature; elles m'attristent, et je crains toujours que le serviteur, poussé à bout par une réprimande qui n'est pas toujours proportionnée à la faute, ne vienne à laisser échapper quelques paroles amères, suivies d'un fâcheux éclat. On refusait autrefois de dîner chez Voltaire, parce qu'oubliant sa philosophie, il grondait sans cesse les gens qui le servaient.

D'ailleurs, pour être ajournée, votre réprimande n'en sera que plus utile; votre serviteur, plus de sang-froid, vous écoutera d'une oreille plus attentive; il vous saura gré d'avoir ménagé son amour-propre, se sentant respecté, il cherchera à deviner votre volonté, il vous suivra de l'œil, et à bas bruit il accomplira ses devoirs sans tumulte et sans cris. Si vous n'en usiez pas ainsi, en abaissant, en dégradant le moral de ce qui vous entoure, vous perdriez tout moyen d'action, et vos fougueux reproches demeureraient bientôt sans pouvoir.

Vous sentez que je repousse loin de moi la pensée que vous puissiez vous imaginer que les personnes consentant à vous servir moyennant salaire ont perdu, par cela même tout sentiment de dignité. Si une telle opinion pouvait être la vôtre, je vous préviens que vous n'aurez jamais à compter sur l'estime et le respect de vos serviteurs; or ce respect, cette estime, vous devez les conquérir; c'est pour vous un devoir et une nécessité; leur témoignage est d'un grand poids, soit qu'ils louent votre bonté et votre vertu, soit qu'ils censurent vos caprices ou révèlent vos imperfections. Admis à vous voir à toute heure, vous étudiant par intérêt, épiant vos défauts qui peuvent leur être utiles, ils sont par position forcés de chercher à vous connaître. Est-il, d'ailleurs, une situation plus humiliante que celle d'une jeune personne forcée par le défaut de son caractère, par son manque d'ordre, de rougir devant sa femme de chambre? Votre dignité, le soin de votre réputation veulent donc que vous soyez respectée et honorée de ceux qui vous servent.

Ne croyez point cependant que, pour atteindre ce but, je m'avise de vous recommander une indulgence exagérée ou un excès de faiblesse : ce serait méconnaître vos devoirs et compromettre l'ordre et l'économie de votre maison. Je vous prie, au contraire, de ne parler aux domestiques que pour les nécessités du service; en agissant autrement, vous courrez risque de tomber dans une familiarité dangereuse. Mais que votre retenue ne laisse percer ni puérile vanité, ni marque outrageante. Que vos serviteurs sentent, si vous ne leur parlez pas, que vous n'avez rien à leur dire. Donnez vos ordres d'une manière claire et précise, sans élever la voix; assurez-vous qu'ils sont bien compris, ensuite exigez l'obéissance la plus absolue. Ne souffrez jamais dans vos gens ni résistance ni mensonge : s'ils ont ces défauts, reprenez-les d'abord très-doucement; s'ils continuent, prévenez-les que vous ne pouvez les conserver; enfin, s'ils se montrent incorrigibles, congédiez-les. Réglez leur compte sans emportement, sans colère, avec une sorte de tristesse, afin qu'ils sentent tout ce qu'ils ont perdu en perdant votre estime, et en s'éloignant d'une maison où ils étaient sagement conduits. Soyez indulgente pour les menus détails du service : ne troublez pas sans cesse les échos de la cave et du grenier, c'est une habitude insupportable. Ne grondez pas outre mesure pour quelques gaucheries, pour un verre cassé, mais exigez impérieusement qu'on vous fasse connaître tout ce que la maladresse a brisé ou détérioré. Lorsqu'un domestique est agréé par vous, montrez-lui l'état détaillé des objets confiés à sa garde et placés sous sa responsabilité plus particulière; de temps à autre, passez une revue générale, et, par un mot, faites comprendre que vous n'agis-

sez point sous l'empire d'une injurieuse méfiance, mais
bien pour remplir votre devoir de maîtresse de maison.
Pour obéir à ce même devoir, et comme moyen de con-
trôle, tenez vos meubles fermés; si à une serrure restait
par hasard une clef, habituez vos domestiques à vous la
rapporter.

Je vous recommande de ne laisser traîner sur le marbre de vos tables et de vos cheminées ni argent ni bijoux;
car si une pièce venait à tomber et à s'égarer, vous seriez
forcée de faire des recherches, qui ont toujours quelque
chose de désagréable dans cette circonstance. Il y a,
d'ailleurs, respect à ne point exposer la pauvreté aux
tentations du luxe et de la fortune.

La femme de chambre, étant la personne de la maison
qui doit avoir avec vous de plus fréquents rapports, je
dois lui consacrer quelques lignes spéciales.

Elle doit être choisie avec l'attention la plus sévère;
jamais vous ne sauriez être trop assurée de sa moralité
et de sa bonne conduite antérieure. Une fois le choix fait,
témoignez-lui de la confiance; mais que cette confiance
ne dégénère jamais en familiarité. N'exigez d'elle aucun
service qui puisse lui sembler répugnant; en dehors des
choses de la toilette, ne lui demandez aucun conseil; si
elle croit pouvoir vous en donner, écoutez, mais ne
répondez pas; elle perdra bien vite cette habitude.
Si elle ose se permettre quelques délations contre
ses camarades, faites-lui comprendre que c'est prendre
une mauvaise voie pour entrer dans votre estime. Ne
souffrez jamais qu'elle se permette la moindre raillerie,
je ne dis pas sur les personnes qui viennent vous
visiter, mais même sur leur toilette ou sur leur tournure.

Veillez à ce qu'elle se tienne proprement et comme il
convient à sa position et à votre fortune; si elle voulait
aller au delà, arrêtez-la; mille raisons, son intérêt
même, vous ordonnent d'agir ainsi. Ne souffrez jamais
qu'elle lise des romans; si elle aime la lecture, fournis-

sez-lui quelques bons ouvrages appropriés à son intelligence. Accordez-lui de très-rares sorties, mais faites en sorte qu'elle trouve le service de la maison très-doux ; elle ne cherchera point alors des distractions et des plaisirs au dehors. Comme à toute votre maison, laissez-lui la liberté désirable pour remplir ses devoirs de religion, alors même que sa croyance ne serait point la vôtre.

Veillez à ce que, dans certaines occasions, pour certains jours, la joie ne s'arrête pas au seuil du salon. Une bouteille de vieux vin, un gâteau, un petit cadeau, doivent témoigner de temps à autre à vos gens que vous les associez aux plaisirs et aux fêtes de la famille.

A ce propos, on m'a souvent parlé de la gourmandise des domestiques ; je n'ai jamais eu à m'en plaindre. Est-ce heureux hasard ? ou cela tient-il à l'ordre de la maison ? Je n'affirme rien. Pour la nourriture des personnes qui me servent, je la leur donne aussi abondante que ma position me le permet ; à cet égard, j'aime mieux être au-dessus qu'au-dessous du possible. Elles le savent ; car je n'ai pas la maladroite prétention de passer à leurs yeux pour plus riche que je ne le suis réellement. De temps à autre, je veux que l'office soit de moitié dans mes petites gourmandises ; si un domestique est souffrant, je ne manque jamais de lui envoyer particulièrement et directement de ma table, fût-elle honorée de la présence des hôtes les plus éminents, le mets qui me paraît le plus convenable à son estomac débilité. Vous ne sauriez croire combien cette manière d'agir m'a été profitable et économique ; c'est une recette que je conseille même au plus avare, il s'en trouvera parfaitement bien. A moins d'une opinion particulière de la part de mes serviteurs, mon médecin est le leur ; j'ai, à cet égard, un arrangement général auquel vous trouverez toujours les vrais médecins prêts à se prêter. L'humanité m'ordonne d'agir ainsi, et je me considérerais comme coupable si telle n'était point ma règle de conduite. Votre cœur vous en apprendra plus, sur ce sujet, que je ne saurais vous en dire.

Il y a deux adages par l'examen desquels je veux terminer cet article, qui vous semblera trop long peut-être. On répète: « Tel maître, tel valet. Pas de grand homme pour sour son valet de chambre. » Le premier de ces dictons me paraît vrai, tandis que l'autre me semble complétement faux.

Oui, je suis très-portée à juger du maître d'après les gens qu'il garde à son service ; je crois à l'influence du mauvais exemple, alors surtout qu'il vient d'en haut. C'était l'avis de Massillon, le plus éloquent des moralistes de la chaire chrétienne. Je me tiendrai toujours en garde contre une femme qui ne saura pas faire un choix entre le bien et le mal, je me demanderai involontairement si elle n'a pas quelque intérêt à prendre et à garder près d'elle des natures basses et avilies. Mais dire qu'il n'y a pas une maîtresse de maison honorée et respectée par les gens qui la servent et qui connaissent sa vie, c'est plus qu'un paradoxe, c'est un mensonge! J'en appelle à vos mères.

Soyez donc bonnes et indulgentes, levez-vous et soyez habillées de bonne heure, donnez l'exemple des devoirs accomplis, et vos domestiques, choisis avec discernement, seront de bons et loyaux serviteurs : ils diront vos vertus; respectés par vous, ils vous respecteront à leur tour, et vous défendront même au besoin contre la calomnie. Mais si vous les traitez durement, si vous ne faites pas la part des tristes obligations qui leur sont imposées, sachez que vous manquez aux commandements du divin Maître, à ce que vous vous devez à vous-mêmes et aux lois d'humanité !

De temps à autre dites-vous : « Si le sort m'avait placée dans une position malheureuse, voudrais-je que l'on me donnât tel ordre, qu'on me le donnât sur un tel ton?»

Par vous-mêmes jugez les autres. Pourquoi vous faire
tant de recommandations? puisque toutes encore, vous
avez vos mères, étudiez-les, voyez comment elles con-
duisent la maison ; leur exemple vaudra mieux que mes
leçons.

Mme DE WATTEVILLE.

Exercices

Rendez compte de ce que vous avez lu.

Expliquez le sens des mots : écrivain — comiques — scène —
aggraver — le sort — ajourner — censurer — caprices — imperfections — familiarité — morgue — échos — gaucheries — délations — l'office — débilité — adage — dictons — moraliste —
paradoxe.

Que signifie : se croire en droit — mettre une distance entre
quelqu'un — autant que faire se peut — proportionner à la faute
— savoir gré — étudier quelqu'un — s'aviser ?

Citez la règle d'accord du sujet avec le verbe — les différentes
propositions d'une phrase en les appliquant à celles du morceau.

Citez des écrivains comiques — d'autres adages — d'autres dictons.

Indiquez le sens du morceau et la morale qu'il renferme.

128.— La Femme forte.

Le portrait de la femme forte n'est pas celui d'une
recluse, servant le Seigneur dans le temple, parmi les
jeûnes et les prières, ainsi que le faisait Anne, la prophé-
tesse : c'est celui d'une femme du monde, si l'on peut
s'exprimer ainsi, veillant à l'honneur et aux intérêts de
sa famille, et rapportant à Dieu, dans le secret de son
cœur, tous les moments d'une vie utilement employée.
L'Esprit-Saint la dépeint laborieuse et dévouée, charitable et douce, épouse admirable, mère aimante, maîtresse vigilante et bonne, vivant avec honneur, mourant
sans crainte, et laissant une mémoire embaumée de
louanges. La femme vraiment pieuse, tout en restant
fidèle aux devoirs d'une piété éclairée, ne doit rien négliger de ce qui peut intéresser la prospérité, même ma-

térielle de sa maison ; et si elle voulait imiter la vie] de
la religieuse et la forme de sa piété, « cette dévotion, dit
saint François de Sales, serait ridicule, déréglée, insupportable. » D'autre part, évitons l'excès d'une ambition
démesurée ; car l'ambition est une passion qui sort des
rails de la raison et de la sagesse chrétienne. Je voudrais
cette vapeur réglée qui marche avec ordre, mesure et
sécurité ; l'absence de vapeur c'est l'inertie et la mort ;
la vapeur qui fait dérailler est un autre inconvénient
non moins grave. Ni l'un ni l'autre ne doivent vous plaire,
et ce que je désire dans l'intérêt de vos familles, c'est la
vapeur conduite sagement, c'est-à-dire l'action d'une
femme prévoyante, sans inquiétude démesurée, s'occupant sérieusement de sa maison en tout honneur et toute
probité ; c'est une intelligence active, sans sortir du
calme, économe sans parcimonie, réglée sans affectation,
et faisant avec convenance les honneurs de sa maison,
sans oublier les intérêts de ses enfants et les devoirs de
mère de famille.

La femme forte doit donc former dans son cœur une
continuelle provision d'excellentes choses, afin de pouvoir, dans l'occasion, les distribuer à sa famille. Dans
les sociétés qu'elle fréquente, il faut qu'elle sache recueillir les bonnes paroles, les précieux enseignements ;
mais elle doit bien considérer toute chose : tout n'est
pas bon à prendre dans les jardins de ce monde ; il y a
souvent plus de plantes vénéneuses que de fleurs par-
fumées et solitaires. Le devoir de la mère de famille est
de faire un choix religieux et intelligent, et de mettre à
l'écart tout ce qui pourrait briser la foi, altérer la pureté
de l'âme de ses enfants. Avant de conduire sa jeune famille dans le monde, elle considère si le temps est bien
propice, si l'âme n'est pas encore trop jeune, trop accessible à de mauvaises influences ; elle examine si les
sociétés où elle veut conduire ses enfants sont convenables, ou du moins, comme tout est relatif en ce monde,

si elles ne sont pas trop avancées pour une jeune personne. Sachez tout examiner, tout peser et mettre la dose en tout.

Le sage ajoute que la lampe de la femme forte ne s'éteindra point pendant la nuit. En suivant le sens littéral, nous serions naturellement conduits à parler de l'activité de la femme qui dort peu, se lève de grand matin, et devient ainsi le premier réveil de sa maison. Donnons un autre sens aux paroles de l'Écriture, un sens que les docteurs appellent analogique, c'est-à-dire qui va de bas en haut, qui sort d'un élément matériel pour arriver à une conclusion plus élevée.

« Heureuse la femme dont la lampe ne s'éteint point dans la nuit ! Heureuse la femme qui conserve encore quelques nobles idées au milieu de l'envahissement des choses matérielles, dont le cœur demeure élevé sur les plages monotones et basses de cette vie ! Heureuse la femme dont la foi chrétienne est une lampe qui brille toujours dans la nuit de cette terre, dans les ténèbres des passions et de l'incrédulité. — Oui, mesdames, gardez une lampe dans votre cœur, et que cette lampe soit toujours allumée ! Qu'elle se conserve dans les retraites les plus profondes de l'âme, à l'abri des vents qui soufflent de toutes parts à l'horizon ! Cette lumière, c'est l'étoile du voyage, c'est la lampe du pèlerin, qui, la nuit, chemine dans la forêt. Il est des femmes qui conservent dans leur esprit une lumière vive, ardente et calme ; c'est la lumière des grandes choses, des nobles projets, des saintes pensées ; il en est d'autres, au contraire, qui depuis longtemps ont étouffé leur lampe, et je ne vous nommerai pas les lieux où s'est ensevelie la clarté divine de leur âme.

Il est des femmes qui ont toujours quelque chose de frais dans le sentiment, d'élevé dans le caractère et la conversation : ce ne sont point des femmes savantes ; mais on sent, après quelques minutes d'entretien avec elles, que l'esprit et leur cœur ont une demeure de choix sur les hauteurs du monde intellectuel et moral ; on sent que la foi et la piété chrétienne ont arrosé la tige qui soutient les fleurs de leur vie, et qu'elles lui ont donné un port à la fois noble et élevé.

Il est, au contraire, des femmes qui s'enterrent tous les jours dans leur pot-au-feu, dans les cendres de leur lessive, ou bien, ce qui est pis encore, dans tous les bruits de la ville, dans toutes les chroniques malveillantes et dans ce cortége de choses étroites, petites, haineuses, qui n'abaisse pas seulement le niveau des âmes, mais les nourrit encore de fiel et d'aigreur. — Entre ces deux catégories de femmes, mon choix est tout fait ; je désire que vous apparteniez à la première, que toutes, vous portiez haut la lumière de votre vie, de vos idées, de vos sentiments, sans jamais les ensevelir dans la fange, la méchanceté ou le ridicule. J'aimerais mieux vous voir simple ménagère avec des idées proportionnées à cette position, car on peut être excellent sans avoir l'intelligence très-développée ; j'aimerais mieux vous voir simple ménagère que femme spirituelle et vicieuse. Mais ce que je préfère à tout, c'est la femme dont la lampe de la vertu, de l'intelligence et des sentiments élevés est toujours très-bien entretenue.

« La femme forte a mis les mains à des choses fortes, et ses doigts ont pris le fuseau. — Mettre la main à des choses fortes, n'est-ce pas l'exercice de la vie tout entière ? La vie de l'homme n'est point un sommeil sur un lit de roses ; la vie est un chemin raboteux, où il faut mettre continuellement la main à des choses fortes et difficiles. — Consultons d'abord l'histoire de notre propre cœur. Vous avez besoin de mettre une main continuelle à la réparation des brèches de votre intérieur ; il vous faut mettre la main et la mettre vigoureusement pour arrêter cette tendance de votre cœur, cette impétuosité de nature et cette violence de caractère ; pour réprimer cette malveillance, ce projet de vengeance, cette aigreur qui se trahit partout, dans vós actions, vos paroles, et jusque dans votre silence. Mettez la main tantôt à gauche, tantôt à droite. Cette intervention continuelle sera très-nécessaire pour maintenir l'âme en équilibre, et fussiez-vous comme le géant Briarée, à qui la fable donnait cent bras, vous auriez toujours fort à faire.

« Voyez cette circonstance fâcheuse où peut se trouver votre famille, cet écueil où peuvent aller se briser son honneur et sa prospérité, ne vous endormez point, soyez prudente et sage. Votre maison, avec un luxe relativement somptueux et de magnifiques apparences, décline à l'intérieur, et vous vous en apercevez ; soyez à l'œuvre, armez-vous de courage : c'est là l'occasion où il faut mettre la main à des choses fortes, et d'autant plus que tout se passera dans l'obscurité d'un silence peu favorable à l'amour-propre, mais très-favorable à l'épanouissement des vraies et solides vertus.

Mettez non-seulement la main, mais le cœur, à des choses fortes et difficiles. Supportez les chocs, résistez aux coups du malheur, et soutenez autour de vous toutes les faiblesses, toutes les défaillances. — Que dirai-je encore ? Est-il un jour dans la vie où la femme n'ait pas à mettre la main à quelque chose ? Est-ce que le vaisseau de la famille et des affaires n'est pas exposé à des avaries quotidiennes ? puis, quand tout semble heureusement achevé, reste à supporter la monotonie des mêmes actes, et ce ciel de plomb qui pèse sur nous, et ce roulis de l'existence qui finit par donner mal au cœur. O femme chrétienne ! mettez continuellement la main à des choses fortes ; ayez toujours le bouclier de la patience, de l'humilité, de la résignation : la vie est ainsi faite ; vous ne la changerez pas.

L'épreuve est l'apanage inaliénable de l'existence humaine : vous n'y échapperez point ; elle ira plutôt vous chercher dans votre lit comme une marée qui monte, et il faudra bien vous lever pour comprendre enfin la nécessité de la lutte et de l'application constante d'une main vigoureuse aux choses de la vie.

« Elle rendra à son mari le bien et non le mal tous les jours de sa vie ; oui, tous les jours de sa vie ! Quand le mari est jeune, bien portant, et qu'il conserve encore les traces de quelques charmes de jeunesse, il est facile de lui faire du bien. Mais plus tard, arrivent les rides de la faiblesse ; les maladies avec leur triste cortége frappent à la porte ; le caractère devient quelquefois sombre, morose, difficile, susceptible même en raison de la faiblesse... — C'est l'heure de l'épreuve pour le véritable dévouement ; c'est alors qu'il faut un redoublement de soin, d'attentions, de services, et surtout de cordiale affection. On dit que le vin est le lait des vieillards : cette parole est encore plus vraie du vin de l'affection.

Vous devez avoir dans votre cœur quelques gouttes de ce vieux vin ; vous devez en avoir en abondance, pour peu que vous ayez conservé celui de la jeunesse et de l'âge mûr. Donnez-en tous les jours une coupe remplie jusqu'aux bords à votre mari, qui déjà· succombe, et dont le front porte les traces de la fin de son automne et du commencement de l'hiver. Donnez du vin à ceux qui ont le cœur triste, dit l'Esprit-Saint, et le meilleur vin, celui qui réchauffe le mieux le sang de l'âme, alors qu'il se glacerait peut-être au souffle de la froide indifférence : c'est le vin de l'affection. »

M. B.

Exercices

Rendez compte de ce que vous avez lu.

Expliquez le sens des mots : portrait — recluse — jeûnes — ambition — rails — vapeur — dérailler — parcimonie — affectation — provision — vénéneuses — docteur — pot-au-feu — lessive — raboteux — brèches — intervention — amour-propre — choc — avarie — monotonie.

Que signifie : femme du monde — sortir des rails de la raison — faire les honneurs de la maison — mettre à l'écart — blesser la foi — conduire dans le monde — l'âme est trop jeune — les plages monotones et basses — des chroniques malveillantes — mettre la main à des choses fortes ? — un ciel de plomb ? — le roulis de l'existence — vénéneux et venimeux ?

Donnez les règles du participe présent et de l'adjectif verbal en les appliquant sur ceux du morceau — la règle sur voici et voilà — autour et alentour — ce devant le verbe être.

Qu'est-ce que le vent ? la vapeur ? dites son origine et son emploi.

Indiquez le sens du morceau, les différents conseils qu'il renferme et la morale que vous en tirez.

---

129. — Contraste.

Oui, c'est un pénible contraste !
Ici l'abondance, le faste,
Les apparences du bonheur ;
Et là, tout près, sous ce toit sombre,
Et les privations sans nombre,
Et les larmes de la douleur !

Ce sont d'opulentes demeures,
Où l'on voit s'écouler les heures
Entre le plaisir... et l'ennui ;
Et les foyers où l'on n'espère
Que le travail et la misère,
Demain, hélas ! comme aujourd'hui.

Des enfants que chacun caresse,
Qu'une atmosphère de tendresse
Élevé à l'abri des douleurs ;
Et d'autres qui n'ont de l'enfance
Que la faiblesse et l'innocence,
Sans en connaître les douceurs.

Au sein des familles heureuses
Des festins, des fêtes joyeuses,

Qui se succèdent tour à tour ;
Et dans le réduit solitaire,
C'est à peine le nécessaire,
C'est un peu de pain chaque jour !

Voilà ce qui blesse la vue,
Ce qui fait que l'âme abattue
Prie et gémit dans le secret,
Et qu'elle est appelée à une autre vie,
Où la voix du Seigneur convie
Tous les hommes à son banquet.

Car les distinctions humaines,
Si puériles et si vaines,
Ne sont que néant à ses yeux ;
Et lorsqu'il a de doux symboles
Et de consolantes paroles,
Il les adresse aux malheureux.

Et que tous les dons de la nature
Dont il nous comble sans mesure,
Ne les répand-il pas sur tous ?
C'est pour tous que le soleil brille,
Que l'étoile du soir scintille,
Que l'air est si pur et si doux.

C'est pour tous qu'est ouvert l'espace
Où chaque astre connaît sa place,
Qu'au jardin du père commun
Les arbres donnent leur ombragé,
Les oiseaux parlent leur langage,
Les fleurs exhalent leur parfum.

Car de quelque nom qu'on le nomme,
Toujours l'homme est égal à l'homme,
Surtout par son infirmité,
Et cependant, hélas ! le monde,
Dans son ignorance profonde,
Fait deux parts de l'humanité.

Et le regard de ma pensée
De la demeure délaissée
Errait au séjour des heureux ;
Lorsqu'une vision céleste,
Chassant cette image funeste,
Combla cet abîme à mes yeux.

Deux anges déployant leurs ailes,
Quittaient les sphères éternelles
Et se reposaient ici-bas ;
L'un au foyer de la misère,
Et l'autre sous le toit prospère,
Après s'être parlé tout bas.

Et soudain leur sainte influence
Au pauvre donna l'espérance,
Au riche un cœur compatissant ;
Et l'on vit son regard humide
Rencontrer le regard timide
De son père faible et souffrant.

Je compris ce double mystère :
Les anges descendus sur la terre,
Pour envahir la pauvreté
Du superflu de l'abondance,
Étaient l'ange de l'espérance
Et l'ange de la Charité !

Exercices

Rendez compte de ce que vous avez lu.

Expliquez le sens des mots : contraste — faste — atmosphère — festin — réduit — puériles — le néant — symboles — astre — infirmité — vision — mystère.

Que signifie : blesser la vue — convier au banquet — ouvrir l'espace — faire deux parts de l'humanité — les sphères éternelles.

Qu'appelle-t-on épopée — poème héroï-comique — fable — idylle — conte — apologue — drame — tragédie — comédie ?

Indiquez des auteurs qui ont écrit dans ces différents genres.

Indiquez le sens du morceau et la morale qu'il renferme.

130. — De la Moquerie.

Une dame, de taille opulente, mais belle encore, vient d'entrer dans un salon. Deux jeunes filles, blotties dans un coin de ce même salon, où elles agitaient en secret les questions les plus graves, portent aussitôt leur attention sur la nouvelle venue.

L'inventaire de la toilette est fait en moins de temps qu'il n'en faut pour l'écrire. Les femmes ont, dans ces sortes de conjonctures, un coup d'œil qui ne peut se comparer pour la rapidité à aucune de nos facultés. Le plus minutieux détail de la coiffure, le plus mince appendice, est instantanément aperçu et jugé.

De la toilette on a passé aux manières, des manières à la tournure, puis au langage, au genre d'esprit, et cette dame, qui n'était probablement pas trop mécontente de son semblable, qui comptait sans doute avoir produit une excellente impression, fera bien, si elle veut garder ses illusions, de ne pas demander la lecture du procès-verbal. Mes deux espiègles ont trouvé beaucoup à dire sur la visiteuse; mais, comme elles voulaient s'amuser, ce qui les a préoccupées surtout, ce sont les imperfections, les ridicules de leur sujet.

Un peu de générosité ou de simple justice leur eût permis de faire aussi la part des avantages de la toilette et de la personne; mais, reconnaissons-le, cela eût été beaucoup moins amusant. Leur mère, qui les avait observées, leur dit le soir même : Je sais que vous n'êtes point méchantes, et c'est pourquoi je tiens à vous prévenir.

L'arme avec laquelle vous jouez maintenant n'a pas encore de caractère offensif; mais elle deviendrait dangereuse pour les autres et pour vous-mêmes si vous preniez, en quelque sorte à votre insu, l'habitude de vous en servir. Recommencez demain, puis un autre jour le même badinage, et bientôt le défaut de la moquerie sera contracté.

Vos compagnes alors, celles même que vous aimez le mieux, seront l'objet de vos investigations malignes, et rien de ce qui est respectable ne trouvera grâce devant vous ; vous ne regarderez plus vos semblables que pour épier leurs défauts, et vous perdrez insensiblement, dans ce triste exercice, le plus précieux de tous les biens, la bonté.

De la moquerie à la médisance le chemin est facile : quand on n'a vu que les défauts, on ne sait guère parler d'autre chose. Vous commencez à médire, presque sans vous en douter, par une conséquence naturelle de l'habitude que vous avez prise de ne regarder les autres, que pour vous assurer qu'ils sont ridicules ou disgraciés.

Ne faites pas dire de vous : *cet âge est sans pitié!* Ne sentez-vous pas aussi, mes chères enfants, en y pensant un peu, que vos petites moqueries vous font manquer au respect?

Les personnes plus âgées que vous, les malheureux, les infirmes, les êtres difformes, ont des droits, les uns à tous vos égards, les autres à votre commisération. Demandez-vous quelle serait votre indignation, votre douleur, si vous entendiez tourner en ridicule une mère bien-aimée.

Les sujets de distraction ne sont pas rares ; saisissez-les chaque fois qu'ils se présenteront, et riez de tout votre cœur ; mais par grâce, ne riez pas des autres : c'est un rire impie. Soyez rieuses, ne soyez pas moqueuses ; riez, mais ne ricanez pas.

Prenez de bonne heure, au contraire, l'habitude du respect ; vous êtes dans l'âge où il convient le mieux, où il est dû à presque tous : « La déférence pour l'âge, le mérite de la dignité est une partie du devoir ; pour les égaux, les étrangers et les inconnus, elle est une partie de la politesse et de la vraie civilité. » (JOUBERT.) Et puis, la moquerie fait toujours un peu la grimace; aimez mieux le respect, qui vous laisse dans votre rôle et dans vos bons sentiments.

Quant aux succès que vous pourriez attendre des malices décochées contre le prochain, n'y comptez pas; ils sont de mauvais aloi et ne vous concilieraient l'estime de personne; ceux même que vous auriez fait rire ne vous en sauraient pas gré. Écoutez à ce sujet madame Mallès de Beaulieu : « Le désir de briller nuit considéra-blement dans la société; on lui sacrifie le bon sens et la raison; tous moyens sont bons à celle qui ne veut être qu'applaudie; mais presque toujours elle manque son but, et donne une mauvaise opinion de son esprit et de son cœur. »

L'esprit, le vrai, le seul, se compose surtout de jugement, d'imagination, de goût et aussi de bonté : le dénigrement et la raillerie ne sont pas plus de l'esprit que le strass n'est du diamant.

Admettez ceci comme règle générale : vous ne ferez jamais honneur à votre esprit quand vous ferez tort à vos sentiments. Soyez bonnes d'abord; vous serez ensuite tout le reste selon vos forces ou vos facultés, et vous serez bien ce que vous devez être, si l'édifice de vos facultés a pour base la bonté! Elle vous arrêtera sur cette pente à railler où l'on se laisse trop aisément glisser, et, croyez-le bien, elle ne vous rendra pas ridicule : « Celle qui a bon cœur n'est jamais sotte. »

Restez ce que la nature et une bonne éducation vous ont faites, ne faussez pas vos sentiments. A quoi bon, quand on est bien, chercher à se contrefaire? Si se moquer était de l'esprit, ce serait, convenez-en, de l'esprit bien facile : voir les défauts des autres, les exagérer et en rire, c'est une méchante disposition, et, à coup sûr, un médiocre mérite.

Occupez-vous des choses, des belles surtout, et laissez

en paix les personnes. Si les circonstances vous condui-sent à l'analyse de certains caractères plus originaux, plus frappants que les autres, sachez voir par quelles vertus ils sont dignes de votre estime et de votre affection.

Placez-les dans leur jour le plus favorable, regardez-les du beau côté, et si vous vous croyez le droit d'inter-préter leurs intentions, adoptez la supposition la plus avantageuse. Laissez les petites manies, les travers, les hérésies de toilette pour ce qu'elles valent; n'en ayez souci.

Qu'est-ce que ces misères quand on peut découvrir de généreux sentiments et de nobles pensées? Pourquoi chicaner sur des vétilles? pourquoi leur faire l'honneur de les apercevoir?

Voyez loin et de haut, vous verrez de bien plus belles choses. Quand on admire les splendeurs de la nature, s'occupe-t-on des cailloux du chemin? Quand on étudie une belle résidence ornée de chefs-d'œuvre et de meu-bles antiques, est-ce la poussière qui les couvre qu'on inventorie?

Voulez-vous que je vous dise toute ma pensée? Eh bien! je ne serais qu'à demi surprise si vous vous étiez mis dans la tête que l'admiration est un sentiment vul-gaire, qu'une personne qui se respecte, qui entend se distinguer de la foule, ne doit pas s'y abandonner.

Vous avez vu des lourdauds qui admiraient tout, même le grotesque et la sottise; vous n'avez pas voulu leur ressembler, et pour vous éloigner d'eux autant que possible, vous vous êtes mises à ne rien admirer, vous promettant pour prendre le contre-pied, de vous livrer çà et là, sur les points inaperçus, à de fines critiques.

Vous avez vu un excès, et vous êtes tombées dans un autre. Je vous conseille d'en revenir au plus vite, pour ne pas vous priver d'une des grandes joies de l'âme.

Vous ne savez pas toutes les jouissances qu'on se refuse quand on se prépare toujours à critiquer.

Admirez ce qui est admirable, et ne craignez pas de constater le beau et le bien partout où vous les rencontrerez. Ne refoulez pas les élans de votre âme, ne rougissez ni de vos étonnements, ni de vos admirations; soyez heureuses en toute franchise, sans honte comme sans arrière-pensée, en lisant les pages sublimes de nos grands poëtes, ou en contemplant un spectacle saisissant. Non, mes enfants, admirer n'est pas de mauvais ton quand on admire à propos; jouer l'indifférence ou refuser son attention, c'est se soustraire volontairement aux meilleures émotions.

Il y a deux sortes de moqueries : la moquerie en cachette et la moquerie en face. Je ne vous détournerai pas moins de celle-ci que de celle-là; si l'une est une méchanceté, une petite perfidie, l'autre est une impertinence. Écoutez tout le monde avec une égale complaisance; la politesse et le savoir-vivre vous en font un devoir. Évitez la conversation de ceux qui n'ont rien de bon à vous dire ou rien d'utile à vous apprendre, mais ne riez au nez de personne.

Savoir écouter est une preuve de bon sens, quelquefois de patience et de charité! Ces petits airs narquois que prennent certains interlocuteurs qui se croient fort habiles, sont un témoignage de sottise et de mauvais goût, et rien de plus. Je déteste cette moquerie systématique, moins parce qu'elle m'humilie que parce qu'elle me paralyse. Si je ne suis pas honteux pour moi, je le suis pour les choses sérieuses que j'avance; quand je vois avec quelle insouciante frivolité on les tourne en ridicule. Ces moqueurs de profession ne vous écoutent ni pour s'instruire ni pour vous répondre; le plus souvent, ils ne veulent pas comprendre ou seraient incapables de répliquer. Ce qu'ils cherchent, c'est le mot, c'est l'idée à laquelle ils pourront se prendre, pour en faire le prétexte de leurs ricanements. Ne suivez pas ces exemples, n'imitez pas « ces médiocrités d'âmes déguisées en esprits malicieux ; » vous perdriez plus d'une fois l'occasion de vous instruire, vous feriez tort à votre bon sens comme à votre bon cœur, et vous manqueriez aux lois des plus simples convenances.

Ainsi, mes enfants, pour rester aimables, et ne pas plaider vous-mêmes contre votre bon naturel, ne vous moquez ni de ceux dont vous parlez, ni de ceux à qui vous parlez : épargnez votre prochain, et ne l'humiliez pas. S'il vous faut un motif de plus pour vous éloigner de cette vilaine tendance à railler ou à sourire, je vous dirai que dans le temps où toute chose avait son emblème, l'âne, image de l'ignorance, était le symbole de la moquerie et de la dérision.

CH. ROZAN.

Exercices

Rendez compte de ce que vous avez lu.

Expliquez le sens des mots : taille — salon — blotties — conjonctures — faculté — appendice — manières — tournure — procès-verbal — espiègles — badinage — investigations — épier — médire — disgracier — difformes — railler — manies — travers — vétilles — lourdauds — interlocuteurs.

Que signifie : trouver grâce — rire au nez — tourner en ridicule — être de mauvais aloi — savoir gré — prendre le contre-pied — arrêter sur la pente — voir de haut ?

Donnez la règle sur l'emploi du subjonctif — sur quand et quant — dont — mieux et plus — le ou la devant un adverbe — sur le sujet du verbe.

Citez quelques pierres précieuses — leurs couleurs — leur provenance — leur valeur.

Indiquez le sens du morceau avec la morale et les conseils qu'il renferme.

---

131. — Mademoiselle des Essarts.

Mademoiselle Adèle Des Essarts naquit à Saulieu (Côte-d'Or), le 21 février 1822. Hélas ! sa vie fut courte ! car dans la nuit du 21 au 22 août 1844, Dieu rappelait à lui son âme.

Tous ceux qui ont connu cette pieuse jeune fille, dit son biographe, ont conservé le plus doux souvenir de sa grâce et de ses vertus ; elle réalisait en elle ce que saint Paul recommandait aux fidèles de son temps : elle accomplissait tout ce qui est aimable, et les actions par lesquelles elle gagna promptement la couronne immortelle sont à la portée de toutes.

Son père, officier supérieur attaché à l'arme du génie, avait une nombreuse famille ; aussi Adèle, qui en était l'aînée exerçait dès son jeune âge ce droit d'aînesse par une petite surveillance, de bons conseils et d'excellents exemples envers ses jeunes frères et sœurs. Et, c'est une justice à lui rendre, on a souvent admiré l'autorité qu'elle savait prendre, non-seulement sur ces enfants, mais aussi sur ses serviteurs ; jamais de paroles brusques ou tranchantes, jamais d'ordres absolus, jamais de menaces, mais quelques mots calmes, pleins de raison et en même temps assaisonnés de tant de douceur, que l'on ne savait point y résister. Malgré le besoin de s'instruire qui faisait qu'Adèle cherchait à se procurer des livres avec une avidité prodigieuse, jamais elle n'a lu un roman, jamais elle ne s'est permis de parcourir un feuilleton de journal ; car on lui avait dit que ces lectures avaient du danger pour les jeunes personnes surtout, et c'était assez pour qu'elle y renonçât entièrement.

Son application à l'étude ne la détournait pas de l'accomplissement des devoirs qu'elle avait à remplir dans l'intérieur de sa famille : aider sa mère dans les détails du ménage ; entourer son aïeule des plus tendres soins ; veiller à ce que son père trouvât toujours au moment marqué ce dont il avait besoin ; présider aux leçons de ses jeunes frères ; façonner aux usages de la famille sa sœur, qui revenait de la maison royale de Saint-Denis ; diriger les domestiques ; entretenir la gaieté par une douce causerie et d'aimables paroles ; montrer une activité qui n'avait rien de fatigant pour personne ; prévenir les moindres désirs de tous ; prodiguer ces bonnes et saintes caresses de jeunes filles, qui sont un des plus doux charmes du foyer paternel, ce fut ce qu'elle pratiqua chaque jour, ce qui la fit tant aimer de ses parents, ce qui répandit sur quelques années de leur vie un bonheur si pur, ce qui aujourd'hui la fait si vivement regretter.

Quand le moment de s'occuper de son avenir et de prendre un parti fut venu pour Adèle, la jeune fille, après avoir prié et réfléchi quelques jours, vint annoncer à ses parents, en employant cette exquise réserve qui accompagnait toutes ses paroles, qu'elle ne se marierait jamais, qu'elle voulait vivre uniquement pour Dieu, et qu'ainsi elle désirait ne point paraître dans les assemblées du monde.

Ses parents, sans s'opposer à son dessein, lui firent comprendre qu'elle était bien jeune pour se prononcer ainsi, qu'il ne faut pas renoncer sans réflexion à ce qu'on ne connaît pas encore, qu'une épreuve était nécessaire, et il fut convenu que pendant un an elle serait conduite dans le monde, qu'elle chercherait à y paraître d'une manière qui pût plaire à sa famille, et qu'elle ne parlerait pas une seule fois de sa vocation vraie ou prétendue.

Jamais certainement jeune personne ne se soumit aussi exactement à l'épreuve. Adèle fut durant cette année, au dire de tous, l'ornement des salons ; sa mise, d'une décence toujours sévère, était extrêmement soignée ; une gaieté qui ne dégénérait point en légèreté ne la quittait pas ; elle parlait beaucoup de toilette et de bals ; elle semblait montrer avec tout l'orgueil d'une jeune fille un peu mondaine, la longue liste des invitations qu'elle recevait.

La piété ne l'avait point abandonnée ; elle communiait assez fréquemment, mais en même temps elle était de toutes les réunions auxquelles voulait la conduire sa mère ; elle paraissait s'y amuser beaucoup ; chacun répétait qu'elle était la jeune personne la plus gracieuse de toute la ville. qu'elle était évidemment faite pour la société, où elle paraissait avec tant de charmes, et ses parents, en entendant ces éloges, s'applaudissaient de n'avoir pas cru à sa parole ; ils pensaient qu'elle aimait vraiment le monde, et qu'elle avait complétement oublié ses projets de retraite. Quel ne fut donc pas leur étonnement lorsqu'au jour où l'année d'épreuve se terminait, Adèle vint dire à sa mère en se jetant dans ses bras : Maman, enfin, c'est fini ! vous avez voulu que j'allasse dans le monde pendant un an, que je parusse m'y amuser, que je ne vous parlasse pas une seule fois de mes projets ! j'ai obéi autant que j'ai pu, Dieu sait ce qu'il m'en a coûté ! J'ai caché bien des ennuis sous mes sourires, qui n'étaient pas sincères... mais à présent je n'en puis plus. C'est au-dessus de mes forces de me contraindre plus longtemps ; ne me faites pas recommencer, ou bien, je vous en avertis, j'en mourrai !...

On ne crut pas devoir imposer une plus longue contrainte à la pauvre enfant ; sa famille consentit à ses désirs et la laissa maîtresse d'accepter ou de refuser les invitations qui désormais seraient faites ; elle se montra pénétrée de reconnaisance et continua pendant quelque temps encore à aller dans le monde, quoique moins fréquemment ; elle s'y fit de même admirer et aimer ; elle sut affecter les mêmes goûts de jeune fille, et en préparant la toilette de sa sœur Mélanie, elle était la première à dire qu'il ne fallait pas qu'elle fût mise avec moins d'élégance que celle-ci, parce qu'autrement on remarquerait cette différence.

Il vint un moment pourtant où mademoiselle Des Essarts cessa tout à fait de paraître dans les réunions mondaines.

On s'accoutuma à voir ses parents sans elle, et chez eux ; elle se montrait ce qu'on l'avait toujours connue

dans la société. Pendant deux hivers, lorsque son père
devait recevoir et que l'on dansait chez lui, elle ne té-
moignait pas la moindre répugnance pour revêtir le cos-
tume de bal et danser elle-même; ce ne fut que la
troisième année qu'elle sollicita et obtint de laisser la toilette et les fleurs « qui, disait-elle en riant, scandalisent
chez une dévote, puisque c'est le nom qu'on me donne. »
Mais alors, dans ces réunions obligées, d'une manière
moins en rapport avec son âge, mais plus en rapport
avec sa piété, elle se bornait à faire les honneurs de la
maison avec une amabilité charmante, et méritait les
éloges que chacun aimait à faire d'elle.

Pour le travail, c'était toujours de sa part la même
activité; on ne la voyait jamais perdre un moment, et
lorsqu'elle rentrait de ses courses, couverte quelquefois
de sueur, elle prenait aussitôt son ouvrage et stimulait
même sa mère et sa sœur, si elles paraissaient moins
pressées qu'elle. « Travaillons, travaillons, disait-elle,
nous sommes faits pour travailler toujours ! » Aussi tout
ce qu'elle venait à bout de faire est surprenant, et l'on
ne comprend pas, par exemple, comment avec ses occupations accoutumées, elle put broder en une seule année
dix-huit mouchoirs très-riches, dont elle fit autant de
cadeaux; car ce fut toujours un besoin de son cœur de
donner.

Voilà en quoi Adèle Des Essarts était admirable : c'est
qu'elle trouvait moyen de consacrer beaucoup à la piété
et aux bonnes œuvres, sans rien enlever jamais à ce
qu'elle devait à ses obligations personnelles ou à ce
qu'elle regardait comme tel.

L'amabilité parfaite qu'elle montrait envers tout le
monde la faisait chérir de chacun; mais il est impossible
d'être plus aimée qu'elle ne l'était par ses compagnes, et
elle le méritait par son application constante à leur faire
plaisir. Toujours la première à préparer les jeux et à

exciter la gaieté, elle trouvait le moyen d'être agréable à toutes.

Plusieurs de ces dernières étant dans une position plus humble que notre héroïne, celle-ci se croyait redevable envers elles de plus d'affabilité; elle les prévenait en toute circonstance, les saluait la première quand elle les rencontrait, cherchait à leur rendre service, allait les visiter dès qu'elle apprenait qu'elles étaient malades, et, à chaque occasion qui se présentait, elle se plaisait à faire l'éloge de leur piété, de leur zèle et de leur dévouement.

Et avec les pauvres, quelle délicatesse encore elle avait! quelle inépuisable charité! mademoiselle Des Essarts était de toutes les bonnes œuvres; elle parait les autels, veillait sur les orphelins, faisait des loteries et instruisait les ignorants.

Également dévouée à tous les malheureux, elle éprouvait pourtant une prédilection particulière « pour ses chères vieilles femmes et pour les pauvres mères entourées d'une famille nombreuse. »

Elle était habile à découvrir celles qui, par un sentiment de honte, dérobaient aux regards leur misère et aimaient mieux souffrir que de demander; elle payait le loyer d'un grand nombre, et, par une admirable délicatesse, elle n'allait chez plusieurs que le matin de bonne heure, quelquefois même avant le lever du soleil, afin qu'on ne sût pas qu'elles recevaient des secours.

Chez d'autres, au contraire, qui ne pouvaient sortir, et dont l'ennui était la plus cruelle infirmité, elle portait son ouvrage, travaillait près de leur lit, leur tenait compagnie, les égayait par ses petits récits et les édifiait par de pieuses lectures et des conseils d'une affectueuse piété! C'était, en un mot, comme on le disait, *une sœur de charité en chapeau*; en effet, en se liant avec les respectables filles de Saint-Vincent-de-Paul, en s'occupant souvent avec elles de soulager les malheureux, elle avait pris quelque chose de leurs manières si bienveillantes et en même temps si aisées envers les pauvres.

Que ne puis-je vous dire maintenant, mesdemoiselles, la fin si touchante de la pauvre Adèle, ses dernières pensées, ses dernières aspirations, ses adieux et ses recommandations à sa famille ou plutôt à sa sœur? car elle s'efforçait de cacher son état et surtout la connaissance parfaite qu'elle avait de cet état à sa mère désolée.

E. DE VILLEBLANCHE.

Exercices

Rendez compte de ce que vous avez lu.

Expliquez le sens des mots : biographe — officier — à l'arme du génie — roman — feuilleton — présider à — avenir — prendre un parti — réserve — épreuve — conduire dans le monde — vocation — salons — décence — mondaine — contrainte — affecter — scandaliser — dévote — loterie.

Donnez les règles sur l'emploi des temps du subjonctif — sur ceux du conditionnel — sur le verbe craindre, suivi de la négation.

Dites ce que vous savez sur saint Vincent de Paul — sur la maison impériale de Saint-Denis.

Indiquez le sens du morceau et les déductions morales que vous en pouvez faire.

------

132. — La Fête des Rosières.

L'origine de la rosière remonte jusqu'au cinquième siècle. Ce fut saint Médard, évêque de Noyon et seigneur de Salency, village situé à une demi-lieue de Noyon, qui eut le premier la pensée de récompenser la vertu et de la glorifier. A sa mort, il légua, pour cette fondation, douze arpents de terre, à la charge de prélever sur les revenus, le payement de 25 livres pour doter une rosière, et les frais nécessaires à la cérémonie.

Ce fut, dit-on, à la sœur même de saint Médard que ce prix glorieux fut décerné pour la première fois à l'unanimité. On voit encore, aujourd'hui, au-dessus de la

chapelle située à l'extrémité du village de Salency, un
tableau où l'évêque de Noyon, en habits pontificaux,
pose une couronne de roses sur la tête de sa sœur, qui
est coiffée en cheveux et à genoux. Les titres de la fondation portaient que, non-seulement la rosière devait
avoir une conduite irréprochable, mais qu'il fallait que
son père, sa mère, ses frères, ses sœurs et autres parents, en remontant jusqu'à la quatrième génération,
fussent eux-mêmes irrépréhensibles.

Le seigneur dé Salency jouissait du droit de choisir la
rosière entre trois jeunes filles du village qui devaient
lui être présentées par les notables de la commune, un
mois à l'avance. L'examen devait se faire avec la plus
grande sévérité.

Le 8 juin, jour de la Saint-Médard, le cortége se rendait en grande pompe à la paroisse, où il entendait les
Vêpres, et de là, à la chapelle, où, après la bénédiction,
le célébrant posait un chapeau de roses sur la tête de la
rosière, agenouillée devant lui, et lui remettait en cet
instant les 25 livres, en présence du seigneur et des officiers de justice.

Louis XIII ajouta à la couronne de roses un large ruban bleu. Ce prince, se trouvant un jour au château de
Varennes, près de Salency, fut supplié par M. de Belloy,
alors seigneur du village, à honorer la rosière en la faisant couronner en son nom. Le roi y consentit, et envoya le marquis de Cordes, son premier capitaine des
gardes, qui fit la cérémonie pour Sa Majesté et ajouta
aux roses, par les ordres du roi, une bague d'argent et
un cordon bleu : « Offrez ce cordon, dit le roi, à celle qui
sera couronnée ; qu'il devienne la récompense de la
vertu, il fut assez longtemps le prix de la faveur. »

Depuis cette époque, la rosière de Salency reçoit une
bague d'argent ; elle et ses compagnes sont toutes décorées d'un large ruban bleu, posé en écharpe.

Au sortir de l'église, le seigneur ou son représentant

conduisait la rosière au milieu de la grande rue du village, où les vassaux du fief de la Rose étaient obligés de lui offrir une collation qui retraçait la simplicité des mœurs antiques, et qui était une sorte de redevance. La table devait être garnie d'une nappe, six serviettes, deux couteaux, deux verres et une salière pleine de sel. Les mets devaient consister en un lot de vin clairet, crû sur la côte du village ; un demi-lot d'eau fraîche ; deux pains blancs d'un sou ; cinquante noix et un fromage de trois sous.

Sur la fin de ce modeste repas, les mêmes vassaux lui présentaient, par forme d'hommage, un bouquet de fleurs, deux éteufs ou balles de jeu de paume, une flèche et un sifflet de corne avec lequel on devait siffler trois fois avant de l'offrir. Dans le cas où l'on n'aurait pas satisfait à toutes ces servitudes, on était passible de soixante sous d'amende.

Lorsque le repas était achevé, toute l'assemblée se rendait dans la cour du château, sous un gros arbre, où le seigneur invitait la rosière pour le premier branle. Ce bal champêtre finissait avec le coucher du soleil.

Le lendemain, dans l'après-midi, la rosière invitait chez elle toutes les filles du village et leur donnait une grande collation, pendant laquelle on chantait des couplets faits pour la circonstance.

C'est principalement à Suresnes que la fête de la Rose a conservé toute sa grâce primitive, toute sa naïve splendeur. Suresnes, situé à deux lieues de Paris, avec ses champs de roses et son pittoresque Calvaire, a gardé longtemps encore, dans nos jours modernes, la simplicité de ses mœurs et l'aspect rustique des temps anciens. Ce n'est que depuis quelques années seulement que l'industrie, en y implantant son drapeau, est venue lui enlever ce cachet villageois que le roi Henri IV aimait tant à y retrouver.

Lors de la révolution de 93, la fête de la Rose fut interrompue pendant de longues années, les fonds ayant été dispersés. Cette fête touchante avait été pour ce pauvre village une sorte d'illustration, une page de gloire; aussi son interruption fut un deuil général. Les vieillards parlaient de leurs souvenirs en montrant à leurs enfants le chapeau de roses qui avait couronné leur mère dans des jours plus heureux, et les jeunes gens faisaient des vœux pour voir revenir un temps qu'ils regrettaient sans l'avoir connu.

Une circonstance particulière servit leurs désirs. Mme Desbassins, dont les habitants respectent et bénissent encore aujourd'hui la mémoire, possédait à Suresnes une des plus belles habitations, située sur le faîte de la montagne, à quelques pas du Calvaire; une charmante enfant de neuf ans faisait son orgueil et sa joie, et la tendresse de cette heureuse mère était, il faut le dire, une véritable idolâtrie.

Un jour qu'elle se rendait de Paris à sa maison de Suresnes, l'enfant, par un caprice nouveau, s'obstina à ne pas descendre de voiture au bas de la montée, ainsi que cela se fait habituellement, le chemin étant impraticable pour les chevaux. La faible mère crut devoir céder devant les larmes de sa fille; mais, bientôt cahotée et renversée, la voiture fut brisée et l'enfant seule blessée si cruellement, qu'il fut impossible de la transporter jusqu'au haut de la montagne. Elle fut soignée chez d'honnêtes paysans qui témoignèrent de leur zèle et de leur sympathie pour un si affreux malheur; et lorsqu'elle succomba, toutes les jeunes filles de Suresnes assistèrent à ses funérailles et voulurent déposer une couronne sur sa tombe.

Revenue d'un premier moment de désespoir que l'on ne saurait peindre, la première pensée de Mme Desbassins, fut un sentiment de reconnaissance pour ceux qui paraissaient avoir partagé sa douleur; et pour leur en donner un gage, elle fonda une rente perpétuelle de trois cents francs, pour doter et couronner une rosière chaque année.

Ce fut pour tous les habitants un beau jour que celui qui revit, après de longues années, le couronnement tant désiré. Par un beau jour de la Saint-Médard, le ciel était splendide, une brise du mois de juin soufflait l'odeur des roses, dont les jardins de Puteaux sont couverts. La duchesse de B..., sollicitée par le maire, avait accepté l'honneur du couronnement. Dès le matin, les cloches fendaient l'air, la joie brillait sur tous les visages, on se félicitait, on s'embrassait, on pleurait ; on eût dit une fête de famille.

Vers deux heures de l'après-midi, on vit la route de Neuilly à Suresnes se couvrir d'équipages les plus riches et les plus beaux. Dames de la cour, ministres, académiciens, tous s'étaient donné rendez-vous, tous venaient assister à ce triomphe de la vertu. Jamais, dans les fastes de l'histoire des rosières, pareille fête n'avait présenté un aspect aussi solennel ; le chœur, la nef, les tribunes étaient encombrés de femmes jeunes, élégantes et belles, et les heureux villageois avaient oublié leurs droits et cédé leur billet d'entrée aux dandys de la ville.

Sur une haute estrade, cent jeunes filles environ, toutes vêtues de blanc, toutes décorées de l'écharpe bleue, dominent modestement une foule nombreuse ; sur le gradin le plus élevé sont placées les trois candidats ou prétendantes à la Rose. Le ruban bleu, qui est posé en écharpe dans la toilette des jeunes *filles de la Vierge*, est posé en sautoir sur la poitrine des premières ; cette marque est la seule qui les distingue de leurs compagnes. Parmi les trois candidats placées, au milieu, on pouvait remarquer une jeune fille d'une beauté céleste ; sa blancheur et sa modestie effacent tout ce qui l'entoure ; tous les yeux sont fixés sur elle, et le nom de Louise vole de bouche en bouche.

Bientôt un sourd murmure se fait entendre..., c'est

l'arrivée de la duchesse de B... Les orgues accompagnent un *Te Deum*; l'abbé F... monte en chaire et prononce un de ces discours touchants dont le cœur a fait tous les frais d'éloquence, pendant que deux brillantes quêteuses, conduites chacune par un élégant cavalier, font le tour de l'église, et plus d'une fois la bourse des pauvres se remplit de pièces d'or.

Cette fois, au moins, la vanité dut trouver grâce devant une bonne action!

Un silence religieux s'est emparé de toute l'assemblée; on vote bas au scrutin, et cet instant va décider entre les trois *Rosettes*; tous les yeux sont humides d'émotion, tous les regards curieux cherchent vainement à lire sur les physionomies.

Bientôt le maire s'avance, il tient à la main le papier sur lequel se trouve inscrit le nom de l'heureuse rosière.

Enfin, il salue profondément, et, d'une voix élevée et pourtant émue, il dit : « Le conseil de la commune, ayant égard à la supériorité du mérite qu'il couronne aujourd'hui, et voulant donner à la jeune fille une preuve de son admiration pour ses vertus, s'écarte de la règle qui veut que la rosière ait vingt ans, et nomme Louise G..., orpheline, âgée de dix-huit ans. »

En un instant, tous les regards se sont portés vers l'estrade. Émue, tremblante, on vit alors cette jeune fille, encore presque enfant, venir, belle et modeste, s'agenouiller aux pieds de la duchesse, les yeux baignés de larmes, et, par un mouvement plein de grâce et de touchante expression, tendre les mains vers la brillante foule, comme pour la remercier de tant de bonheur !

Alors les applaudissements éclatèrent de toutes parts et les bravos retentirent dans l'église.

La duchesse lui posa sur la tête la couronne de roses, et lui mettant au cou une chaîne d'or d'un admirable travail, elle l'embrassa et lui dit : « N'oubliez jamais, chère enfant, que la vertu est le seul bonheur des femmes. »

Louise fut reportée en triomphe à sa place. Pendant ce temps, les jeunes gens du village coupaient un frais peuplier, l'ornaient de rubans aux mille nuances, et plantaient à la porte de la rosière le *mai* consacré par l'usage.

Après le *Te Deum* d'actions de grâces, par un pieux élan de reconnaissance, toutes les jeunes filles, en procession, la bannière de la Vierge en tête, vont déposer sur la tombe de l'enfant victime un bouquet de roses blanches.

C'est en signe de deuil que le chapeau de roses est encore aujourd'hui, à Suresnes, noué d'un long ruban noir flottant.

La fête, comme à Salency, se termine par un bal champêtre et une légère collation.

Pauvre Louise! deux ans après son couronnement, elle prenait le voile parmi les sœurs de la Charité, et elle mourut en 1852, victime de son zèle à soigner les nombreux malades que le choléra de cette époque amenait à l'hospice.

Elle fut inhumée avec sa couronne de rosière.

LOUISE LENEVEUX.

Exercices

Rendez compte de ce que vous avez lu.

Expliquez le sens des mots : siècle — glorifier — léguer — fondation — notables — cortége — bague — vassaux — fief — branle — implanter — cachet — caprice — cahotée — rente — chœur — nef — dandys — orgues — chaire — bravos — mai.

Que signifie : à l'unanimité — à la quatrième génération — posé en écharpe — jours modernes — l'aspect rustique — ne saurait peindre — partager sa douleur — fendre l'air — les fastes de l'histoire — en sautoir — voler de bouche en bouche — faire les frais — voter au scrutin — s'écarter de la règle ?

Nommez des substantifs qui n'ont pas de singulier — donnez la règle sur orgues — les homonymes de chaire — la règle sur les noms empruntés à d'autres langues.

Racontez la féodalité, son origine, sa durée, sa fin — la révolution de 93.

Indiquez le sens du morceau et la morale qu'il renferme.

---

133. — La Sœur.

Quel plus doux nom que celui de sœur, et que les enfants uniques se trouvent à plaindre alors qu'ils voient les familles nombreuses se soutenant à travers les sentiers épineux de la vie, le frère fortifiant sa sœur, la sœur consolant son frère, et mettant en commun ce que l'amitié la plus parfaite ne possède jamais, le nom, l'honneur, la solidarité du rang, les souvenirs et les réminiscences du passé remontant jusqu'au berceau !

L'amitié fraternelle a un caractère à part de pureté, d'intimité et de désintéressement. L'amitié d'un homme pour une femme laisse souvent une place au doute et à la médisance ; l'amitié d'un frère pour sa sœur ne réveille que les idées les plus nobles, celle de la famille unie, entière, liée par les plus saints nœuds et passant d'âge en âge, et de main en main le flambeau des chastes affections. La sainte Écriture compare l'amitié de deux frères à deux tours fortes, à une citadelle imprenable ; l'amitié de deux sœurs est un bouclier au milieu des adversités de l'existence : la confiance entre elles est sans réserve ; les conseils ont un désintéressement absolu ; les larmes et les secrets, versés dans le sein de l'amie du berceau ne sont jamais révélés ; la sœur aînée a jusque dans la vieillesse une douce autorité, et la sœur cadette une amicale déférence, et quand l'amitié lie un frère et une sœur, elle est peut-être plus suave et plus forte encore. Si elle est l'aînée, il a reçu d'elle d'enfantines leçons ; plus tard, quand la fougue de la jeunesse l'entraînait et le perdait peut-être, elle l'a défendu au tribunal de la famille, et a obtenu une sentence d'acquittement. Que ne lui doit-il pas? et si elle est plus jeune que lui, ne l'a-t-il pas amusée enfant, instruite jeune fille, soutenue, éclairée, protégée toujours? Oh! quelle forte chaîne de souvenirs, de services, unissant deux cœurs, et qui, fussent-ils glacés par le froid du tombeau, les réveillerait à son contact! Dès l'ère nouvelle, dès l'aube du christianisme, on voit la sœur chrétienne associée aux travaux, aux vertus, au zèle de son frère; Marthe et Marie partagent l'apostolat de Lazare en Provence; trois sœurs, Fidès, Elpis et Caritas sont martyrisées ensemble en Grèce; deux sœurs, Romaines d'origine, sainte Babiane et sainte Démétrie, confessent ensemble, dans les supplices, la foi chrétienne; saint Basile fonde en Grèce les premiers monastères d'hommes, pendant que sa sœur Synclétique ouvre aux femmes ces mêmes retraites; saint Ambroise dédie à Marceline, sa sœur, son Traité de la Virginité; mais la plus célèbre de ces pieuses et pures amitiés, nées au berceau et trempées dans les eaux du christianisme, fut celle de saint Benoît et de sa sœur, sainte Scholastique.

Ils s'étaient toujours aimés, et leur affection s'était accrue encore par leur piété et par cette profonde sympathie des esprits et des cœurs unis en Jésus-Christ. Quand saint Benoît se fut retiré au mont Cassin, dans cette profonde solitude d'où sortit l'ordre monastique qui devait défricher et évangéliser l'Europe, Scholastique établit au penchant de la montagne un monastère de vierges, qui vivaient sous la même règle que Benoît avait donnée à ses compagnons. Mais le frère et la sœur, quoique si rapprochés, ne se voyaient qu'une seule fois l'année; ils se rencontraient dans une maison placée entre les deux monastères; ils passaient ensemble quelques heures et s'entretenaient du ciel. La dernière fois qu'ils se virent ici-bas, Scholastique parut goûter plus que jamais la joie de la présence de son frère, et pendant plusieurs heures, ils ne parlèrent que du souverain bien qu'ils attendaient et de cette éternelle réunion qui leur était promise.

Le soleil baissait à l'horizon; Benoît se préparait déjà à regagner son monastère par les sentiers escarpés de la montagne, quand sa sœur le supplia de différer son départ et de lui parler encore du bonheur du paradis.

Il refusa avec douceur, en disant qu'il ne pouvait violer la règle qui défendait aux religieux de passer la nuit hors du cloître. Scholastique, affligée de ce refus, mit ses mains jointes sur la table et appuya sa tête dessus, et, fondant en larmes, elle pria Dieu. Au même instant éclata un violent orage, mêlé d'une pluie torrentielle qui rendait les abords de la montagne infranchissables.

« Dieu vous pardonne! qu'avez-vous fait? » dit saint Benoît à Scholastique.

— Je vous ai demandé une grâce, répondit-elle, et vous me l'avez refusée. J'ai eu recours au Seigneur, et il m'a exaucée. »

Il resta donc avec sa sœur, et, pendant toute la nuit, ils parlèrent de la félicité des saints, comme en parlaient Monique et Augustin à la veille de leur séparation. Au point du jour, ils se quittèrent. Sainte Scholastique mourut trois jours après ce fraternel entretien, auquel le ciel même avait consenti, et Benoît vit l'âme chérie de sa sœur qui s'envolait vers les éternelles demeures. Cette apparition a été retracée par Lesueur de la manière la plus poétique, et toute cette légende, embaumée d'amour et de prières, nous a été transmise par le saint pape Grégoire.

L'histoire de France, où les femmes, depuis sainte Clotilde jusqu'à madame Élisabeth, apparaissent sous des traits si aimables et si souvent héroïques, nous offre le nom d'une sœur accomplie et qui vouait à son frère toutes les forces d'une des âmes les plus généreuses

qui soient sorties des mains du Créateur. Marguerite de
Valois a exercé toutes les influences délicates et bien-
faisantes de la sœur sur François Ier, souvent dur,
souvent ingrat. Ils avaient été élevés ensemble, au
château d'Étampes, par leur mère, Louise de Savoie ;
ils avaient les mêmes goûts : la science, les arts, la
littérature les captivaient également, et comme elle
était de deux ans plus âgée, il se mêlait à la tendresse
de Marguerite pour François une nuance de sollicitude
maternelle. Quand le roi fut emmené prisonnier à
Madrid, elle n'eut qu'une pensée : le consoler et le
sauver. Elle brave mille périls, elle arrive enfin à cette
prison désirée ; François était mourant. La foi inspira
Marguerite ; elle fait élever un autel auprès de ce lit
d'agonie, et fait chanter par son aumônier les hymnes
sacrées telles qu'on les chante en France ; François se
ranime ; sa patrie et sa famille semblent lui être rendues ;
il confesse ses fautes, il reçoit la divine Eucharistie,
et la vie de l'âme ranimant la vie du corps, il revient
à la santé ! Elle l'a sauvé et consolé ; elle saura aussi le
délivrer. Charles-Quint, l'homme prudent par excellence, se défiait du pouvoir de l'éloquence de Marguerite ; il ne voulut pas la voir.

« Ah ! s'écria-t-elle, il ne m'est pas permis de parler
aux hommes ! je parlerai aux femmes et leur parlerai
au double ! »

Elle parla en effet à la sœur de Charles-Quint, à
Éléonore d'Autriche ; elle lui parla si bien des vertus
et des talents de François Ier, qu'elle lui fit concevoir
le désir de l'épouser ; une alliance entre les deux
princes rendit la paix inévitable, et le roi de France
sortit de prison en acceptant la main de la sœur de
Charles-Quint. Marguerite l'avait devancé en France ;
pleine d'inquiétudes, elle ne pensait qu'à son frère.

Il revint ; elle s'associa aux meilleures actions de son
règne ; avec lui elle encouragea les poëtes et les ar-

tistes; elle vécut pour son frère, le soigna dans ses maladies, et ne lui survécut que de peu d'années. Cet amour fraternel, si entier, si dévoué, dont sa vie offre tant de témoignages, ne fut payé que d'un faible retour; car François Ier, nature très-égoïste, exerça sur sa sœur toute l'autorité féodale. A celle qui l'avait sauvé il n'assura rien par son testament; il maria sa fille contre le gré de la pauvre mère, il la traita presque toujours avec une autorité voisine de la tyrannie. Mais les grandes eaux ne peuvent éteindre l'amour, dit la sainte Écriture, et Marguerite avait une de ces âmes tendres et fidèles que l'injustice même ne peut arracher à ce qu'elles aiment.

Henri IV trouva également dans l'affection de sa sœur, Catherine de Bourbon, consolation dans l'infortune, joie et honneur dans la prospérité. Elle gouvernait le Béarn en son nom, et l'y faisait chérir par ses bienfaits et ses intelligentes sollicitudes; elle lui sacrifia les alliances qui auraient pu lui déplaire; elle n'accepta un mari que de sa main, et les dernières forces de sa main et de son cœur furent consacrées encore à écrire à celui qu'elle nommait son bon frère et son cher roi. Il semble que l'amitié fraternelle soit un héritage dans la famille des Bourbons. Qui peut oublier l'amitié de Madame Élisabeth pour Louis XVI, fidèle jusqu'à la mort?...

Ce ne sont pas les rois seulement qui ont trouvé dans l'amitié de leurs sœurs une consolation aux épines du diadème; le génie aussi porte une couronne, qui souvent blesse le front qu'elle semble orner. Quel tendre refuge le Tasse, après ses égarements et ses malheurs, n'a-t-il pas trouvé auprès de sa sœur Lucrezia! Comme cette âme blessée se reposa doucement dans les affections de la famille et dans les douceurs de la religion! Et de nos jours, le plus touchant exemple du dévouement fraternel n'a-t-il pas été donné à un frère malheureux qui s'essayait dans la carrière des lettres, souvent si rude et si pénible ? Quel que soit le talent de Maurice de Guérin, jamais il ne fera pâlir l'image de sa sœur, de cette poétique et sainte Eugénie, qui n'a aimé en ce monde que son frère; qui ne pouvant rien pour sa fortune ni pour sa gloire, savait cependant intéresser le ciel à sa cause, en priant sans cesse pour celui qui était loin d'elle. Quelle âme de sœur! comme elle se peint dans ces lignes, écrites après la mort de Maurice :

« Oh ! que ce monde, cet autre monde où tu es m'occupe ! Mon ami, tu m'élèves en haut, mon âme se détache de plus en plus de la terre : la mort, je crois, me ferait plaisir. O Dieu ! mon Dieu ! consolez-moi ! Faites-moi voir et espérer au delà de la tombe, plus haut que n'est tombé ce corps. Le ciel ! le ciel ! oh ! que mon âme monte au ciel ! Maurice, mon ami, qu'est-ce que le ciel, ce lieu des âmes ? Jamais ne me donneras-tu signe de là ? Oh ! si tu pouvais ! s'il existait quelque communication entre ce monde et l'autre ! Viens ! donne-moi quelque chose de toi à moi, qui étions si amis ! Toi au ciel et moi sur la terre, oh ! que la mort nous sépare ! J'écris ceci à la chambrette, cette chambrette tant aimée où nous avons tant causé ensemble, rien que nous deux. Voilà ta place et voilà la mienne ! Ici était ton portefeuille si plein de secret de cœur et d'intelligence, si plein de choses de toi qui ont décidé de ta vie. Je le crois, je crois que ces événements ont influé sur ton existence. Si tu étais demeuré ici, tu ne serais pas mort : Mort ! terrible et unique pensée de ta sœur.

» Que m'annoncez-vous qui se prépare pour Maurice ? Pauvre rayon de gloire qui va venir sur sa tombe ! que je l'aurais aimé sur son front de son vivant, quand nous l'aurions vu sans larmes ! C'est trop tard maintenant, pour que la joie soit complète, et néanmoins j'éprouve je ne sais quel triste bonheur à ce bruit funèbre de renommée qui va s'attacher au nom que j'ai le plus aimé,

à me dire que cette chère mémoire ne mourra pas. Oh!
le cœur voudrait tant immortaliser ce qu'il aime ! l'âme
repousse le néant. Maurice, mon ami, vit toujours; il
s'est éteint, il a disparu d'ici-bas comme un astre meurt
en un lieu pour se rallumer dans un autre... »

Elle ne se doutait pas, la mélancolique ermite du
Cayla, en écrivant ces lignes, que c'était pour elle surtout que la gloire viendrait, et que si la postérité se
souvient de Maurice, ce sera surtout parce qu'il a été le
frère d'Eugénie.

La tendresse fraternelle est sans bornes : elle aime
l'âme, le corps et la gloire de son frère; elle a prié pour
lui comme une autre Monique, et l'a soigné dans ses
longues maladies comme une sœur de charité; elle a
veillé sur ses œuvres, sur ce dépôt littéraire dont elle
avait reçu les premières confidences, comme le génie de
l'amitié, et l'on ne pourra jamais nommer une sœur
fidèle, tendre, dévouée, sans songer à Eugénie de
Guérin.

Que les jeunes filles qui nous lisent acceptent à leur
tour ce doux rôle de la sœur dans les familles; qu'elles
ne rompent jamais les anneaux de cette chaîne; que
l'âge, l'intérêt, l'ambition, la différence des fortunes n'a-
mènent jamais l'envie et l'inimitié, là où Dieu même a
placé l'union et la confiance; c'est un nom plein de di-
lection que celui de frère, que celui de sœur, dit l'Écriture; mais pour qu'il soit doux toujours, jusque dans la
vieillesse, il n'en faut pas profaner les souvenirs; il faut
savoir faire à la paix quelques sacrifices ; il faut aimer
pour être aimée; et quoi de plus facile, de plus suave
que d'aimer ces amis donnés par la nature, avec qui
tout est commun, le sang, le nom et l'honneur?

M. B.

Exercices

Rendez compte de ce que vous avez lu.

Expliquez le sens des mots: sentiers — solidarité — réminiscences — désintéressement — médisance — tour — citadelle — bouclier — déférence — ère — aube — apostolat — monastère — sympathie — différer — paradis — cloître — orage — abords — apparition — infortune — astre — ermite — postérité — profaner.

Que signifie : les sentiers épineux — mettre en commun — la fougue de la jeunesse — le tribunal de la famille — ordres monastiques — vivre sous la même règle — une pluie torrentielle — les éternelles demeures — braver mille morts — être payé de retour — Qu'était-ce que François Ier ? — Dites ce que vous savez de lui. — Quel était son adversaire ? — Où se trouve le mont Cassin ? — Citez d'autres monts de la même chaîne.

Analysez grammaticalement et logiquement la phrase : Que ne lui doit-il pas ?

Indiquez le sens du morceau et les sujets de morale qu'il renferme.

---

134. — Mademoiselle Maria de la Fruglaye.

Mademoiselle de la Fruglaye appartenait, par son père et par sa mère, à deux anciennes et nobles familles de Bretagne, distinguées par leurs vertus, leur charité, et qui avaient toujours vécu dans leurs terres, au milieu de leurs paysans qu'elles aimaient, et dont elles étaient fidèlement aimées. La Révolution n'épargna pas cependant ces vrais amis du peuple, et Maria fut bercée à la fois par le récit des souffrances de ses pères et du dévouement passionné de leurs serviteurs. Elle perdit sa mère de bonne heure, et fut élevée par une vieille bonne, nommée Thérèse Gaubert, qui non-seulement avait élevé madame de la Fruglaye, mais l'avait sauvée et nourrie au temps de la Terreur ; l'attachement de Maria pour cette servante héroïque, dont elle écrivit l'histoire pour la léguer à ses neveux, eut toujours quelque chose de filial, comme ses rapports avec les autres serviteurs avaient quelque chose de fraternel, inspiré par le plus pur christianisme.

Maria fut élevée avec une sévérité que nous ne connaissons plus ; elle était aimée, mais ses parents n'aimaient ni ses défauts ni ses caprices, et plus on l'aimait, plus on demandait à son intelligence et à son cœur. Cette éducation austère, reçue par un grand cœur et un esprit hors ligne, produisit les fruits les plus rares; à vingt ans, Maria avait une piété éclairée et profonde, un caractère ardent, ferme, mais toujours disposé à se surmonter et à se vaincre, une sensibilité extrême et pour sa famille et pour les pauvres; une instruction étendue, des talents charmants, et Dieu avait ajouté à tous ces dons les grâces extérieures les plus attrayantes. Avec son nom et sa brillante fortune, elle aurait pu contracter une belle alliance et jouir de tout ce que le monde appelle le bonheur : elle préféra se consacrer tout entière à Dieu, à son père et à ses pauvres compatriotes. Le goût qu'elle avait pour la vie religieuse fut subordonné à ses devoirs de famille, et c'est surtout la tendre fille, la sœur dévouée, la maîtresse de maison, la compatissante amie des pauvres, que nous désirons vous faire connaître et proposer à votre imitation.

Les deux sœurs de Maria se marièrent; elle resta seule auprès de son père, résolue à ne pas le quitter et à lui donner toute sa vie, remplaçant la vie du cloître par les bonnes œuvres les plus multipliées. La tenue de sa maison, l'assiduité auprès de son père, l'apostolat intérieur et extérieur, tout se tint dans sa vie sans que l'un nuisît à l'autre, grâce aux inventions de son esprit, aux ressources de son cœur et à l'incroyable activité qu'elle sut déployer sans relâche, malgré la délicatesse de sa santé et ses souffrances habituelles.

Ce qui fixa d'abord l'attention de Maria, ce fut la conduite des domestiques; elle y apporta un soin tout scrupuleux, sans toutefois leur rendre à charge sa surveillance, persuadée que c'est un des plus importants devoirs d'une maîtresse de maison, l'un de ceux dont la négligence amène les plus grands maux, et attire les plus sévères jugements de Dieu. Elle surveillait ses gens, mais comme elle les aimait! Thérèse Gaubert, sa bonne comme elle aimait à la nommer, mourut entre ses bras, soignée, veillée, pleurée comme une mère, et ses ossements furent réunis à ceux de deux autres fidèles servantes de la famille; on les déposa dans le caveau de la Fruglaye, à Kéranroux, et la reconnaissance de leurs maîtres trouva dans l'Évangile cette touchante épithaphe : « Je ne vous appellerai plus mes serviteurs, mais mes amis... » Tous ceux qui servaient Maria avaient droit à sa sollicitude; elle leur venait en aide dans leurs maux, dans leurs afflictions, avec une ingénieuse charité, sans reculer devant les infirmités du cœur et de l'esprit, ni devant celles du corps. Si quelqu'un tombait malade au château, elle s'en constituait la principale infirmière.

La femme de charge étant atteinte d'un cancer, elle voulut tous les jours panser cette pauvre affligée; elle s'acquittait de ce soin avec un zèle admirable, lavant, nettoyant la plaie, sans témoigner la moindre répugnance. Il arrivait quelquefois à sa femme de chambre, qui l'assistait dans ce courageux exercice, de détourner la tête à l'aspect de cette plaie dont l'infection égalait l'horreur, et Maria l'en réprimandait comme d'une faute contraire à la charité, lui demandait si la pauvre créature n'avait pas déjà bien assez de souffrir son mal.

Cette femme de chambre reçut elle-même de sa sainte maîtresse des soins du même genre; elle s'était brûlé le pied et avait négligé jusqu'au soir d'apporter remède à ce cuisant mal. Maria l'ayant appris, lui en fit d'affectueux reproches, voulut absolument voir le pied malade, le baisa avec respect comme si elle avait baisé le pied blessé du Sauveur, le pansa elle-même, et continua ce bon office jusqu'à complète guérison: c'était par des attentions, des exemples et des soins d'un autre genre encore, que Maria gagnait le cœur de ses domestiques; combien de fois ne trouvaient-ils pas une partie de leur ouvrage achevée sans pouvoir douter de la main qui leur avait rendu ce bon office ! C'était avec cette douceur charmante et de vrais égards qu'elle traitait tous les domestiques de la maison.

S'il lui arrivait quelquefois de laisser prendre le dessus à la vivacité naturelle de son caractère, aussitôt la réparation suivait avec tant d'humilité qu'on l'en aimait deux fois plus. Et qu'on ne croie pas que l'autorité perdit à tant de condescendance : Maria gagnait en ascendant moral ce qu'elle semblait perdre en dignité mondaine.

Nous avons insisté sur les rapports de mademoiselle de la Fruglaye avec ses domestiques, parce que de nos jours, rien n'est devenu plus rare que cet esprit chrétien, qui, laissant chacun dans sa condition, égalise cependant et rapproche les âmes ; mais si Maria était si tendre pour les femmes qui la servaient, que ne fut-elle pas pour son père, pour sa famille ! M. de la Fruglaye disait lui-même : Je suis obligé de m'observer ; car le plus léger de mes désirs devient aussitôt un ordre pour ma fille.

Voici comment une amie décrivait sa vie intérieure, toute consacrée à ce père chéri, toute gouvernée par ses moindres désirs, qu'elle savait deviner, alors même qu'il ne les exprimait pas.

« Son père était homme du monde ; il aimait à recevoir, à faire des visites. Le voisinage de Morlaix et les nombreux amis qu'il y comptait faisaient que le salon de Kéranroux se remplissait toutes les après-dînées. Maria, un ouvrage à l'aiguille à la main pour utiliser le temps, faisait les honneurs avec une gaieté, une bonne grâce qui lui suggéraient pour chacun les mots les plus aimables et les plus heureux. Le charme de sa conversation manquait rarement son effet, même sur les gens les plus prévenus. Et comme elle savait s'en prévaloir à la plus grande gloire de Dieu, but unique de toute sa vie et de tous ses instants ! J'ai toujours remarqué en elle une admirable complaisance pour les moindres désirs de son père ; ainsi jamais une observation sur les lectures qu'il désirait faire, jamais sur les personnes qu'il engageait à dîner, et, en même temps, la plus grande soumission à la régularité, à l'exactitude presque militaire que M. de la Fruglaye avait établie dans sa maison...

Son amabilité pour son père, ses tendres soins quand il était malade, la tenue parfaite de sa maison auraient suffi à remplir une vie ordinaire; et quand on pense qu'elle trouvait encore moyen d'être à la tête de toutes les bonnes œuvres, de soigner les pauvres, de répondre à tous ceux qui la consultaient, de jouer avec les enfants de sa sœur, ou avec les miens, quand ils étaient auprès d'elle, vraiment l'étonnement devenait de l'admiration. Ce qui m'a toujours le plus frappé en elle, c'était le mélange de cette piété fervente qui lui faisait suivre exactement tous les exercices de la vie religieuse, et, en même temps, cette gaieté franche et sincèrement aimable avec laquelle elle acceptait tout ce qui pouvait amuser les autres.

Ainsi la musique, le dessin, les travaux manuels des jeunes filles, les enfantillages les plus puérils, elle partageait tout cela et l'encourageait chez les autres de la meilleure grâce du monde. Je me rappellerai toujours que, pour me faire rire, dans un moment où la distraction était le meilleur remède à ma santé chancelante, elle avait entrepris de me donner une représentation des passe-pieds de Ploujean, en faisant danser devant moi deux de ses servantes bretonnes... Toute la fortune de Maria, trente mille livres de rentes, passait en œuvres de miséricorde spirituelles et corporelles; car elle prélevait à peine le strict nécessaire pour ses dépenses personnelles. À Paris, sa toilette était assez soignée; à Kéraaroux, elle était plus que simple.

Elle possédait en tout deux robes de laine noire; un grand tartan remplaçait invariablement châle et manteau. Sa coiffure n'induisait pas en grands frais non plus: le chapeau noir se renouvelait tous les deux ans; il ne servait que le dimanche; les autres jours, elle avait une sorte de capeline faite chez elle, et qui avait l'avantage de servir tout à la fois de parapluie et de parasol. Ses bonnets étaient de mousseline ou de tulle uni, tout ce qu'il y avait de plus simple, sans rubans, souvent chiffonnés à force d'*embrasser à la bretonne;* lorsque je lui en faisais l'observation, elle me remerciait et s'empressait d'aller réparer le dommage pour ne pas contrarier son père..

Voilà certainement le portrait d'une personne aimable et parfaite; ajoutons que cette jeune fille, si gracieuse dans un salon, si tendre avec son père et ses sœurs, si bonne maîtresse et si fidèle amie, était en même temps pour les pauvres d'une charité héroïque. Non-seulement elle leur prodiguait les secours et leur donnait tout ce qu'elle ne donnait pas à sa parure, mais elle les soignait elle-même, dans des maladies affreuses et dégoûtantes; elle les pansait, faisait leurs lits, peignait et lavait les infirmes, et quand le choléra éclata en Bretagne, au printemps de 1832, elle fit vœu de soigner les cholériques des trois paroisses de Plenmeur, Bodou et Ploujean. Ce vœu fut accompli avec la plus infatigable générosité. Chaque jour, tant que dura le fléau, elle parcourait à pied, dans la compagnie d'une sœur garde-malade, toute la paroisse, ne quittant guère le chevet des cholériques, et s'attachant de préférence aux plus pauvres, aux plus abandonnés. Rien ne la rebutait, ni la malpropreté, ni l'infection, ni les soins pénibles qu'exigeait ce mal. Maria faisait face à toutes ces nécessités avec autant d'empressement que de bonne humeur et de dextérité.

En Bretagne, les lits sont fort élevés et se rangent les uns sur les autres, de sorte qu'il faut littéralement monter, et quelquefois à l'échelle, pour arriver à ces singulières couchettes. Maria montait donc dans ces réduits pour y soigner les pauvres malades; quand elle redescendait, on juge bien que ses vêtements n'étaient pas intacts ; mais elle ne se déconcertait pas pour si peu... Dès que quelques-uns de ses chers malades avaient expiré, elle prenait pour la famille les plus exactes précautions ; elle répandait des parfums dans la chaumière, et faisait arroser d'eau chlorurée le linge et le mobilier de la maison, afin d'arrêter l'épidémie. Le vin vieux et les aliments sains ne faisaient pas faute aux convalescents. Maria eût donné sa vie pour sauver celle de ces braves gens ; mais sa grande sollicitude était celle de leurs âmes.

Il fallait entendre les vives et pénétrantes exhortations qu'elle leur adressait, les encourageant à recevoir leurs maux de la main de Dieu, à lui sacrifier cette vie courte et misérable pour les splendeurs et l'éternelle joie du paradis. Le rôle et la charité de Maria, dans tout l'éclat de sa jeunesse, méprisant pour les pauvres de Jésus-Christ l'attrait du repos et de la fortune, exposant sa santé et sa vie, stimulèrent le dévouement de tous ceux dont elle était entourée... de pauvres filles de la campagne se firent inscrire pour soigner les cholériques avec elle, et, par une providence spéciale, Maria, sa famille et ses coopérateurs furent préservés du fléau.

Ce fut ainsi que vécut mademoiselle de la Fruglaye jusqu'à l'âge de quarante ans, époque où elle perdit son père, qu'elle avait tant aimé. Ce qu'elle fut pour lui dans ses dernières années et sa dernière maladie, il n'est pas besoin de le dire. Après la mort de celui qui la retenait seule dans le monde, elle eut le désir d'obéir à la vocation de sa jeunesse et de se faire religieuse. La congrégation de Notre-Dame (maison des Oiseaux) la reçut au nombre de ses filles ; elle y vécut douze ans dans l'exercice des plus rares vertus ; elle mourut en 1862, fidèle par le souvenir à sa Bretagne chérie ; car, à ses derniers moments, elle répétait encore : Adieu, toutes, adieu pour toutes... je m'en vais... mon Ploujean, Saint-Malo...

ma chère Bretagne... j'ai toujours un cœur pour aimer mon Ploujean et mon pays...

****

Exercices

Rendez compte de ce que vous avez lu.

Expliquez le sens des mots : dévouement — léguer — caprices — dons — grâces — compatriotes — cloître — apostolat — caveau — épitaphe — cancer — office — condescendance — tartan — choléra — dextérité — parfums — chlorurée — épidémie.

Que signifie : vivre dans ses terres — le temps de la Terreur — une éducation austère — un grand cœur — un esprit hors ligne — prendre le dessus — aimer à recevoir — ouvrir ses salons — faire les honneurs — faire face à — ne pas faire faute.

Donnez les règles de l'emploi des pronoms comme sujets — comme compléments — du mode subjonctif.

Qu'est-ce que la mousseline — le tulle — la dentelle ? — Indiquez leur provenance ainsi que celle d'autres objets de toilette.

Indiquez le sens du morceau et citez toutes les déductions morales qu'il renferme.

---

135. — Des Aliments.

Les aliments servent à notre nourriture. Toute substance, pour être alimentaire, doit provenir de matières organisées, c'est-à-dire ayant eu vie ; c'est une condition indispensable pour qu'elle puisse nous être assimilée. L'homme ne peut donc se nourrir que de végétaux et d'animaux.

On trouve dans les végétaux de l'eau ; lorsque ce liquide a une certaine consistance, autrement dit une certaine épaisseur, on lui donne le nom de *mucilage*; plus concentré encore, c'est de la *gomme*, une matière sucrée, des acides, de l'huile ou matière grasse, de la *fécule*, du *gluten*, une matière particulière à chaque végétal, à laquelle on donne le nom de *légumine*; des sels et une substance solide non digestible que l'on désigne sous le nom de tissu ligneux : c'est ce qui constitue le bois.

Les végétaux très-aqueux, c'est-à-dire où l'eau domine, sont peu nourrissants ; ceux qui sont jeunes ou qui n'ont pas atteint leur complet développement peuvent être classés dans cette catégorie. Ils ont presque tous besoin d'être préparés par la coction qui les rend plus faciles à digérer. Les plus solubles sont les diverses espèces de chicorées et de laitues dont les feuilles se mangent en salade, la porée dont on n'emploie que la nervure principale de la feuille, l'arroche, l'oseille, la mâche, les épinards et le pourpier, qui nourrissent peu, mais sont rafraîchissants. Les personnes d'un tempérament lymphatique ou anémique, et celles dont l'estomac est réellement faible, ne doivent user qu'avec discrétion de cette espèce de jardinage.

Dans le genre des choux dont on fait aussi grande consommation, les choux-fleurs et les brocolis sont les espèces les plus délicates et les plus solubles ; les autres sont moins faciles à digérer et plus venteuses, et les personnes sujettes aux coliques feront bien de s'en abstenir ainsi que des navets, raves et petites raves, dont les racines seules sont alimentaires, mais peu nourrissantes. D'autres racines succulentes, comme celles du scorsonère, du salsifis, du céleri, de la carotte, de la betterave, du panais, fournissent un aliment léger, peu venteux et facile à digérer.

La pomme de terre, qui plaît à tous les âges, contient beaucoup de fécule et se prête à un grand nombre de préparations alimentaires. Les jeunes pousses de l'asperge et du houblon sont recherchées comme aliment, et se digèrent bien ; elles conviennent parfaitement aux personnes d'un tempérament lymphatique.

Les artichauts et les cardes sont fort nourrissants quand ils sont bien cuits, et les estomacs peu irritables s'en accommodent volontiers ; car on les soupçonne d'être un peu échauffants.

Les graines légumineuses, avant leur maturité, comme la fève de marais, le pois, le haricot, et leurs gousses vertes, se rapprochent, par leurs qualités, des plantes potagères : elles sont tendres, sucrées, peu venteuses et faciles à digérer.

La truffe, si estimée des gourmands et qui est réellement très-nourrissante, expose à de graves indigestions ceux qui abusent de cette production singulière que ses propriétés stimulantes doivent exclure du régime des femmes, et dont les vieillards prudents doivent se défier aussi.

Les champignons méritent encore plus d'attention. Au milieu de près de cinq cents espèces connues, quelques-unes seulement sont innocentes, telles que le champignon de couche, l'oronge, le mousseron et la morille. A l'exception de cette dernière qui est facile à distinguer, les autres espèces peuvent être confondues avec des champignons vénéneux, et cette méprise, qui arrive tous les jours, est une source continuelle d'accidents graves. Il est reconnu d'ailleurs que les meilleurs champignons sont indigestes, et que l'on n'en doit manger qu'avec beaucoup de circonspection.

Parmi les fruits en usage, on doit rejeter comme malsains tous ceux qui n'ont pas atteint ou qui ont dépassé le degré convenable de maturité. Les fruits acides comme les cerises aigres, la groseille à grappes, l'épine-vinette, l'orange, le citron qu'on n'emploie guère que comme assaisonnement ou pour faire de la limonade, certaines pommes aigrelettes, ont la propriété de calmer la soif et de modérer l'activité de la circulation, ce qui les rend fort utiles dans les contrées et les saisons chaudes, et chez les individus sanguins ou bilieux qui sont dans la force de l'âge. Mais ces mêmes fruits peuvent devenir très-préjudiciables à la santé, lorsqu'ils sont imparfaitement digérés; car il en résulte alors des vomissements, des diarrhées, des dyssenteries, des fièvres intermittentes, etc., raisons pour lesquelles les personnes délicates ou âgées doivent être fort circonspectes dans leur usage.

Les fruits doux sont ceux qui contiennent plus de matière sucrée que d'acide; ils sont nourrissants et d'une digestion facile quand on n'en fait pas abus. A cette classe appartiennent l'ananas, la datte, la figue, la fraise, la framboise, la mûre, la grenade, etc.

Les cerises douces offrent un grand nombre de variétés parmi lesquelles le bigarreau est le plus indigeste à cause de la fermeté de sa chair. La guigne, quoique plus molle, ne se digère pas toujours facilement. L'abricot est très-nourrissant, mais donne souvent lieu à des indigestions. La pêche présente plusieurs variétés qui offrent de grandes différences sous le rapport de la consistance, mais qui sont presque toutes recommandables par leur saveur, par leur parfum et l'abondance de leur eau. La prune a plus de variétés encore que la pêche ; les plus nourrissantes et les plus faciles à digérer sont la reine-claude, le drap d'or et la mirabelle, qui renferment en abondance la matière sucrée.

Celles qui sont les plus aqueuses fermentent aisément dans l'estomac et dérangent souvent le ventre. Quelques variétés servent à préparer des pruneaux qui jouissent d'une qualité laxative, et peuvent être fort utiles aux vieillards que la constipation tourmente.

Les pommes passent souvent à l'acidité dans les estomacs faibles, qui les digèrent lentement à raison de la fermeté de leur pulpe. Lorsqu'elles sont cuites et saupoudrées de sucre, elles sont ordinairement plus faciles à digérer quand on n'en prend qu'une petite quantité ; mais les convalescents à qui l'on en donne prématurément en sont fréquemment éprouvés, et j'ai vu un nombre considérable de rechutes et même quelques indigestions mortelles dont une pomme cuite avait été la cause.

Les poires sont en général plus aqueuses, plus sucrées que les pommes, et sont aussi plus laxatives. Il y en a, comme on sait, beaucoup de variétés, parmi lesquelles plusieurs sont fort agréables au goût et très-faciles à digérer quand elles ont atteint leur maturité.

Le raisin possède dans un haut degré toutes les qualités des autres fruits doux et sucrés. Quand il est bien mûr et cueilli depuis quelques jours, il se digère et devient nourrissant ; mais quand on le mange fraîchement cueilli et à jeun, il dérange fréquemment le ventre.

Les fruits des plantes *cucurbitacées*, comme le melon, la citrouille, le potiron, la courge et le concombre, contiennent beaucoup de matière nutritive ; cependant les estomacs délicats doivent en user avec modération et s'en défier dans les temps frais et pluvieux de l'été et de l'automne, ainsi que dans les localités humides, marécageuses, et pendant le règne des fièvres d'accès.

Les noix et les noisettes, quand elles ne sont pas fraîches, irritent la gorge et excitent la toux, ce qui tient à leur pellicule et à l'huile qu'elles contiennent, et qui, par la dessiccation de ces semences, contracte la rancidité.

Les marrons paraissent dans tous les desserts, pendant une partie de l'année. On conçoit qu'après avoir mangé, de plusieurs mets, et quelquefois sans discrétion, l'on doit être réservé sur l'usage d'un aliment très-nutritif et qui peut fatiguer un estomac déjà surchargé. C'est surtout au repas du soir que les vieillards et les personnes délicates doivent s'abstenir de marrons.

C'est du règne animal que nous tirons nos aliments les plus réparateurs, ceux qui, sous un petit volume, renferment le plus de matière susceptible d'être convertie en notre propre substance.

Le bœuf est celui de tous les animaux dont la chair fournit les principes les plus nutritifs quand il n'est pas trop vieux et qu'il a été bien nourri. C'est avec elle qu'on prépare les bouillons qui, pour être salutaires, ne doivent pas être trop chargés de suc de viande ni de graisse; car alors ils sont difficiles à digérer.

Le veau a la chair plus tendre et plus légère, mais moins nourrissante; les estomacs délicats la digèrent bien, pourvu qu'elle ne provienne pas d'un animal trop jeune. Cet aliment convient parfaitement aux jeunes gens, aux personnes sanguines, irritables et nerveuses, aux hommes qui sont dans la force de l'âge ainsi qu'aux vieillards qui sont encore pleins de vigueur.

La chair du mouton est la plus nourrissante après celle du bœuf, surtout quand l'animal a atteint quatre ou cinq ans, et qu'il a été nourri dans des pâturages secs. Dans ce genre de viande, il faut éviter la graisse qui y abonde et qui est indigeste.

Celle du cochon est très-sapide, fort nourrissante et convient aux personnes robustes. Son usage diminue la transpiration, et, sous ce rapport, cette viande doit être exclue du régime habituel des personnes sujettes aux maladies de la peau; elle dérange fréquemment les estomacs débiles, malgré le secours des assaisonnements, et les vieillards doivent n'en faire usage qu'avec discrétion.

Certains animaux sauvages nous offrent des chairs nourrissantes, riches en fibrine et faciles à digérer, qu'on qualifie de *viandes noires* pour les distinguer de celles dans lesquelles la gélatine est surabondante, et qu'on nomme *viandes blanches.* Ces viandes noires fournies par le sanglier, le cerf, le chevreuil, la loutre, le lièvre et le lapin adultes, sont très-nourrissantes, mais indigestes et échauffantes.

La chair des oiseaux est en général plus légère, plus facile à digérer, mais moins nourrissante que celle des quadrupèdes. On préfère avec raison, pour l'usage alimentaire, ceux qui se nourrissent de grains et de fruits, à ceux qui se nourrissent d'insectes et de poissons, et le printemps est la saison où leur chair est moins tendre et moins succulente.

C'est aux oiseaux de basse-cour que nous devons les œufs qui sont un des plus précieux aliments pour les valétudinaires, les convalescents, les enfants et les vieillards. Le blanc d'œuf est nourrissant, mais se digère, en général, moins facilement que le jaune, qui est très-soluble et très-restaurant. Pour que l'œuf se digère bien, il faut qu'il soit frais et qu'il ne soit point coagulé par l'action du feu.

La plupart des poissons ont la chair tendre et sont d'une digestion facile, mais nourrissent moins que les aliments que nous avons passés en revue. On croit que leur usage habituel dispose aux maladies de la peau.

Les grenouilles, très-riches en gélatine, sont un fort bon aliment pour tous les individus d'un tempérament nerveux et irritable, pour les personnes qui ont quelque maladie de la peau ou qui éprouvent une inflammation interne.

Dr GUYÉTANT.

Exercices

Racontez ce que vous avez lu.

Expliquez le sens des mots : organisées — assimiler — mucilage — gomme — fécule — gluten — légumine — coction — poirée — arroche — mâche — lymphatique — anémique — colique — tempérament — gousses — gourmands — orange — mousseron — maturité — limonade — sanguins — bilieux — dyssenteries — la datte — la figue — la grenade — laxative — pulpe — cucurbitacées — rancidité — sapide — fibrine.

Quelle différence entre chair et viande — entre maturité et maturation — entre farine et fécule ?

Donnez la règle des noms précédés d'une préposition et qui désigne la matière dont est composée une chose — sur l'emploi de la négation ne.

Indiquez le sens du morceau et les conseils qu'il renferme.

136. — Premier Janvier.

Voici qu'une page nouvelle
Du grand livre de l'avenir
A nos yeux va remplacer celle
Dont s'empare le souvenir.
Le maître sait si cette page,
Conforme à ses divins décrets,
Nous garde des jours sans nuage
Ou nous apporte des regrets.

Ah! ne soulevons point ce voile,
Abaissé devant notre sort ;
Comme sur la foi d'une étoile
Le vaisseau vogue vers le port,
Sur la foi de la Providence,
Marchons sans détourner les yeux ;
Reposons-nous sur sa clémence,
Nous nous réveillerons aux cieux !

Mais que l'encens de la prière
S'élève plus pur aujourd'hui,
Et que les échos de la terre
Portent notre voix jusqu'à lui ;
Puisque cette heure est solennelle
Entre nos rapides instants,
Et que nous saluons en elle
Un nouveau rivage du temps.

Père de la grande famille,
Ami de notre humanité,
Qu'un rayon de soleil nous brille
Au sein de notre obscurité !
Que ceux pour qui la nuit s'écoule
A méditer les sages lois,
Parmi les vains bruits de la foule
Distinguent toujours votre voix.

Que sous le toit de l'opulence,
Conduit, Seigneur, par votre main,
Le pauvre dans son indigence
Ne vienne pas frapper en vain ;

Mais qu'il y trouve pour son âme
Des paroles de charité,
Pour son corps le pain qu'il réclame,
Et l'abri pour sa nudité.

Qu'au berceau de la jeune mère,
Comme au nid d'un oiseau joyeux,
Repose un ange de la terre
Veillé par un ange des cieux ;
Et que le messager céleste
Soit longtemps l'invisible appui
De l'âge heureux, dont il nous reste
Un souvenir pur comme lui.

Donnez un trésor de sagesse
Et le secours de votre main
A cette imprudente jeunesse
Qui s'arrête aux fleurs du chemin,
Dont la lèvre se désaltère
Au bord d'un torrent dangereux ;
Et qui s'attache à cette terre
Impuissante à faire un heureux.

Donnez la paix de l'âme au sage
Qui vous cherche dans la vertu ;
Au faible donnez le courage
Qui manque à son cœur abattu ;
Que les soupirs du sacrifice
Pénètrent toujours jusqu'au ciel,
Et qu'il ne soit point de calice
Où ne se trouve un peu de miel !

Mettez sur les lèvres des pères
Le sceau de votre autorité ;
Mais, dans le doux regard des mères,
Le reflet de votre bonté ;
Et que, du foyer domestique
Lorsque meurt ou renaît le jour,
S'élève vers vous un cantique
De reconnaissance et d'amour !

Que votre regard, à touté heure,
Visite d'un rayon de paix
Et l'indigent dans sa demeure,
Et le riche dans son palais,
Et le voyageur sur sa route,
Et le matelot sur les mers,
Et l'irrésolu dans le doute,
Et le prisonnier dans ses fers,

Et le solitaire en ses veilles,
Qu'il aime à prolonger si tard
Pour vous bénir dans les merveilles
Que l'étude offre à ses regards ;
Et surtout ces âmes bénies
Qui, le cœur et les bras ouverts,
Semblent vivre d'autant de vies
Qu'il est d'hommes dans l'univers.

Et ceux qui passent en ce monde
Avec des blessures de cœur,
Dont nul regard humain ne sonde
L'étendue et la profondeur ;
Et l'agonisant sur sa couche,
Pressant au soir du dernier jour,
Du dernier baiser de sa bouche,
Le signe d'espoir et d'amour !

****

Exercices

Rendez compte de ce que vous avez lu.

Expliquez le sens des mots : souvenir — décrets — regrets — sort — voguer — encens — échos — toit — opulence — appui — se désaltérer — sceau — reflet — cantique — agonisant.

Que signifie : livre de l'avenir — des jours sans nuage — soulever le voile — le rivage du temps — le foyer domestique ?

Qu'appelle-t-on vers — un vers alexandrin — hémistiches — vers masculins et vers féminins — hiatus — rime — rimes masculines — rimes féminines — rimes plates — rimes croisées — rimes redoublées — stances — strophes — enjambement — licences poétiques ?

Indiquez le sens du morceau et les différentes prières faites pour chaque condition.

137. — Hygiène des Enfants.

L'enfant, à sa naissance et pendant les premiers mois de son existence, n'a que des besoins organiques, c'est-à-dire ceux qui servent au développement matériel de son corps. Dans les premiers moments de l'existence, il suffit qu'il soit convenablement nourri, couvert et tenu proprement.

Le lait de sa mère donne à l'enfant un aliment naturel en rapport avec ses besoins et les forces digestives de ses organes ; pour lui, rien ne peut remplacer avantageusement cette nourriture. Si elle vient à lui manquer, l'enfant doit être confié de préférence à une bonne nourrice ; les soupes, les bouillies et le lait des animaux ne devant jamais être ajoutés que pour suppléer à l'insuffisance du lait maternel, et cela quelques mois seulement après la naissance. Il est indispensable de tenir l'enfant dans la plus grande propreté, pour que rien ne s'oppose aux excrétions qui sortent en abondance à travers la peau, et aussi pour que cette membrane, si fine et si tendre, ne soit pas altérée par le contact des matières âcres et irritantes.

La malpropreté est la cause principale des rougeurs et des plaies que l'on voit trop souvent sur le corps de ces pauvres petites créatures négligées par leurs parents. Les vêtements ne doivent jamais être étroits ni trop serrés, afin que rien ne s'oppose à son développement et qu'il conserve toute la liberté de ses mouvements. Je vous engage même à le laisser souvent tout à fait libre s'ébattre sur un tapis au soleil ou dans une chambre chaude, et vous le verrez devenir fort et vigoureux ; il marchera plus tôt. D'un autre côté, ce jeune corps, qui produit une chaleur qu'il perd très-vite, a besoin d'être enveloppé de façon à conserver une température modérée ; il faut donc ajouter à la couche ou à la chemise de toile qui couvre la peau un vêtement de coton ou de laine, selon la saison. Vous n'ignorez pas quel rôle important l'air joue sur notre organisation, et l'influence qu'il exerce sur notre santé ; eh bien ! vous devez comprendre que l'enfant, cet être si frêle et si délicat, a besoin de respirer un air de la plus grande pureté. Mal-

heureusement il n'en est pas toujours ainsi, et, même à
la campagne, vous voyez des enfants étiolés, dans un
état de pâleur dû à l'aspiration habituelle de l'air vicié
d'une chambre malpropre ou incomplétement aérée.

Ayez donc soin, vous qui aimez vos enfants, de les entourer, dès leur naissance, de propreté, d'air et de soleil, sans cela, tous les autres soins que votre tendresse
pour eux vous portera à leur prodiguer deviendront in-
fructueux, et vous aurez la douleur de les voir malingres
et maladifs.

Le croup se reconnaît à l'enrouement du cri et de la
voix, à la toux rauque et surtout au sifflement de la respiration ; en approchant l'oreille, on observe facilement
ce caractère particulier de la maladie de l'enfant. Ce sifflement se produit dans la partie supérieure du larynx,
et se distingue facilement du bruit que produit l'air en
traversant les fosses nasales embarrassées ; car il se fait
entendre, même lorsque l'enfant respire par la bouche.
A tous ces signes, et principalement au dernier, vous
devez reconnaître la présence du croup ; ne vous laissez
pas imposer par la gaieté de l'enfant, par son apparence
de santé et par l'absence de la fièvre : le croup est là ; il
faut le combattre dès son début et au plus vite ; une
heure ou deux après, il n'est peut-être plus temps.

Sitôt que vous aurez reconnu ces terribles symptômes,
faites ce que je vais vous dire en attendant le médecin.
Dans un verre d'eau tiède, mettez cinq centigrammes
d'émétique ; donnez à l'enfant une ou deux cuillerées à
bouche de cette solution toutes les cinq minutes, jusqu'à
ce qu'il vomisse. Si le râle persiste, continuez, suspen-
dez s'il cesse, et recommencez s'il reparaît. Si la face
est rouge et la peau brûlante, appliquez au milieu du
cou une, deux ou trois sangsues, selon l'âge de l'enfant,
et, en même temps, tenez le corps chaudement, surtout
les pieds.

Si on n'avait pas à sa disposition de l'émétique, on ferait boire au petit malade de l'infusion chaude de
mauve, de bourrache ou de coquelicot avec du sucre ou
du miel pour l'engager à prendre. Cette maladie exige
une surveillance attentive de la part des parents qui doivent tenir constamment en réserve, surtout à la cam-

pagne, des sangsues, de la moutarde et de l'ipécacuanha.

Les convulsions ont des signes qui permettent à tout
le monde de reconnaître cette maladie. Comme cet état
exige un traitement énergique et intelligent qui n'est
pas toujours le même, il est indispensable d'avoir recours au plus vite à un médecin. En attendant, couchez
l'enfant sur le dos, la tête élevée, dénouez tous les liens
de ses vêtements et surtout ceux qui serrent le cou ; en-
levez son bonnet et couvrez la tête de linges trempés
dans l'eau froide, qui seront renouvelés à mesure qu'ils
commenceront à s'échauffer ; enveloppez les pieds et les
jambes de cataplasmes de mie de pain ou de farine de
lin chaude arrosée de vinaigre ; laissez à l'enfant la liberté de ses mouvements et continuez vos soins après la
crise pour en prévenir de nouvelles ; faites-lui avaler
quelques cuillerées d'eau sucrée avec un peu de fleurs
d'oranger ou une légère infusion de fleurs de tilleul. Surtout soyez calme auprès de ce pauvre petit être ; qu'il
n'entende point de bruit, de cris, point de secousses ni
de grands mouvements, et qu'il y ait de l'air dans la
chambre.

Le *dévoiement* est une maladie qui effraye moins les
parents, mais qui, cependant, fait bien des victimes ; on
l'attribue à la dentition, à un refroidissement, à une
mauvaise digestion. Il cesse, puis reparaît. L'enfant
continue à manger ; son appétit varie. Il n'est pas alité ;
cependant il maigrit, il perd de son activité ; son caractère change ; il crie souvent, trop heureux si on n'attribue pas sa maladie à des vers, et si on ne le gorge pas
de tous ces vermifuges que vendent les charlatans. Le
dévoiement est presque toujours dû à un mauvais régime et à un air malsain.

Les bouillies épaisses et réchauffées, les soupes ou les
légumes mal préparés, réchauffés ou altérés, les fruits
qui ne sont pas mûrs ou bien ceux qui sont pourris, le
café au lait qui pour beaucoup d'enfants remplace trop
souvent les soupes. Ces accidents peuvent cependant
être évités facilement avec un peu plus de soin dans le
choix et la préparation des aliments, et les vers si communs le seraient moins ; car ils se développent surtout

dans les corps mal nourris, comme ces insectes de la
peau dont le nom seul inspire du dégoût et provoque
une sensation désagréable, sont l'apanage des personnes
qui manquent aux règles de la propreté en portant du
linge sale et en ne se lavant pas.

Donnez donc à votre enfant une nourriture saine, pas
trop abondante ; garantissez-le du froid, surtout aux extrémités et au ventre ; garantissez-le de l'humidité aux
pieds ; il aura un bon estomac et, par conséquent, de
bonnes digestions. Donnez-lui, pendant la durée de l'indisposition, une nourriture légère, pas de soupes gras-
ses ; des panades, du riz cuit à l'eau et au sel et sauté
dans du beurre frais, des tartines de pain et de beurre, du
pain sec à volonté et autres mets sains et légers. Faites
boire soit de l'eau de riz, soit de l'eau de gomme, soit
de l'eau panée fraîche et légèrement sucrée.

L'angine couenneuse, qui semble s'être implantée en
France, a des symptômes particuliers qui la font facilement reconnaître. L'enfant se plaint du mal de gorge,
mais pas d'une manière vive. Le léger mal de gorge
s'accompagne d'une altération extraordinaire du visage.
La fièvre, par sa violence, n'est pas en harmonie avec
le mal de gorge ; l'haleine est fétide. Si la difficulté d'a-
valer s'accompagne de celle de respirer, la maladie est
encore plus dangereuse, et la mort peut survenir en peu
de jours. Il faut chercher immédiatement un médecin,
et, en attendant, appliquer au malade des sangsues au
cou ; lorsqu'elles seront tombées, on couvrira le cou
d'un cataplasme émollient et tiède, et l'on plongera les
jambes dans un bain tiède où l'on aura délayé de la moutarde en poudre, ou une poignée de chaux vive et trois
ou quatre poignées de cendres de bois non lessivées. On
prolongera ce bain de jambes jusqu'à ce qu'elles com-
mencent à rougir, et l'on renouvellera le cataplasme du
cou, pour favoriser l'écoulement sanguin des piqûres.

Dans *les coliques* qu'affectent les enfants, il faut bien
se garder de donner sur-le-champ des vermifuges échauffants comme le *semen contra*, l'absinthe maritime, l'ail
ou l'oignon infusé dans du vin blanc, les dragées mercu-
rielles que débitent les pharmaciens, les biscuits aux
vers, et plusieurs remèdes semblables qui irritent les in-

testins et y déterminent souvent une inflammation dangereuse ; dans des cas semblables, il faut se borner d'abord aux émollients en boisson, en lavements et cataplasmes sur le ventre, et donner de l'huile d'olive par cuillerées jusqu'à ce que la colique soit passée. Quand il n'y a plus de sensibilité dans le ventre, on peut alors, sans inconvénient, donner cinq ou six milligrammes d'huile de ricin bien choisie aux enfants au dessous de trois ans, et un centigramme à ceux qui sont au-dessus de cet âge. Ce remède peut se donner dans du bouillon gras ou maigre, dans un lait d'amandes, ou mêlé avec du sirop d'orgeat. La chaleur du lit, les linges chauds appliqués sur le ventre, les cataplasmes tièdes ou les fomentations sont toujours utiles. Voilà pour les premiers secours ; mais la présence du médecin est indispensable si les coliques se prolongent.

Le traitement de l'*hémorragie* qui se fait par le nez, lorsqu'elle est modérée, ne réclame aucun soin particulier, et doit être abandonnée à elle-même. Il serait même dangereux de s'opposer à cet effort salutaire de la nature chez les sujets vigoureux. Si pourtant l'hémorragie devenait trop abondante, il convient d'exposer le malade à l'air frais, de lui faire tenir la tête et le tronc dans une position verticale ; des compresses imbibées d'eau froide et vinaigrée seront appliquées aux tempes, sur le front, à la racine du nez ; enfin dans le cas où l'individu sujet à l'hémorragie du nez serait faible et d'une santé languissante, on le soumettrait à l'usage de la limonade sulfurique, de l'eau ferrugineuse, d'un régime nourrissant, et du vin vieux pris en petite quantité.

Lorsqu'une *plaie* vient d'être faite, la première attention consiste à examiner s'il n'y est point resté de corps étrangers, comme des fragments de bois, de verre, de morceaux d'étoffe, de laine, l'aiguillon d'un insecte, etc. Il faut, s'il est possible, retirer ces corps étrangers, pourvu qu'on puisse le faire avec facilité, sans accidents, faute de quoi l'on doit attendre l'arrivée du médecin, et se contenter alors de placer la partie blessée dans la situation la moins douloureuse, en la recouvrant de charpie molle et de compresses imbibées d'eau de mauve ou de guimauve.

Si la plaie ne renferme aucun corps étranger et ne recèle aucun venin qui exige la cautérisation, il faut se
borner à la laver à l'eau tiède et chercher à la réunir.
On doit bien se garder d'écarter les bords de la plaie et
de la remplir de sel, de tabac, ou d'y verser des baumes,
de l'eau-de-vie et autres liqueurs irritantes, comme le
font souvent des personnes ignorantes, croyant par là
favoriser la guérison, qu'elles rendent au contraire beaucoup plus difficile.

Si l'enfant *est piqué* par une guêpe, ou par un cousin
ou un autre animal de ce genre, mettez sur la piqûre
une goutte d'alcali volatil. Recommencez plusieurs fois,
et la démangeaison et l'enflure ne tarderont pas à disparaître. Un deuxième moyen est de mettre sur la piqûre de la craie en poudre ; la douleur disparaît instantanément. De l'eau vinaigrée est bonne aussi, mais
moins efficace que l'alcali.

Veillez à ce que, dès le plus jeune âge, il ne s'établisse
pas, chez vos enfants, des germes de maladies qui se
développeraient plus tard ; ne leur donnez pas moins de
soins qu'aux grains, aux arbres et aux plantes que vous
confiez à la terre. Pour ceux-ci, une fois le terrain préparé, vous les arrosez, vous les abritez, vous dirigez leur
développement, vous les taillez, vous les redressez et
vous les soutenez. Aussi vous êtes récompensés en raison de vos soins et de votre intelligence. Qu'il en soit
donc de même pour vos enfants ; soignez-les dès leur
entrée dans la vie, soignez-les toujours, et ils rapporteront de bons fruits.   Dr GUYÉTANT.

Exercices

Rendez compte de ce que vous avez lu.

Expliquez le sens des mots : hygiène — bouillies — température
— malingre — croup — toux — larynx — symptômes — émétique —
convulsions — cataplasmes — dévoiement — régime — panacées
— angine — coliques — vermifuges — ricin — fomentations — hémorragie — compresses — plaie — charpie — cautérisation.

Que signifie : en rapport — suppléer — jouer un rôle — dès le
début — être l'apanage — être en harmonie ?

Quelle différence entre à travers et au travers — entre unir et
réunir — entre vénéneux et vénimeux ?

Donnez la règle de l'emploi du plus-que-parfait.

Indiquez le sens du morceau et les conseils qu'il renferme.

138 — Les Femmes savantes.

PHILAMINTE.

Quoi ! je vous vois, maraude ;
Vite, sortez, friponne ; allons, quittez ces lieux,
Et ne vous présentez jamais devant mes yeux.

CHRYSALE.

Tout doux.

PHILAMINTE.

Non, c'en est fait.

CHRYSALE.

Hé !

PHILAMINTE.

Je veux qu'elle sorte.

CHRYSALE.

Mais qu'a-t-elle commis, pour vouloir de la sorte ...

PHILAMINTE.

Quoi ! vous la soutenez ?

CHRYSALE.

En aucune façon.

PHILAMINTE.

Prenez donc son parti contre moi ?

CHRYSALE.

Mon Dieu ! non ;
Je ne fais seulement que demander son crime.

PHILAMINTE.

Suis-je pour la chasser sans cause légitime ?

CHRYSALE.

Je ne dis pas cela ; mais il faut de nos gens...

PHILAMINTE.

Non ; elle sortira, vous dis-je, de céans.

CHRYSALE.

Hé bien ! oui. Vous dit-on quelque chose là contre ?

PHILAMINTE.

Je ne veux point d'obtacles aux désirs que je montre.

CHRYSALE.

D'accord.

PHILAMINTE.

Et vous devez, en raisonnable époux,
Être pour moi contre elle, et prendre mon courroux.

CHRYSALE, *se tournant vers Martine.*

Aussi fais-je. Oui, ma femme avec raison vous chasse,
Coquine, et votre crime est indigne de grâce.

MARTINE.

Qu'est-ce donc que j'ai fait?

CHRYSALE, *bas.*

Ma foi, je ne sais pas.

PHILAMINTE.

Elle est d'humeur à n'en faire aucun cas.

CHRYSALE.

A-t-elle, pour donner matière à votre haine,
Cassé quelque miroir ou quelque porcelaine?

PHILAMINTE.

Voudrais-je la chasser? et vous figurez-vous
Que pour si peu de chose on se mette en courroux?

CHRYSALE.

(A Martine.)   (A Philaminte.)

Qu'est-ce à dire? L'affaire est donc considérable?
Est-ce qu'elle a laissé, d'un esprit négligent,
Dérober quelque aiguière ou quelque plat d'argent !

PHILAMINTE.

Cela ne serait rien.

CHRYSALE, *à Martine.*

Oh ! oh ! peste, la belle !

PHILAMINTE.

C'est pis que tout cela.

CHRYSALE.

Pis que tout cela !

PHILAMINTE.

Pis.

CHRYSALE.

(A Martine.)   (A Philaminte.)

Comment ! diantre, friponne ! Eh ! a-t-elle commis?...

13

PHILAMINTE.

Elle a, d'une insolence à nulle autre pareille,
Après trente leçons, insulté mon oreille
Par l'impropriété d'un mot sauvage et bas,
Qu'en termes décisifs condamne Vaugelas.

CHRYSALE.

Est-ce là ?...

PHILAMINTE.

Quoi ! toujours, malgré nos remontrances,
Heurter le fondement de toutes les sciences ;
La grammaire, qui sait régenter jusqu'aux rois,
Et les fait, la main haute, obéir à ses lois !

CHRYSALE.

Du plus grand des forfaits je la croyais coupable.

PHILAMINTE.

Quoi ! vous ne trouvez point ce crime impardonnable ?

CHRYSALE.

Si fait.

PHILAMINTE.

Je voudrais bien que vous l'excusassiez !

CHRYSALE.

Je n'ai garde.

BÉLISE.

Il est vrai que ce sont des pitiés ;
Toute construction est par elle détruite,
Et des lois du langage on l'a cent fois instruite.

MARTINE.

Tout ce que vous prêchez est, je crois, bel et bon ;
Mais je ne saurais, moi, parler votre jargon.

PHILAMINTE.

L'impudente ! appeler un jargon le langage
Fondé sur la raison et sur le bel usage !

MARTINE.

Quand on se fait entendre, on parle toujours bien,
Et tous vos biaux dictons ne servent pas de rien.

PHILAMINTE.

Hé bien ! ne voilà pas encore de son style ?
Ne servent pas de rien !

BÉLISE.
O cervelle indocile !
Faut-il qu'avec les soins qu'on prend incessamment,
On ne te puisse apprendre à parler congrûment !
De *pas* mis avec *rien* tu fais la récidive,
Et c'est, comme on t'a dit, trop d'une négative.

MARTINE.
Mon Dieu ! je n'avons pas étugué comme vous,
Et je parlons tout droit comme on parle cheux nous.

PHILAMINTE.
Ah ! peut-on y tenir !

BÉLISE.
Quel solécisme horrible !

PHILAMINTE.
'En voilà pour user une oreille sensible.

BÉLISE.
Ton esprit, je l'avoue, est bien matériel !
Je n'est qu'un singulier, *avons* est un pluriel.
Veux-tu toute ta vie offenser la grammaire ?

MARTINE.
Qui parle d'offenser grand'mère ni grand-père ?

PHILAMINTE.
O ciel !

BÉLISE.
Grammaire est prise à contre-sens par toi,
Et je t'ai déjà dit d'où vient ce mot.

MARTINE.
Ma foi,
Qu'il vienne de Chaillot, d'Auteuil ou de Pontoise,
Cela ne me fait rien.

BÉLISE.
Quelle âme villageoise !
La grammaire du verbe et du nominatif,
Comme de l'adjectif avec le substantif,
Nous enseigne les lois.

MARTINE.
J'ai, madame, à vous dire
Que je ne connais point ces gens-là.

PHILAMINTE.
Quel martyre !

BÉLISE.

Ce sont les noms des mots, et l'on doit regarder
En quoi c'est qu'il les faut faire ensemble accorder.

MARTINE.

Qu'ils s'accordent entre eux ou se gourment, qu'importe?

PHILAMINTE, *à Bélise.*

Hé ! mon Dieu, finissez un discours de la sorte.
   (*A Chrysale.*)
Vous ne voulez pas, vous, me la faire sortir?

CHRYSALE, *à part.*

Si fait. A son caprice il me faut consentir :
Va, ne l'irrite point ; retire-toi, Martine.

PHILAMINTE.

Comment! vous avez peur d'offenser la coquine?
Vous lui parlez d'un ton tout à fait obligeant !

CHRYSALE.

(*D'un ton ferme.*)   (*D'un ton doux.*)
Moi? point. Allons, sortez. Va-t'en, ma pauvre enfant.

MOLIÈRE.

Exercices

Rendez compte de ce que vous avez lu.

Expliquez le sens des mots : maraude — friponne — régenter — insolence — forfaits — jargon — dicton — solécisme — se gourmer — caprice — martyre.

Que signifie : tout doux — c'en est fait — prendre son parti — de céans — prendre mon courroux — faire aucun cas — la main haute — je n'ai garde — être bel et bon — âme villageoise?

Nommez toutes les interjections qui se trouvent dans le morceau.

Qu'appelle-t-on ode — poésie lyrique — dithyrambe — élégie — satire — épître — poésie didactique — poème descriptif — épigramme — madrigal — épitaphe — épithalame — sonnet — ballade?

Citez des auteurs qui ont écrit dans chacun de ces genres.

Indiquez le sens du morceau et la morale qu'il renferme.

---

139. — Empoisonnement.

S'il est un cas où l'on sente vivement le besoin d'un conseil prompt et salutaire, c'est surtout celui des empoisonnements qui surviennent presque toujours d'une manière inopinée, et qui, par leurs résultats effrayants

et rapides, troublent les assistants, leur ôtent la présence d'esprit nécessaire pour agir convenablement, et
ne permettent pas d'attendre l'arrivée du médecin pour
faire quelque chose. C'est dans ces terribles circonstances que la mère, éclairée d'avance sur les divers
genres d'empoisonnement, et sur les secours que chacun
d'eux réclame, apparaît comme un sauveur au milieu
d'une famille glacée d'effroi.

On désigne, par le mot d'empoisonnement, l'ensemble
des accidents produits sur notre économie par certaines
substances capables d'éteindre plus ou moins rapidement
la vie.

L'observation a fait diviser les empoisonnements en
trois classes : la première comprend les poisons irritants
ou corrosifs, tels que l'acide sulfurique ou huile de vitriol, l'acide nitrique ou l'eau-forte, l'esprit de sel, l'eau
de javelle, l'arsenic, la poudre aux mouches, le sublimé
corrosif, l'émétique, le vert-de-gris, le sucre de Saturne,
la potasse, la soude, l'ammoniaque ou alcali volatil, la
liqueur des savonniers, les cantharides, le phosphore,
l'ellébore, l'euphorbe, la sabine, le jalap, etc.

On peut présumer qu'il y a eu empoisonnement par
une substance irritante, toutes les fois que peu de temps
après son introduction dans l'estomac, on observe les
symptômes suivants : Le malade éprouve des douleurs
plus ou moins vives au creux de l'estomac et dans toute
l'étendue du ventre. Il se plaint d'une saveur âcre et
brûlante dans la bouche et le gosier ; il est tourmenté
d'envies de vomir ou de vomissements, et rend souvent,
tant par le haut que par le bas, des matières jaunes,
vertes, noires ou sanguinolentes ; le pouls est faible et
très-fréquent ; enfin des sueurs froides, une altération
profonde de la physionomie, un état d'angoisse, une respiration gênée, des mouvements convulsifs, et le refroidissement des extrémités, témoignent aux yeux les
moins exercés, le désordre profond de l'économie tout
entière.

Quand on a lieu de croire que le poison est encore
dans l'estomac, il faut, pour l'en expulser au plus tôt,
faire boire au patient une grande quantité de liquide
aqueux ou mucilagineux. Comme on ne doit perdre au-

cun instant, il faut préférer ce qu'on a plus facilement sous sa main ; ainsi, pendant qu'on fait tiédir de l'eau, on commence par faire boire celle qu'on trouve, du lait, du petit-lait, du lait de beurre ou de la battue. On fait casser des œufs, et l'on fait battre huit ou dix blancs d'œufs par pinte d'eau ; on donne un mélange d'eau et de lait, et, quand on peut, on fait avaler de la décoction de graine de lin, du lait d'amandes, de l'eau de veau ou de poulet, de l'eau gommée, de l'eau de riz et autres boissons analogues. L'essentiel est d'en inonder le malade, pour favoriser le vomissement qu'on sollicite, d'ailleurs, quand il a bu, en chatouillant le gosier, soit avec la barbe d'une plume trempée dans l'huile, soit même en introduisant le doigt jusqu'au fond du gosier.

On insistera longtemps sur l'usage de ces moyens, qui heureusement sont à la portée de tout le monde, et si le malade ne pouvait pas vomir malgré le chatouillement du gosier et des frictions faites avec la main sur l'estomac, il ne faudrait pas hésiter à faire avaler vingt-cinq ou trente grains d'ipécacuanha délayé dans une cuiller d'eau tiède ; cette dose est ordinairement suffisante pour un adulte ; chez un enfant de huit à douze ans, la dose serait de dix à quinze grains, et au-dessous de trois ans, on n'en donnerait que deux ou trois grains à la fois, sauf à répéter la dose de demi-heure en demi-heure, jusqu'à ce que le vomissement ait lieu.

Dans le cas où l'on ne serait appelé auprès du malade que quelques heures après l'empoisonnement, on commencerait toujours par l'inonder de boissons mucilagineuses, mais on se tourmenterait moins pour solliciter le vomissement ; car alors le poison serait déjà passé dans les intestins, et il faudrait dans ce cas insister sur les lavements pour l'entraîner, autant que possible, par les selles.

S'agit-il d'un empoisonnement par l'émétique : après avoir fait boire beaucoup d'eau tiède pour faciliter le vomissement, on fera avaler une forte décoction de quinquina qu'on pourra remplacer, si l'on en manque, par une décoction d'écorce de saule ou de chêne, qu'on peut se procurer partout.

Le blanc d'œuf et le lait sont particulièrement utiles dans l'empoisonnement par le vert-de-gris.

Les personnes qui auraient eu le malheur d'avaler de l'arsenic boiront abondamment d'un mélange d'eau de chaux et de lait, à partie égale.

La seconde classe de poisons comprend toutes les substances qui causent la stupeur, l'assoupissement, l'apoplexie, la paralysie, les convulsions : telles sont l'opium, la morphine, le laudanum, la jusquiame, le laurier-cerise, les amandes amères mangées en grande quantité.

L'action de ces poisons s'exerce particulièrement sur le système nerveux, et détermine, comme symptômes dominants et caractéristiques, une tendance au sommeil et un engourdissement général ; les malades paraissent plongés dans une ivresse profonde, accompagnée de quelques mouvements convulsifs. La sensibilité et le mouvement sont abolis, le pouls est fort, la respiration est gênée, quelquefois ronflante ; en un mot, cet état ressemble parfaitement à l'apoplexie.

Le premier secours à administrer est de solliciter le vomissement, et, comme l'estomac partage l'engourdissement général, on ne risque rien de faire prendre deux ou trois grains d'émétique dissous dans une cuiller d'eau ; à une grande personne, et pour un enfant on préférera de donner dix ou quinze grains d'épicacuanha, si le chatouillement du gosier avec la barbe d'une plume, ou l'introduction du doigt au fond de la gorge, n'ont pas suffi pour déterminer le vomissement ; comme il faut à tout prix obtenir l'expulsion de la substance vénéneuse, on doit répéter de quart d'heure en quart d'heure le vomitif jusqu'à ce que le *narcotique* ait été rejeté.

Quand on peut présumer que le poison est déjà parvenu jusque dans les intestins, alors, sans négliger les moyens propres à solliciter le vomissement, on donne des lavements purgatifs ; mais si l'on n'a pas sous la main du séné et du sel d'Epsom, on fera dissoudre dans un litre d'eau chaude une once de savon commun et deux poignées de sel de cuisine. On administrera ainsi un lavement purgatif, de quart d'heure en quart d'heure, jusqu'à ce que les accidents de l'empoisonnement soient dissipés.

Une fois le vomissement obtenu, on fera boire au malade par tasse et à de courts intervalles, du café à l'eau bien chargé, et on alternera cette boisson avec quelques verres de limonade ou d'eau bien vinaigrée. Mais les acides ne seront utiles, dans ce genre d'empoisonnement, qu'après que le vomissement aura eu lieu ; on les administrera aussi en lavements, ainsi que le café, lorsque les premiers auront évacué les gros intestins, et que l'on jugera avoir éliminé du corps le poison *narcotique*.

Pendant l'administration de ces secours, on ne négligera point de stimuler le malade par des frictions avec des brosses, des pincements, des chatouillements, la flagellation avec les orties, l'application de la moutarde délayée à l'eau chaude, sur les mollets, à la partie interne des cuisses; c'est le cas de tourmenter le malade de toutes les manières pour le tirer de l'engourdissement où il est plongé, et gagner du temps s'il est possible.

Une troisième classe de poisons comprend toutes les substances qui sont en même temps stupéfiantes et irritantes, telles que la jusquiame, la belladone, la pomme épineuse ou le stramonium, la ciguë, l'éllébore, l'aconit, les champignons et les euphorbes. Toutes ces plantes vénéneuses produisent des accidents qui ressemblent en partie à ceux qui résultent de l'action de l'opium, et des désordres pareils à ceux qu'occasionnent les poisons irritants.

L'on remarque, après l'introduction de quelques-unes de ces substances dans l'estomac, des vertiges, des étourdissements ; la vue est affaiblie ainsi que les autres sens. Il y a du délire suivi d'un assoupissement plus ou moins prolongé; la respiration est gênée, plus lente que d'habitude, et devient entrecoupée et stertoreuse; les extrémités se refroidissent, et la mort peut s'ensuivre.

Avant que l'état du malade devienne aussi alarmant, il se plaint d'une sensation de chaleur et de resserrement au gosier ; sa bouche est sèche, et il éprouve une soif ardente ; le ventre est douloureux, et les intestins sont le siége de spasmes violents,

Les premiers secours à administrer à un malade dans cet état, consistent à lui faire rejeter par le vomissement, s'il est possible, la substance vénéneuse contenue dans son estomac. On emploiera d'abord, pour cela, des moyens mécaniques, tels que l'introduction d'une plume graissée d'huile jusqu'au fond du gosier. Si ce moyen est insuffisant, il ne faut pas hésiter à faire prendre au malade un grain d'émétique dissous dans un demi-verre d'eau tiède, ou bien, à défaut de ce remède, vingt ou vingt-cinq grains d'ipécacuanha en poudre, délayés dans quelques cuillerées d'eau sucrée ou miellée.

Il ne faut pas d'abord faire avaler des boissons abondantes dans la crainte d'affaiblir l'action du vomitif; mais le vomissement une fois obtenu à diverses reprises, l'on fera boire en grande quantité de l'eau aiguisée d'un peu de vinaigre, de la limonade ou du thé léger dans lequel on aura fait tomber quelques gouttes d'éther. En même temps, on rappellera la chaleur au moyen de frictions douces et de linges chauds appliqués sur les extrémités ainsi que sur la poitrine et le ventre.

Si d'après le temps écoulé depuis l'empoisonnement, l'on présumait que les substances vénéneuses fussent déjà parvenues dans les intestins, ce serait principalement du côté du ventre qu'il faudrait diriger les secours, et l'on administrerait alors des lavements purgatifs qu'on préparerait facilement soit en faisant dissoudre deux grains d'émétique dans un litre d'eau tiède, soit en y faisant fondre deux cuillers de sel de cuisine et autant de miel, si l'on n'a pas sous la main de sel d'Epsom ou de la manne. On fera alterner ces lavements purgatifs avec des lavements huileux pour lesquels on préférera l'huile de ricin si l'on peut s'en procurer. C'est par la promptitude avec laquelle on provoquera soit le vomissement, soit les évacuations du ventre, qu'on procurera au malade le plus d'avantages, et lors même que l'empoisonnement aurait lieu depuis plusieurs heures, il ne faudrait pas se décourager et l'abandonner à son malheureux sort; on a eu quelquefois le bonheur de guérir des personnes qui luttaient depuis plus d'un jour contre les effets de ce genre d'empoisonnement.

Le traitement exclut nécessairement toute substance alimentaire, jusqu'à ce que l'estomac et les intestins soient entièrement débarrassés de la matière vénéneuse; pendant longtemps encore, ces organes exigeront des ménagements extrêmes, et ne pourront supporter que des bouillons légers, du lait et des boissons aqueuses.

La convalescence qui succède aux empoisonnements exige autant de soins que la convalescence du choléra; le moindre écart de régime peut la troubler et déterminer une rechute mortelle.   Dʳ GUYÉTANT.

Exercices

Rendez compte de ce que vous avez lu.

Expliquez le sens des mots : empoisonnement — économie — corrosif — huile de vitriol — eau-forte — esprit de sel — eau de javelle — arsenic — poudre aux mouches — sublimé corrosif — vert-de-gris — sucre de Saturne — potasse — soude — ammoniaque — liqueur des savonniers — cantharides — phosphore — ellébore — euphorbe — sabine — jalap — sanguinolentes— patient — mucilagineux — petit-lait — ipécacuanha — quinquina — opium — morphine — laudanum — pavots — jusquiame — laurier-cerise — amandes amères — convulsifs — apoplexie — narcotique — séné — sel d'Epsom — orties — stupéfiantes — belladone — pomme épineuse — ciguë — ellébore — aconit — champignons — euphorbes — stertoreuse — éther — manne — huile de ricin.

Qu'est-ce que l'euphémisme — le pléonasme — l'ellipse — la syllepse — l'antithèse — l'épithète — l'hyperbole ?

Indiquez le sens du morceau avec les conseils qu'il renferme pour chaque espèce d'empoisonnement.

---

140. — Jeanne d'Arc suscitée de Dieu pour sauver la France.

Qui t'inspira, jeune et faible bergère,
D'abandonner la houlette légère
Et les tissus commencés par ta main ?
Ta sainte ardeur n'a pas été trompée ;
Mais quel pouvoir brise sous ton épée
Les cimiers d'or et les casques d'airain ?
L'aube du jour voit briller ton armure,
L'acier pesant couvre ta chevelure,
Et des combats tu cours braver le sort.
Qui t'inspira de quitter ton vieux père,
De préférer aux baisers de ta mère
L'horreur des camps, le carnage et la mort?

C'est Dieu qui l'a voulu, c'est le Dieu des armées,
Qui regarde en pitié les pleurs des malheureux ;
C'est lui qui délivra nos tribus opprimées
  Sous le poids d'un joug rigoureux ;

C'est lui, c'est l'Éternel, c'est le Dieu des armées.
L'ange exterminateur bénit ton étendard;
Il mit dans tes accents un son mâle et terrible,
La force dans ton bras, la mort dans ton regard,
    Et dit à la brebis paisible :
    « Va déchirer le léopard. »
    Richemont, La Hire, Xaintrailles,
    Dunois, et vous, preux chevaliers,
    Suivez ses pas dans les batailles ;
    Couvrez-la de vos boucliers,
    Couvrez-la de votre vaillance ;
    Soldats, c'est l'espoir de la France
    Que votre roi vous a commis.
    Marchez quand sa voix vous appelle ;
    Car la victoire est avec elle,
    La fuite avec ses ennemis.
Apprenez d'une femme à forcer des murailles,
A gravir leurs débris sous des feux dévorants,
A terrasser l'Anglais, à porter dans ses rangs
    Un bras fécond en funérailles !
Honneur à ses hauts faits ! Guerriers, honneur à vous !
Chante, heureuse Orléans, les vengeurs de la France,
    Chante ta délivrance :
Les assaillants nombreux sont tombés sous leurs coups...
Que sont-ils devenus ces conquérants sauvages,
Devant le fer vainqueur qui combattait pour nous?
    Ce que deviennent des nuages
D'insectes dévorants dans les airs rassemblés,
Quand un noir tourbillon élancé des montagnes
Disperse en tournoyant ces bataillons ailés,
    Et fait pleuvoir sur nos campagnes
    Leurs cadavres amoncelés.

    Aux yeux d'un ennemi superbe,
    Le lis a repris ses couleurs ;
    Les longs rameaux courbés sous l'herbe
    Se relèvent couverts de fleurs.
Jeanne au front de son maître a posé la couronne ;
A l'attrait des plaisirs qui retiennent ses pas,
    La noble fille l'abandonne :
Délices de la cour, vous n'enchaînerez pas

L'ardeur d'une vertu si pure ;
Des armes, voilà sa parure,
Et ses plaisirs sont les combats.
Ainsi tout prospérait à son jeune courage,
Dieu conduisit deux ans ce merveilleux ouvrage ;
Il se plut à récompenser
Pour la France et ses rois son amour idolâtre ;
Deux ans il la soutint sur ce brillant théâtre, .
Pour apprendre aux Anglais, qu'il voulait abaisser,
Que la France jamais ne périt tout entière,
Que son dernier vengeur fût-il dans la poussière,
Les femmes, au besoin, pourraient les en chasser.

C. DELAVIGNE.

Exercices.

Rendez compte de ce que vous avez lu.

Expliquez le sens des mots : susciter — houlette — cimiers— tribus — joug — étendard — léopard — preux — boucliers — assaillants — tourbillon — tournoyant.

Que signifie : abandonner la houlette — braver le sort — preux chevaliers — vous a commis — un bras fécond en funérailles — hauts faits — un ennemi superbe — être dans la poussière?

Racontez la vie et la mort de Jeanne d'Arc. — Citez d'autres filles et femmes célèbres dans l'histoire de la France. — Indiquez l'état de la France au moment où parut Jeanne d'Arc.—Citez l'époque où les Anglais furent définitivement expulsés de la France.

Qu'appelle-t-on paraphrase — périphrase — catachrèse — métonymie — métalepse — synecdoque?

Indiquez le sens du morceau et la morale qu'il renferme.

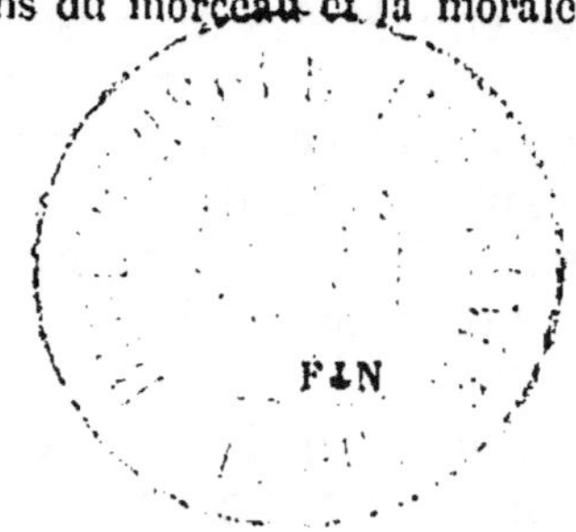

TABLE DES MATIERES

FIN DE LA TABLE.

1198. PARIS. — IMPRIMERIE MORRIS PÈRE ET FILS, 64, RUE AMELOT.

EXTRAIT DU CATALOGUE DE LA LIBRAIRIE DE CH. FOURAUT ET F

RUE SAINT-ANDRÉ-DES-ARTS, 47, A PARIS

PREMIÈRES LECTURES A L'USAGE DE L'ENFANCE, M. Théze. ancien professeur. 1 vol. in-18, imprimé en gros caractè 180 pages, cart.

LECTURES MORALES ET INSTRUCTIVES, à l'usage du deu me âge; par le même. 1 vol. in-18 de 180 pages, cart.

PETITE CIVILITÉ DE LA JEUNESSE, ou Règles de la Polit et de la Bienséance; par l'abbé D. Pinart, imprimée en gros ca tères; nouvelle édition, revue avec soin. Augmentée de Quatrains M raux, et *approuvée* par NN. SS. l'Archevêque d'Alby et les Évêque Beauvai et de Pamiers. 1 vol. in-18 de 108 pages, cart.

PETITE HISTOIRE SAINTE, à l'usage des Classes Élémentai continuée jusqu'à la destruction de Jérusalem; par M. F. Ansa nouvelle édition *en plus gros caractères que la précédente,* et augmen de Questionnaires et de 2 Cartes Géographiques. 1 vol. in-18, cart. 7

Ouvrage APPROUVÉ par LL. EEm. les Cardinaux, Archevêque de Tour Evêque d'Arras, par NN. SS. les Archevêques de Paris, de Cambrai et d'A et par NN. SS. les Évêques de Langres, d'Amiens, de Saint-Dié, de Beau de Pamiers, d'Autun, de Montpellier et de Soissons et Laon. *Autorisé p Conseil de l'Instruction publique.*

PETITE HISTOIRE DE FRANCE, à l'usage des Classes Primai nouvelle édition, complétement revue, rédigée *sur un plan nouvea* augmentée d'Exercices, de Cartes Géographiques et des Portraits Rois; par le même. 1 vol. in-18, cart.

Ouvrage *autorisé par le Conseil de l'Instruction publique.*

HISTOIRE DE FRANCE, mise en rapport avec l'*Histoire du M Age et des Temps Modernes,* à l'usage de toutes les Maisons d'Éducati par M. F. Ansart. Nouvelle édition revue et augmentée par M. Ansart fils, professeur d'Histoire et de Géographie. 1 volume in broché 1 fr.

Cartonné

LA COURONNE POÉTIQUE. Morceaux choisis à l'usage de jeunesse; par M. Doumet. 1 vol. in-18, cart.

FABLES NOUVELLES, par Mlles Eugénie et Laure Fior. 6e é tion revue et augmentée. 1 vol. in-18 jésus, cart.

TRAITÉ DE NARRATIONS ET DE STYLE ÉPISTOLAIRE, su de Principes de Versification et de Rhétorique, d'un Précis d'Histo littéraire et de 100 sujets de Devoirs; par M. Jardeaux, professeur collége de Beaune. 4e édition revue avec soin et augmentée 1 v in-12, cart. 1 fr.

— Corrigé à l'usage des Maîtres; nouvelle édition. 1 vol. in-1 broché

RÈGLES ET MODÈLES DE STYLE ET DE LITTÉRATUR par M. A. Rendu. 1 vol. grand in-18, cart.

Cet ouvrage, destiné à populariser le goût de la littérature, expose à un po de vue tout pratique et élémentaire les principes de style les plus indispensab en appuyant l s Règles de nombreux exemples et en complétant les préceptes u choix de morceaux empruntés aux meilleurs écrivains.

377. — Paris. Édouard Biot, Imprimeur, rue Bleue, 7